DEUTSCH ALS FREMDSPRACHE

Petra Klimaszyk
Isabel Krämer-Kienle

Schritte plus 1

Lehrerhandbuch

Hueber Verlag

Quellenverzeichnis

Seite 102: oben von links © Franz Specht, Weßling; © Alexander Keller, München; Mitte von links © fotolia/Yanik Chauvin (2); © Alexander Keller, München; © fotolia/Monkey Business;
Unten von links: © fotolia/Yanik Chauvin (2); © iStockphoto/barsik

Seite 125: © irisblende.de

Symbole / Piktogramme

Binnendifferenzierung

Achtung/Hinweis

TIPP Methodisch-didaktischer Tipp

LANDES KUNDE landeskundliche Informationen über Deutschland

3. 2. 1. | Die letzten Ziffern
2014 13 12 11 10 | bezeichnen Zahl und Jahr des Druckes.
Alle Drucke dieser Auflage können, da unverändert, nebeneinander benutzt werden.
1. Auflage

Redaktion: Daniela Niebisch, Penzberg; Isabel Krämer-Kienle, Hueber Verlag, Ismaning
Zeichnungen: Jörg Saupe, Düsseldorf
Layout und Satz: Schack, Ismaning
Druck und Bindung: Firmengruppe APPL, aprinta Druck, Wemding
Printed in Germany
ISBN 978-3-19-051911-8

Inhalt

Konzeption und praktische Tipps für den Unterricht mit *Schritte plus*

Schritte plus basiert auf den Grundsätzen des Gemeinsamen Europäischen Referenzrahmens und orientiert sich an den Vorgaben des Rahmencurriculums für Integrationskurse. Beides wird zunächst kurz erläutert. Anschließend werden der Aufbau des Lehrwerks sowie die methodisch-didaktischen Grundlagen vorgestellt und beschrieben. Außerdem werden praktische Tipps zum Umgang mit wiederkehrenden Rubriken des Lehrwerks gegeben.

Methodisch-didaktische Hinweise

Die Hinweise zu den einzelnen Lektionen sind klar strukturiert: Zu jeder Episode der Foto-Hörgeschichte, zu jeder Modulseite A bis E, zu den Zwischenspielen und zu den Fokus-Seiten finden Sie ab Seite 21 konkrete Hinweise zum Vorgehen im Unterricht sowie methodische Tipps, Vorschläge zur Binnendifferenzierung, landeskundliche Informationen und Verweise auf die Übungen im Arbeitsbuch.

Kopiervorlagen

Das Lehrerhandbuch bietet durch ein differenziertes Übungsangebot die Möglichkeit, den Unterricht auf die jeweiligen Bedürfnisse eines Kurses und die jeweilige Kursdauer abzustimmen:

- Vorlagen zu den Interaktionsaufgaben helfen bei der Unterrichtsvorbereitung.
- Zahlreiche Spiele erweitern das Angebot des Kursbuchs (ab Seite 92).
- Zu jedem Zwischenspiel finden Sie nachbereitende und erweiternde Übungen.
- Wiederholungsübungen und -spiele: Regelmäßige Wiederholungssequenzen sind besonders im Anfängerunterricht wichtig (ab Seite 128).
- Testvorlagen zu jeder Lektion: So können Sie oder Ihre TN die Kenntnisse überprüfen (ab Seite 138).

Anhang

Hier finden Sie die Transkriptionen aller Hörtexte des Kursbuchs und des Arbeitsbuchs sowie die Lösungen zu den Übungen im Arbeitsbuch und den Tests. Diese können Sie bei Bedarf auch für Ihre TN kopieren und zur Selbstkontrolle bereitstellen.

1. Rahmenbedingungen

Schritte plus ist ein Lehrwerk für Lernende der Grundstufe, die in einem deutschsprachigen Land leben oder leben möchten. Ziel ist es, den TN die Integration in den deutschen Alltag zu erleichtern. Die Themen sind handlungsorientiert und sollen die TN befähigen, alltägliche Situationen wie Einkäufe und Arztbesuche sprachlich zu bewältigen.

Die Komponenten von *Schritte plus*

Schritte plus führt in sechs Bänden zur Niveaustufe B1 des Gemeinsamen Europäischen Referenzrahmens:

Schritte plus 1 und *Schritte plus 2* → Niveaustufe A1
Schritte plus 3 und *Schritte plus 4* → Niveaustufe A2
Schritte plus 5 und *Schritte plus 6* → Niveaustufe B1

Zu jedem Band von *Schritte plus* gibt es eine Arbeitsbuch-CD mit den Hörtexten des Arbeitsbuchs und interaktiven Übungen für den PC. In der Ausgabe 978-3-19-011911 ist diese CD eingelegt. Zusätzlich gibt es in jedem Band Hörmaterialien zum Kursbuch auf CD.

Schritte plus und der Gemeinsame Europäische Referenzrahmen

- *Schritte plus* orientiert sich am Gemeinsamen Europäischen Referenzrahmen. Der Referenzrahmen definiert mehrere Kompetenzniveaus, die den Sprachstand der Lernenden zeigen und Lernfortschritte messbar machen:

A (elementare Sprachverwendung) → **A1**, **A2**
B (selbstständige Sprachverwendung) → **B1**, **B2**
C (kompetente Sprachverwendung) → **C1**, **C2**

Der Sprachstand wird mithilfe von Skalen – den sogenannten Kann-Bestimmungen – beschrieben. Eine ausführliche Beschreibung zu Inhalt und Zielen des Referenzrahmens finden Sie unter www.hueber.de.

- Der Referenzrahmen betrachtet Sprachlernende und Sprachverwendende als sozial Handelnde, die kommunikative Aufgaben bewältigen müssen. *Schritte plus* trägt dem durch die alltagsrelevanten Themen und die Auswahl der Texte (z.B. Briefe, Informationsbroschüren, Zeitungsmeldungen, Telefongespräche, Nachrichten etc.) Rechnung und richtet sich in seinen Lernzielen an den Kann-Bestimmungen des Referenzrahmens aus. Welches Lernziel Ihre TN auf einer Kursbuchseite erreichen können, ist bei den methodisch-didaktischen Hinweisen in diesem Lehrerhandbuch jeweils explizit ausgewiesen.
- Im Referenzrahmen werden Lernerautonomie und Selbstbeurteilung großgeschrieben: Anhand von Übungen zum selbstentdeckenden Lernen im Arbeitsbuch erarbeiten sich die TN grammatische Schemata und lernen, Strukturen zu ordnen und zu systematisieren (Grammtik entdecken). Mithilfe des Lerntagebuchs (siehe Seite 11 und 17) lernen die TN verschiedene Lerntechniken kennen und werden befähigt, ihr Lernen individuell und selbstständig zu gestalten. Im Kursbuch finden Sie auf den Seiten 82–83 eine Vorlage, mit der die TN ihren Sprachstand nach Abschluss des Kurses selbst evaluieren können.

Schritte plus und das Rahmencurriculum für Integrationskurse

Das Rahmencurriculum für Integrationskurse - Deutsch als Zweitsprache ist die Grundlage für den Unterricht in den Integrationskursen. Es zeigt Lebensbereiche auf, in denen sich Migrantinnen und Migranten bewegen, und beschreibt Lernziele für das sprachliche Handeln in typischen Alltagssituationen. *Schritte plus* deckt alle alltags- und berufsrelevanten Lernziele des Rahmencurriculums ab.

Prüfungsvorbereitung mit *Schritte plus*

In *Schritte plus* werden die Lern- und Prüfungsziele des Rahmencurriculums für Integrationskurse - Deutsch als Zweitsprache und des darauf aufbauenden *Deutsch-Tests für Zuwanderer (dtz)* umgesetzt. Außerdem können Sie die TN mit diesem Lehrwerk auf die Prüfungen *Start Deutsch* und *Zertifikat Deutsch* vorbereiten. Sie finden:
- Prüfungsaufgaben zu allen Prüfungsteilen im Arbeitsbuch
- extra Übungshefte *Schritte plus Prüfungstraining* (siehe auch Seite 19)

2. Aufbau

Jeder Band von *Schritte plus* enthält sieben kurze Lektionen mit einem klaren und einheitlichen Aufbau:

Die Foto-Hörgeschichte
Motivierender Einstieg über eine Foto-Hörgeschichte

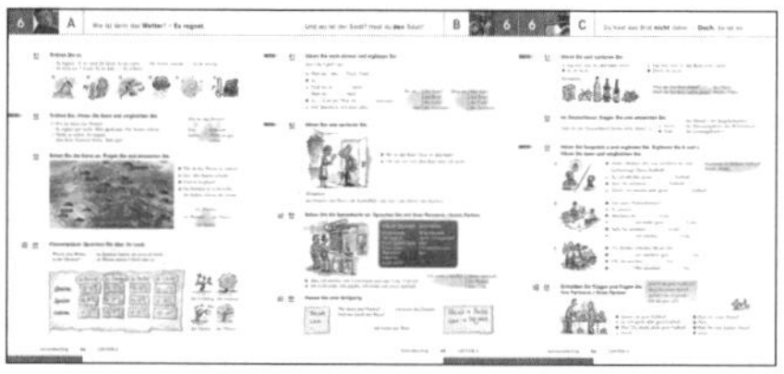

Die Seiten A bis C
In sich abgeschlossene Module zur Einführung und Einübung des neuen Lernstoffs

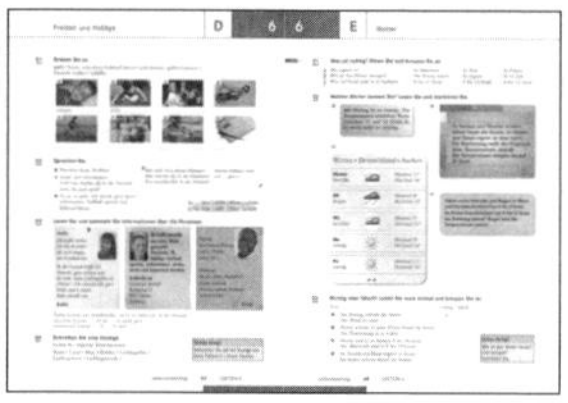

Die Seiten D bis E
In sich abgeschlossene Module zum Training und zur Erweiterung der rezeptiven und produktiven Fertigkeiten

Die Übersichtsseite
Übersicht über Grammatik und wichtige Wendungen der Lektion zur Orientierung und schnellen Wiederholung

Das Zwischenspiel
Abschluss durch das Zwischenspiel mit landeskundlichen Lese- und Hörtexten und spielerischen Aktivitäten

2.1 Aufbau einer Kursbuchlektion

Die Foto-Hörgeschichte

Ausgehend von der Erfahrung vieler TN mit Fotoromanen und Soaps im Fernsehen und der Tatsache, dass wir heute in einer visuellen Welt leben, beginnt jede Lektion mit einer Foto-Hörgeschichte. Sie ...

- ist authentisch: Sprache wird im Kontext gelernt. Die TN können sich intensiv mit nur einer Situation auseinandersetzen, was die Memorierung von Wörtern und Strukturen erleichert und verbessert.
- ist motivierend: Die Fotos erleichtern eine situative und lokale Einordnung der Geschichte und aktivieren das Vorwissen. Durch die Kombination von Fotos und Hörtext/Geräuschen verstehen die TN eine zusammenhängende Episode. Sie erkennen, dass sie am Ende der Lektion in der Lage sein werden, eine ähnliche Situation sprachlich zu meistern.
- bietet anhand der Personen und Situationen Identifikationsmöglichkeiten. Im Vordergrund stehen die Erfahrungen eines Ausländers, der mit der deutschsprachigen Lebenswelt in Berührung kommt. Die Foto-Hörgeschichte vermittelt implizit landeskundliches Wissen.
- bietet einen unterhaltsamen Einstieg in das Thema der Lektion: Das Interesse der TN wird geweckt.
- bildet den sprachlichen und thematischen Rahmen der Lektion: Die Foto-Hörgeschichte führt das Sprachmaterial und den grammatischen Stoff ein und entlastet damit den Lektionsstoff vor. Zugleich trainiert sie das globale Hörverstehen.

Die Seiten A, B, C

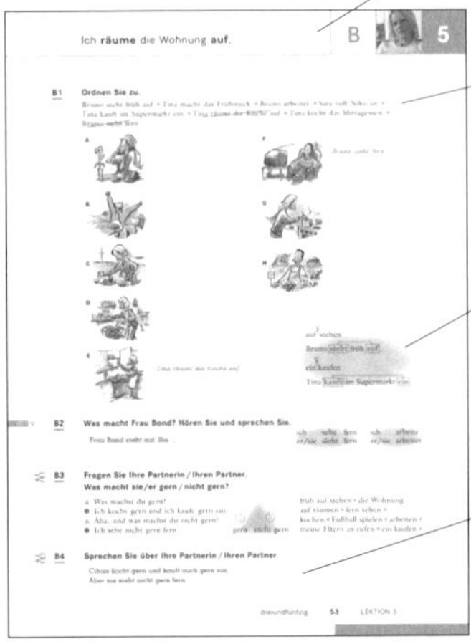

Die **Kopfzeile** enthält ein Zitat aus der Foto-Hörgeschichte und präsentiert den Lernstoff der Seite. Die neue Struktur ist fett hervorgehoben. So können Sie und die TN sich rasch orientieren.

Die erste Aufgabe dient der **Einführung** des neuen Stoffs. Sie bezieht sich ebenfalls im weiteren Sinne auf die Foto-Hörgeschichte und veranlasst die TN bereits zur aktiven Anwendung der neuen Struktur. Das stärkt das Vertrauen der TN in die Erlernbarkeit des Stoffs.

Der **Grammatikspot** fasst den Lernstoff übersichtlich zusammen und macht ihn bewusst.

In den **anschließenden Aufgaben** üben die TN den Lernstoff zunächst meist in gelenkter, dann in freierer Form.

Die **Abschlussaufgabe** dient dem Transfer des Gelernten in den persönlichen Anwendungsbereich (Informationen über sich geben, die eigene Meinung sagen usw.) oder bietet auf spielerische Art Möglichkeiten, den Lernstoff aktiv und interaktiv anzuwenden. *Hinweis:* Zur Vereinfachung und Unterstützung Ihrer Unterrichtsvorbereitung finden Sie Kopiervorlagen zu vielen Abschlussaufgaben in diesem Lehrerhandbuch (ab Seite 92)

Die Seiten D und E

Diese Seiten dienen der Vertiefung und Erweiterung der rezeptiven (Lesen und Hören) und produktiven (Sprechen und Schreiben) Fertigkeiten.

Lesen
Die TN üben das Lesen authentischer einfacher Textsorten. Dazu gehören für das Niveau A1 Schilder, Prospekte, Kataloge, Kleinanzeigen, einfache Briefe und kurze Notizen.

Hören
Die TN lernen, Kernaussagen und wichtige Informationen aus alltagsrelevanten Textsorten zu entnehmen. Dazu gehören z.B. Lautsprecherdurchsagen, automatische Telefonansagen, Meldungen im Rundfunk (z.B. Wetter).

Sprechen
Die TN üben die verbale Bewältigung einfacher Alltagssituationen, z.B. Bitten um Information, Terminabsprachen, Entschuldigungen und Einladungen. Sprechen auf der Niveaustufe A1 heißt vor allem: Fragen stellen und Antworten geben. In *Schritte plus 1* und *2* üben die TN daher häufig kurze Frage-Antwort-Dialoge.

Schreiben
Die TN lernen, einfache formelhafte Notizen zu machen sowie persönliche Briefe und kurze Notizen und Mitteilungen zu schreiben. Um die Schreibfertigkeit der TN aufzubauen, enthält das Arbeitsbuch ein systematisches Schreibtraining.

Die Übersichtsseite

Die letzte Seite jeder Lektion gibt einen Überblick über die neue Grammatik und wichtige Wendungen der Lektion. Mithilfe der Übersicht kann der Stoff der Lektion selbstständig wiederholt und nachgeschlagen werden.

Das Zwischenspiel

Jede Lektion wird durch ein Zwischenspiel abgerundet. Auf diesen Seiten wird der Alltag in Deutschland in Lese- und Hörtexten abgebildet. Der Schwerpunkt liegt nicht mehr auf dem Erwerb und Einüben von Strukturen, sondern die TN können hier das Lese- und Hörverstehen vertiefen und ihr in der Lektion erworbenes Wissen aktiv und zum Teil spielerisch anwenden. Zu jedem Zwischenspiel gibt es in diesem Lehrerhandbuch Didaktisierungsvorschläge und eine Kopiervorlage mit vor- oder nachbereitenden Übungen.

2.2 Aufbau des Arbeitsbuchs

Im Arbeitsbuch finden Sie vielfältige Übungen zu den Lernschritten A bis E für die Still- und Partnerarbeit im Kurs oder als Hausaufgabe. Auch hier erscheinen – wie auf der entsprechenden Kursbuchseite – in der Kopfzeile ein Zitat und ein Foto aus der Foto-Hörgeschichte als Strukturierungs- und Memorierungshilfe. Die Übungen berücksichtigen unterschiedliche Lernniveaus innerhalb des Kurses und bieten so Möglichkeiten zur Binnendifferenzierung:

schwarze Arbeitsanweisungen	blaugraue Arbeitsanweisungen	blaue Arbeitsanweisungen
Basisübungen, die alle TN machen sollten	Vertiefende Übungen für alle, die noch üben wollen/müssen	Erweiternde Übungen als Zusatzangebot oder Alternative für schnellere TN

Das Arbeitsbuch enthält außerdem:
- Übungen zur Phonetik
- Anregungen zum autonomen Lernen und Informationen über verschiedene Lerntechniken (Lerntagebuch)
- Übungen zum selbstständigen Entdecken grammatischer Regelmäßigkeiten („Grammatik entdecken“)
- Aufgaben im Prüfungsformat
- ein systematisches Schreibtraining
- Projekte zur Förderung des Lernes außerhalb des Klassenzimmers
- den Lernwortschatz der Lektion, nach Oberbegriffen sortiert und nach Wortarten getrennt
- die Fokus-Seiten (Fokus Alltag, Fokus Beruf, Fokus Familie – siehe Seite 17)

Weitere Übungen zur selbstständigen Wiederholung am PC finden die TN auf der integrierten CD, die auch alle Hörtexte des Arbeitsbuchs enthält.

3. Methodisch-didaktische Grundlagen

3.1 Grammatik

Die Grammatikprogression in *Schritte plus* orientiert sich an den Lernzielen des Rahmencurriculums und der Prüfung *dtz*. In übersichtlichen, kurzen Lernschritten werden die Strukturen in kleinen „Portionen“ eingeführt und intensiv geübt. Häufige Wiederholungsschleifen festigen das Gelernte und bereiten auf die Erweiterung einer grammatischen Struktur vor.

Lexikalische Einführung von Strukturen
- Grammatische Strukturen werden durch Variations- und Einsetzübungen eingeführt. Sie werden von den TN von Anfang an aktiv benutzt und memoriert.
- Der Einstieg erfolgt über Formeln, an denen anschließend die dahinterstehende Struktur aufgezeigt werden kann.
- Ziel ist es, die Angst vor Neuem zu nehmen und das Vertrauen in die Erlernbarkeit der Struktur zu stärken.

Grammatikspot
- Der Grammatikspot fasst den neuen Stoff anhand von Beispielen einfach und verständlich zusammen.
- Farbsignale ersetzen Regelerklärungen, die die TN besonders im Anfängerunterricht auf Deutsch gar nicht verstehen würden.

Infospot
- Der Infospot hebt Redemittel hervor, die in ihrer grammatischen Struktur unbekannt sein können, den TN aber als Ausdrucksmöglichkeit zur Verfügung stehen sollten.
- Diese Redemittel sollen als Formeln gelernt und angewendet werden.

Grammatik entdecken

Selbstentdeckendes Lernen
Übungen, die die TN zu einem gelenkten Entdecken grammatikalischer Regelmäßigkeiten führen sollen, finden Sie im Arbeitsbuch unter der Rubrik „Grammatik entdecken“:
- Die TN ordnen neues Sprachmaterial in vorgegebene, optisch markierte Schemata.
- Dadurch wird die zugrunde liegende Systematik einer Struktur erkennbar.
- Die TN können die Strukturen besser verstehen und behalten.

3.2 Wiederholung

Damit sprachliche Strukturen – und Wörter natürlich – gefestigt werden können, müssen sie immer wieder aktiviert werden. *Schritte plus* setzt daher auf häufige Wiederholungssequenzen:

- Mit den Wiederholungsstationen am Ende jeder Niveaustufe *(Schritte plus 2, 4, 6)* kann der komplette Lernstoff einer Stufe noch einmal trainiert werden.
- Sogenannte Wiederholungsspots im Kursbuch erinnern die TN ab *Schritte plus 3* an schon gelernte Strukturen, die nun erweitert werden.
- Ausgewiesene Wiederholungsübungen greifen ab *Schritte plus 3* grammatische Strukturen aus den vorhergehenden Bänden noch einmal auf, vertiefen sie oder dienen als Vorübung für neuen Lernstoff, der in Zusammenhang zu schon bekanntem Lernstoff steht.
- Möglichkeiten zur selbstständigen Wiederholung finden die TN auf der Arbeitsbuch CD mit interaktiven Übungen für den PC.
- Spiele zur Wiederholung finden Sie nach jeder zweiten Lektion auch in diesem Lehrerhandbuch (ab Seite 128).

3.3 Wortschatz

Die Wortschatzprogression orientiert sich ebenfalls an den Lernzielen des Rahmencurriculums und der Prüfung *dtz*. Die Wortschatzvermittlung orientiert sich an folgenden Prinzipien:

- Neuer Wortschatz wird mit bekannten Strukturen eingeführt, damit die TN sich auf die Wörter konzentrieren können.
- Nach Möglichkeit werden Wortfelder eingeführt (z.B. Lektion 3: Wortfeld „Essen und Trinken").
- Der Lernwortschatz einer jeden Lektion ist im Arbeitsbuch zusammengestellt. Schreiblinien ermöglichen die Übersetzung in die eigene Sprache und damit ein klassisches Vokabeltraining: Die TN können sich auf diese Weise selbstständig abfragen.

Am Ende eines jeden Bands von *Schritte plus* finden Sie eine alphabetische Wortliste.

3.4 Binnendifferenzierung

Ein (Integrations-) Kurs setzt sich aus TN mit unterschiedlichen Muttersprachen sowie unterschiedlichen Lernerfahrungen und Lernzielen zusammen. Binnendifferenzierung ist eine Möglichkeit, den Unterricht für alle TN interessant zu gestalten, auf die unterschiedlichen Bedürfnisse der TN einzugehen und jeden Einzelnen so gut wie möglich zu fördern. Binnendifferenzierung bedeutet Gruppenarbeit: Innerhalb des Kurses werden (zeitweise) mehrere Gruppen gebildet, die unterschiedliche Lerninhalte bearbeiten. Das kann beispielsweise heißen, dass leistungsstärkere Gruppen mehr oder schwierigere oder freiere Aufgaben erhalten oder dass für einzelne Gruppen verschiedene Lernziele gesetzt werden, die sich an den Bedürfnissen der TN ausrichten: Eine Gruppe übt z.B. Grammatik, eine andere wiederholt Wortschatz und eine dritte macht Phonetikübungen.

Schritte plus bietet vielfach Unterstützung für einen binnendifferenzierten Unterricht:

Schon fertig?

- Explizit im Kursbuch durch gekennzeichnete Zusatzaufgaben für schnelle TN.
- Implizit im Kursbuch durch unterschiedlich schwierige/lange Lesetexte und Auswahlmöglichkeiten (gelenkter–freier) bei verschiedenen Aufgaben, z.B. Rollenspielen.
- Explizit im Arbeitsbuch durch farblich gekennzeichnete Übungstypen in verschiedenen Schwierigkeitsstufen (siehe auch Seite 9 und 17).
- In diesem Lehrerhandbuch durch praktische Vorschläge zur binnendifferenzierten Arbeit mit *Schritte plus*. Diese erkennen Sie an diesem Zeichen .

3.5 Phonetik

PHONETIK

Häufig erwerben Lernende gute Kenntnisse in Wortschatz und Grammatik. Damit haben sie einen wichtigen Schritt für die Kommunikation mit Muttersprachlern der Zielsprache gemacht. Aber selbst wenn die Wörter von ihrer Semantik her richtig verwendet werden, kann es durch eine falsche Aussprache oder Betonung zu Missverständnissen bis hin zum völligen Scheitern der Kommunikation kommen. Deshalb wird in *Schritte plus* von Anfang an Wert auf eine gründliche Ausspracheschulung gelegt: In *Schritte plus 1* stehen neben der Schulung einzelner Laute und Lautkombinationen vor allem Wortakzent, Satzakzent und Satzmelodie im Vordergrund. Bei der Lautartikulation wird in *Schritte plus 1* der Schwerpunkt auf die Vokale gelegt, die als Akzentträger des Wortes für die Verständlichkeit von besonderer Bedeutung sind.

Die Ausspracheschulung in *Schritte plus* hält sich an folgende Prinzipien:
- Sie erfolgt in einem Wechselspiel aus imitativem und kognitivem Lernen, z.B. durch Hören, Erkennen und Nachsprechen oder Hören, Erkennen und Markieren oder Hören und Nachsprechen.
- Die Laute werden zunächst im Wort und darauf aufbauend im ganzen Satz geübt.
- Die Beispiele ergeben sich aus der Lektion. Dadurch steht die Phonetik in einem für die TN relevanten und nachvollziehbaren Kontext. Zudem ergibt es wenig Sinn, Wörter nachzusprechen, die man nicht versteht.

3.6 Lerntechniken

LERN TAGEBUCH

Viele Lernende verfügen nicht über die Mittel, ihren Lernprozess eigenständig zu strukturieren und zu steuern. Um ihnen verschiedene Lerntechniken vorzustellen, werden die TN in *Schritte plus* zum Führen eines Lerntagebuchs angeregt:
- Der Gedanke des Lerntagebuchs sieht vor, dass sich alle TN einen Ringbuchordner anschaffen. In diesem können sie verschiedene Kategorien anlegen, die sie individuell erweitern können. Zudem können jederzeit neue Blätter eingefügt werden.
- In diesem Lerntagebuch können die TN ihre Lernfortschritte dokumentieren: Hier können sie alles, was im Unterricht oder als Hausaufgabe erarbeitet wurde, abheften. Zu Hause können die TN in ihrem Lerntagebuch den Lernstoff nachschlagen oder Lerntechniken selbstständig ausprobieren.
- Jede Lerntagebuch-Aufgabe hat einen Verweis auf das *Schritte plus* Portfolio. Dort werden weiterführende Aufgaben und Anregungen für das autonome Lernen gegeben (siehe Seite 19).
- Mithilfe expliziter Übungen im Arbeitsbuch lernen die TN verschiedene Lerntechniken kennen und wenden sie praktisch an, um so die für sie geeignetste(n) Form(en) des Lernens herauszufinden.

3.7 Landeskunde

Die Vermittlung von Landeskunde ist für Migrantinnen und Migranten, die den Alltag in Deutschland meistern wollen und müssen, besonders wichtig. In *Schritte plus* werden landeskundliche Informationen gezielt angeboten:
- durch die Foto-Hörgeschichte, die deutschen Alltag authentisch abbildet und dabei implizit landeskundliches Wissen vermittelt sowie interkulturelle Diskussionsanlässe bietet,
- durch die Zwischenspiele mit landeskundlich relevanten Lese- und Hörtexten über Deutschland,
- auf den fakultativ zu bearbeitenden Fokus-Seiten im Arbeitsbuch, die bestimmten Zielgruppen konkrete Informationen und Hilfestellungen zum Leben in Deutschland geben,
- durch Projekt-Vorschläge (im Arbeitsbuch und auf den Fokus-Seiten), die das Lernen außerhalb des Kurses fördern. Die Projekt-Vorschläge ermöglichen eine Orientierung am Wohnort der TN. Darüber hinaus lernen die TN, sich wichtige Informationen über ihre deutschsprachige Umgebung zu beschaffen. Neben den im Rahmen der Projektarbeit außerdem wichtigen allgemeinen und sozialen Kompetenzen wie Teamfähigkeit, Umgang mit Informationsmedien und selbstständigem Handeln wenden die TN auch im Gespräch mit Muttersprachlern ihre erworbenen Kenntnisse an und erweitern sie individuell.

LANDES KUNDE

Landeskundliche Informationen, über die die TN dem Rahmencurriculum gemäß verfügen sollten und die für das Leben in Deutschland wichtig sind, finden Sie in diesem Lehrerhandbuch.

1. Die Foto-Hörgeschichte

Beginnen Sie den Unterricht nicht direkt mit dem Hören der Geschichte. Die TN lösen zu jeder Episode Aufgaben vor dem Hören, während des Hörens und nach dem Hören. Generell sollten Sie die Geschichte so oft wie nötig vorspielen und ggf. an entscheidenden Passagen stoppen. Achten Sie darauf, jede Episode mindestens einmal durchgehend vorzuspielen.

Hören Sie am Ende jeder Lektion die Geschichte mit den TN noch einmal. Das ermutigt sie, denn sie können erleben, wie viel sie im Vergleich zum allerersten Hören nun schon verstehen, und das fördert die Motivation zum Weiterlernen.

1.1 Aufgaben vor dem Hören

Die Aufgaben vor dem Hören machen eine situative Einordnung der Geschichte möglich. Sie führen neue, für das Verständnis wichtige Wörter der Geschichte ein und lenken die Aufmerksamkeit auf die im Text wichtigen Passagen und Schlüsselwörter. Für die Vorentlastung bieten sich außerdem viele weitere Möglichkeiten:

Fotosalat und Satzsalat
Kopieren Sie die Fotos und schneiden Sie die einzelnen Fotos aus. Achten Sie darauf, die Nummerierung auf den Fotos wegzuschneiden. Die Bücher bleiben geschlossen. Verteilen Sie je ein Fotoset an Kleingruppen mit 3 bis 4 TN. Die TN legen die Fotos in eine mögliche Reihenfolge, hören die Geschichte mit geschlossenen Büchern und vergleichen die Foto-Hörgeschichte mit ihrer Reihenfolge. Sie korrigieren ggf. ihre Reihenfolge.
Diese Übung kann um Satzkarten erweitert werden: Schreiben Sie zu den Fotos einfache Sätze oder Zitate aus der Geschichte auf Kärtchen, die die TN dann den Fotos zuordnen. Sie können hier auch zwischen geübteren und ungeübteren TN differenzieren, indem Sie geübteren TN weniger Vorgaben und Hilfen an die Hand geben als den ungeübteren.
Auf fortgeschrittenerem Niveau können sich die TN zu ihrer Reihenfolge der Fotos eine kleine Geschichte ausdenken oder Minidialoge schreiben. Ihre Geschichte können sie dann beim Hören mit dem Hörtext vergleichen.

Poster
Jede Foto-Hörgeschichte gibt es auch als großes Poster, das Sie im Kursraum aufhängen können oder für einen Fotosalat verwenden können. Wenn Sie nur *ein* Poster haben, geben Sie je ein aus dem Poster ausgeschnittenes Foto an eine Kleingruppe. Die Gruppen versuchen dann gemeinsam, den richtigen Platz in der Geschichte für ihr Foto zu finden, und entwickeln eine gemeinsame Reihenfolge. So müssen sich alle beteiligen und mitreden. Alternativ können die TN aus ihrer Gruppe auch je einen TN bestimmen, der sich mit den anderen gewählten TN vor dem Kurs in der richtigen Reihenfolge aufstellen muss, sodass diese TN die Reihenfolge der Geschichte bilden und das Foto vor sich halten. Das macht Spaß, weil die TN sich bewegen müssen und womöglich mehrmals umgestellt werden, bis alle mit der Reihenfolge einverstanden sind.

Hypothesen bilden
Verraten Sie den TN nur die Überschrift der Lektion und zeigen Sie ggf. noch eines der Fotos auf Folie. Die TN spekulieren, soweit es die Sprachkenntnisse zulassen, worum es in der Geschichte gehen könnte (Wo? Wer? Was? Wie viele? Wie? Warum?). Oder die TN sehen sich die Fotos im Buch an und stellen Vermutungen über den Verlauf der Handlung an. Das motiviert und macht auf die Geschichte neugierig. Zudem wird das spätere Hören in der Fremdsprache erleichtert, weil eine bestimmte Hör-Erwartung aufgebaut wird. Fortgeschrittenere Anfänger können sich im Vorfeld Minigespräche zu den Fotos überlegen und ein kleines Rollenspiel machen. Nach dem Hören vergleichen sie dann ihren Text mit dem Hörtext.

Situationsverwandte Bilder/Texte
Vielleicht finden Sie einen passenden Text oder ein Bild / einen Comic, den Sie verwenden können, um in das Thema einzuführen und unbekannten Wortschatz zu klären. Diese Übungsform eignet sich, wenn Sie erst ganz allgemein auf ein Thema hinführen wollen, ohne die Fotos aus der Foto-Hörgeschichte schon zu zeigen. Zeigen Sie z.B. beim Thema „Einkauf" das Bild eines gefüllten Einkaufskorbs. Die TN nennen die ihnen bekannten Lebensmittel. Dadurch wird das Vorwissen der TN aktiviert.

1.2 Aufgaben während des Hörens

Die TN sollten die Geschichte mindestens einmal durchgehend hören, damit der vollständige Zusammenhang gegeben ist. Dabei ist es nicht wichtig, dass die TN sofort alles erfassen. Sie haben verschiedene Möglichkeiten, den TN das Verstehen zu erleichtern:

Mitzeigen
Beim Wechsel von einem Foto zum nächsten ist ein „Klick" zu hören, der es den TN erleichtert, dem Hörtext zu folgen. Bei jedem Klick können die TN wieder in die Geschichte einsteigen und mithören, falls sie den Faden einmal verloren haben sollten. Als weitere Hilfestellung können Sie zumindest in den ersten Stunden einen TN bitten, auf dem Poster der Foto-Hörgeschichte mitzuzeigen. Die übrigen TN zeigen in ihrem Buch mit, sodass Sie kontrollieren können, ob alle der Geschichte folgen können.

Wort-/Bildkärtchen
Stellen Sie im Vorfeld Kärtchen mit Informationen aus der Foto-Hörgeschichte her (z.B. Lektion 5: Bild- oder Verbkärtchen mit den Tätigkeiten der Familie). Die TN hören die Geschichte mit geschlossenen Büchern und legen die Kärtchen während des Hörens in die Reihenfolge, in der die Informationen in der Geschichte vorkommen.

Antizipation
Wenn die TN wenig Verständnisschwierigkeiten beim Hören haben bzw. wenn die TN schon geübter sind, können Sie die Foto-Geschichte natürlich auch während des Hörens immer wieder stoppen und die TN ermuntern, über den Fort- und Ausgang der Geschichte zu spekulieren. Allerdings sollten Sie die Geschichte im Anschluss auch einmal durchgehend vorspielen.

1.3 Aufgaben nach dem Hören

Die Aufgaben nach dem Hören dienen dem Heraushören von Kernaussagen. Sie überprüfen, ob die Handlung global verstanden wurde. Lesen Sie die Aufgaben gemeinsam mit den TN, geben Sie Gelegenheit zu Wortschatzfragen und spielen Sie die Geschichte noch weitere Male vor, um den TN das Lösen der Aufgaben zu erleichtern. Stoppen Sie die Geschichte ggf. an den entscheidenden Passagen, um den TN Zeit für die Eintragung ihrer Lösung zu geben. Darüber hinaus können Sie die Foto-Hörgeschichte für weitere spielerische Aktivitäten im Unterricht nutzen und so den Wortschatz festigen und erweitern:

Rollenspiele
Vor allem schon geübtere TN können kleine Dialoge zu einem oder mehreren Fotos schreiben. Diese Dialoge werden dann vor dem Plenum als kleine Rollenspiele nachgespielt. Regen Sie die TN auch dazu an, die Geschichte weiterzuentwickeln und eine Fortsetzung zu erfinden.

Pantomime
Stoppen Sie die CD beim zweiten oder wiederholten Hören jeweils nach der Rede einer Person. Bitten Sie die TN, in die jeweilige Rolle zu schlüpfen. Lassen Sie die TN pantomimisch darstellen, was sie soeben gehört haben. Fahren Sie dann mit der Foto-Hörgeschichte fort. Wenn die TN schon geübter sind, können die TN die Geschichte pantomimisch mitspielen, während Sie diese noch einmal vorspielen.

Kursteilnehmerdiktat
Die TN betrachten die Fotos. Ermuntern Sie einen TN, einen beliebigen Satz zu einem der Fotos zu sagen, z.B. „Heute ist das Wetter gut." Alle TN schreiben diesen Satz auf. Ein anderer TN setzt die Aktivität fort, z.B. „Wir machen heute ein Picknick." usw. So entsteht eine kleine Geschichte oder ein Dialog. Die TN sollten auch eine Überschrift für ihren gemeinsam erarbeiteten Text finden. Schreiben Sie oder einer der TN auf der Rückseite der Tafel oder auf Folie mit, damit die TN abschließend eine Möglichkeit zur Korrektur ihrer Sätze haben. Diese Übung trainiert nicht nur eine korrekte Orthografie, sondern dient auch der Wiederholung und Festigung von Wortschatz und Redemitteln.

Situationsverwandte Bilder/Texte
Auch nach dem Hören können Sie situationsverwandte Bilder oder Texte zur Vertiefung des Themas der Foto-Hörgeschichte nutzen. Die TN können die Unterschiede zwischen der Foto-Hörgeschichte und dem Text oder der Situation herausarbeiten. So könnte z.B. mithilfe einer Statistik über das Freizeitverhalten der Deutschen bei Lektion 6 dargestellt werden, welchen Freizeitaktivitäten die Deutschen nachgehen.

Texte oder Bilder können auch in eine andere Situation überleiten und nach dem Hören der Foto-Hörgeschichte zur Erweiterung eingesetzt werden (z.B. Lektion 3: Einkaufen auf dem Markt; weiterführend: Einkäufe in der Bäckerei, in der Fleischerei, im Schreibwarengeschäft). Damit werden Wörter und Redemittel in einen anderen Zusammenhang transferiert und erweitert. Sie können so individuell auf die Interessen Ihres Kurses eingehen.

Phonetik
Die Foto-Hörgeschichte bietet sich sehr gut für das Aussprachetraining an, denn sie enthält viele für den Alltag wichtige Redemittel, die sich gut als Formeln merken lassen. Greifen Sie wesentliche Zitate/Passagen aus der Geschichte heraus, spielen Sie diese isoliert vor und lassen Sie die TN diese Sätze nachsprechen. Der Hörspielcharakter und der situative Bezug innerhalb der Foto-Hörgeschichte erleichtern den TN das Memorieren solcher Redemittel. Außerdem lernen die TN, auch emotionale Aspekte (Empörung, Freude, Trauer, Wut, Mitgefühl ...) auszudrücken. Schließlich kommt es nicht nur darauf an, was man sagt, sondern vor allem darauf, wie man es sagt. In jeder Sprache werden ganz unterschiedliche Mittel benutzt, um solche emotionalen Aspekte auszudrücken.

Nicht zuletzt können auch Modalpartikeln wie „doch", „aber", „eben" unbewusst eingeschleift werden. Die Bedeutung von Modalpartikeln zu erklären ist im Anfängerunterricht schwierig und daher oft wenig sinnvoll. Mithilfe der Zitate aus der Foto-Hörgeschichte können die TN diese aber internalisieren und automatisch anwenden, ohne dass Erklärungen erforderlich sind.

2. Variationsaufgaben

Kurze, alltagsbezogene Modelldialoge, die die TN variieren sollen, sind ein wesentliches Merkmal in *Schritte plus*. Diese Modelldialoge sind durch eine orangefarbene geringelte Linie links neben der Aufgabe für Sie und Ihre TN sofort erkennbar. Durch das Variieren der Modelldialoge bekommen die TN ein Gespür für die neuen Strukturen. Durch das aktive Verwenden und Memorieren werden diese zu beherrschbarem Sprachmaterial. Die TN gewinnen Vertrauen in die Erlernbarkeit des Neuen. Für die Variationsaufgaben bietet sich folgendes Vorgehen an:

- Die TN decken den Modelldialog zu und hören ihn zunächst nur. Falls vorhanden, sehen sie dabei zugehörige Bilder/Fotos an. Wenn Sie die Bilder/Fotos auf Folie kopieren, können die TN die Bücher geschlossen lassen und sich auf die Situation konzentrieren.
- Stoppen Sie den Modelldialog beim zweiten Hören nach jedem einzelnen Sprechpart. Die TN sprechen – immer noch ohne mitzulesen – im Chor nach.
- Die TN hören den ganzen Dialog und lesen mit.
- Die TN lesen und sprechen den Dialog in Partnerarbeit in verteilten Rollen.
- Die TN lesen die Varianten.
- Die TN sprechen den Dialog in Partnerarbeit mit Varianten. Die farbigen Unterlegungen helfen zu erkennen, welche Teile des Gesprächs variiert werden sollen. Achten Sie darauf, dass die TN den Dialog erst dann mit Varianten sprechen, wenn sie Sprechsicherheit beim Modelldialog erreicht haben. Wichtig ist auch, dass die Partner ihre Sprech(er)rollen abwechseln, damit jeder TN einmal Varianten bilden muss.
- Abschließend können einige TN ihre Dialoge im Plenum präsentieren. Hier reichen ein bis zwei Beispiele aus. Es ist nicht nötig, alle Varianten präsentieren zu lassen.

Die TN können den Modelldialog auch schriftlich festhalten, um durch Abschreiben ihre Orthografie zu verbessern und sich wichtige Redemittel besser einzuprägen. Bitten Sie die TN auch, den Dialog auswendig zu lernen und vorzuspielen.
Bitten Sie schnelle TN, die Dialoge mit den Varianten auf einer Folie oder an der Tafel zu notieren. Die anderen TN können dann kontrollieren, ob sie die Varianten richtig gebildet haben. Schnelle TN können außerdem zusätzliche Varianten erfinden.

3. Grammatikspot

Schreiben Sie die Beispiele aus dem Grammatikspot an die Tafel und heben Sie die neuen Strukturen – wie im Grammatikspot – visuell hervor. Verweisen Sie auf die Einführungsaufgabe und zeigen Sie jetzt die dahinterstehende Struktur auf. Nach Möglichkeit sollten Sie dabei auf grammatische Terminologie verzichten oder sie nur sparsam verwenden. Die TN sollten das Gefühl haben, Grammatik als Hilfsmittel für das Sprechen zu lernen und nicht als Selbstzweck.

Verweisen Sie auch später immer wieder auf den Grammatikspot. Er soll den TN auch bei den anschließenden Anwendungsaufgaben als Gedächtnisstütze und Orientierungshilfe dienen.

4. Aktivität im Kurs

In den Abschlussaufgaben wird der Lernstoff in den persönlichen Bereich der TN übertragen. Sie befragen sich gegenseitig nach ihren Hobbys, ihren Vorlieben und Abneigungen usw. oder üben den Lernstoff durch eine spielerische Aktivität in Kleingruppen. Bei dieser Art von Aufgaben geht es häufig darum, dass die TN selbst Kärtchen, Plakate oder Formulare herstellen, was nicht nur ein sehr gutes Schreibtraining, sondern auch sehr förderlich für das Kursklima ist (gemeinsam etwas tun!). Die selbst hergestellten Kärtchen dienen – wie in der Prüfung *Start Deutsch* – als Impuls für kurze Frage-Antwort-Dialoge. Wenn Sie nicht genug Zeit im Unterricht für Bastelarbeiten haben, können Sie zu diesen Aufgaben Kopiervorlagen aus diesem Lehrerhandbuch nutzen.

In den Abschlussaufgaben sollten die TN die Gelegenheit haben, frei zu sprechen und sich frei auszudrücken. Vermeiden Sie daher in dieser Phase Korrekturen. Gerade bei den Aktivitäten im Kurs wird auf einen Wechsel der Sozialform geachtet. Versuchen Sie, die TN auch sonst möglichst oft abwechselnd in Stillarbeit, Partnerarbeit oder Kleingruppen arbeiten zu lassen. Es gibt viele Möglichkeiten, Gruppen zu bilden:
Paare:
- Verteilen Sie Kärtchen, auf denen z.B. Frage und Antwort stehen. TN mit einer Frage suchen den TN mit der passenden Antwort. Dies können Sie später auch mit Verbformen (Infinitiv und Partizip), Gegensatzpaaren, Komposita oder mehrsilbigen Wörtern usw. durchführen.
- Kleben Sie vor dem Unterricht unter oder hinter die Stühle der TN Zettelchen, von denen je zwei die gleiche Farbe haben. Das geht auch mit Bonbons. So können Sie die Partnerfindung steuern.
- Nehmen Sie ein Bündel Schnüre, Anzahl: die Hälfte Ihrer TN. Die TN fassen je ein Ende einer Schnur, am anderen Ende der Schnur finden sie ihre Partnerin / ihren Partner.
- Das „Atomspiel": Die TN stehen auf und bewegen sich frei im Raum, evtl. können Sie Musik dazu vorspielen. Als Stoppzeichen rufen Sie „Atom 2" (alternativ: 3/4/5/...). Die TN finden sich paarweise (bzw. zu Dreier-, Vierer-, Fünfergruppen ...) zusammen.

Gruppen:
- Zerschneiden Sie einen Satz in seine Bestandteile: Die TN müssen den Satz zusammenfügen (z.B. „Und wie heißen Sie?") und bilden eine Gruppe.
- Lassen Sie die TN abzählen (bei einer Gruppe von 21 TN von 1 bis 7, alle Einser gehen zusammen, alle Zweier etc. = sieben Gruppen à drei Personen).
- Zerschneiden Sie Postkarten (Bilderpuzzle) oder Spielkarten und verteilen Sie sie: Die TN suchen die fehlenden Puzzleteile und finden so gleichzeitig ihre Partner.
- Definieren Sie bestimmte Merkmale: Alle mit Brille, alle mit blauen Augen, ... bilden eine Gruppe.

5. Das Zwischenspiel

Das Zwischenspiel zu jeder Lektion fördert spielerisch kreativen Umgang mit interessanten Lese- und Hörtexten und vermittelt landeskundliches Wissen. Auch hier werden Themen und Lernziele aus dem Rahmencurriculum umgesetzt.

Sie können die Texte des Zwischenspiels mit den TN einfach lesen bzw. hören und die Aufgaben dazu lösen, ohne sie didaktisch aufzubereiten. Für eine ausführlichere Behandlung der Zwischenspiele finden Sie in diesem Lehrerhandbuch Didaktisierungsvorschläge und eine Kopiervorlage als zusätzliches Übungsangebot. Diese Kopiervorlage sowie landeskundliche Hintergrundinformationen und Vorschläge für Internetrecherchen finden Sie auch im Internet unter www.hueber.de/schritte-plus.

6. Binnendifferenzierung

6.1 Allgemeine Hinweise

Wichtig: Es ist nicht nötig, dass immer alle alles machen! Teilen Sie die Gruppen nach Kenntnisstand und/oder Neigung ein. Die einzelnen Gruppen können ihre Ergebnisse dem Plenum präsentieren: So lernen die TN miteinander und voneinander.

- Stellen Sie Mindestaufgaben, die von allen TN gelöst werden sollen. Besonders schnelle TN bekommen zusätzliche Aufgaben, z.B. Erweiterungsübungen im Arbeitsbuch (siehe unten). Entziehen Sie geübteren TN Hilfen, indem Sie z.B. Schüttelkästen wegschneiden. Dadurch werden diese TN mehr gefordert.
- Binden Sie schnellere TN als Co-Lehrer mit ein: Wenn diese eine Aufgabe beendet haben, können sie die Lösung schon an die Tafel oder auf eine Folie schreiben.
- Stellen Sie Gruppen nach Neigung oder Lerntypen zusammen. Haben Sie beispielsweise visuell und kognitiv orientierte TN, können Sie neue grammatische Formen für visuelle Lerntypen mit Beispielen und Farben an der Tafel präsentieren. Kognitive Lerntypen erhalten eine Tabelle, in der sie Formen selbstständig systematisch eintragen können und sich so ein Schema erarbeiten. Für diesen Lerntyp bieten sich die Übungen im Arbeitsbuch zum selbstentdeckenden Lernen der Grammatik sehr gut an.
- Lassen Sie bei unterschiedlich schwierigen Aufgaben die TN selbst wählen, welche sie übernehmen möchten. Die TN entscheiden dadurch selbst, wie viel sie sich zumuten möchten. Damit vermeiden Sie eine feste Rollenzuweisung, denn ein TN kann sich einmal für die einfachere Aufgabe entscheiden, weil er sich selbst noch unsicher fühlt, ein anderes Mal aber für die schwierigere, weil er sich in diesem Fall schon sicher fühlt.

6.2 Binnendifferenzierung im Kursbuch

Lesen
Nicht alle TN müssen alle Texte lesen: Bei unterschiedlich langen/schwierigen Texten verteilen Sie gezielt die kürzeren/leichteren an ungeübtere TN und die längeren/schwierigeren an geübtere TN bzw. geben Sie den TN die Möglichkeit, selbst zu entscheiden, welchen Text sie bearbeiten möchten.

Hören
Sie können die TN auch hier in Gruppen aufteilen: Jede Gruppe achtet beim Hören auf einen bestimmten Sprecher und beantwortet anschließend Fragen, die sich auf diesen Sprecher beziehen.

Sprechen
TN, die noch Hilfestellung benötigen, können bei Sprechaufgaben auf die Redemittel auf den Kursbuchseiten und auf der Übersichtsseite als Orientierungs- und Nachschlagehilfe zurückgreifen. Geübtere TN sollten das Buch schließen.

Schreiben
Achten Sie auf Vorlieben der TN. Nicht alle haben Freude am kreativen Erfinden von kurzen Texten. Bieten Sie auch Diktate an (siehe Seite 19) oder helfen Sie TN, die Schwierigkeiten beim Schreiben haben, indem Sie ihnen Beispieltexte mit Lücken zum Ausfüllen geben. Sie können dann die Fertigkeit „Schreiben" allmählich aufbauen.

Schon fertig?
Schnellen TN können Sie an vielen Stellen über die Kursbuchaufgaben hinausgehende Aufgaben – gekennzeichnet durch die Frage „Schon fertig?" – anbieten. Somit können Sie weniger geübten TN ausreichend Zeit zur Bearbeitung der Aufgaben im Kursbuch geben. Gehen Sie herum und helfen Sie individuell.

6.3 Binnendifferenzierung im Arbeitsbuch

Die binnendifferenzierenden Übungen im Arbeitsbuch (siehe auch Seite 9) können im Kurs oder als Hausaufgabe bearbeitet werden. Es empfiehlt sich folgendes Vorgehen:

- Die Basisübungen mit der schwarzen Arbeitsanweisung sollten von allen TN gelöst werden.
- Zusätzlich können die Vertiefungsübungen (blaugraue Arbeitsanweisung) und die Erweiterungsübungen (tiefblaue Arbeitsanweisungen) gelöst werden. Lassen Sie nach Möglichkeit die TN selbst entscheiden, wie viele Aufgaben sie lösen möchten, oder geben Sie bei der Stillarbeit im Kurs einen bestimmten Zeitrahmen vor, in dem die TN die Übungen lösen sollten. So vermeiden Sie, dass nicht so schnelle TN sich unter Druck gesetzt fühlen.

Die schwarzen und blaugrauen Übungen sollten Sie im Plenum kontrollieren – durch Vorlesen im Kurs oder durch Selbstkontrolle der TN mithilfe einer Folie, auf der Sie oder ein TN zuvor die Lösungen notiert haben. Erweiterungsübungen führen über den Basiskenntnisstand hinaus. Hier gibt es auch freiere Übungsformen, z.B. das Schreiben von Dialogen anhand von Vorgaben. Die TN können sich bei diesen Übungen selbstständig zu zweit kontrollieren oder Sie verteilen eine Kopie mit den Lösungen. Bei freien Schreibaufgaben sollten Sie die Texte einsammeln und in der folgenden Unterrichtsstunde korrigiert zurückgeben.

7. Das Lerntagebuch

Gehen Sie bei der Arbeit mit dem Lerntagebuch folgendermaßen vor:
- Machen Sie die Eintragungen zu einer neuen Lerntechnik am Anfang mit den TN gemeinsam, um die Arbeitstechnik zu verdeutlichen. Später können die TN dann selbstständig entscheiden, ob sie diese Lerntechnik anwenden wollen.
- Aufgaben, die eine eindeutige Lösung haben, z.B. eine Tabelle erstellen, sollten im Kurs kontrolliert werden, indem die Lösung z.B. auf einer Folie präsentiert wird und die TN vergleichen und korrigieren.
- Achten Sie darauf, dass die TN sich mit der Zeit regelmäßig selbstständig Notizen zu dem machen, was sie im Unterricht gelernt haben.
- Auf fortgeschrittenerem Niveau kann im Unterricht auch über die verschiedenen Lerntechniken diskutiert werden (Wer wendet was warum an oder nicht an?) und die TN können ihre Tipps austauschen.
- Regen Sie die TN immer wieder dazu an, auch Dinge im Lerntagebuch zu notieren, die sie außerhalb des Unterrichts gelernt und entdeckt haben und die sie in den Unterricht einbringen könnten.
- Regen Sie die TN auch dazu an, Ergebnisse von Gruppenarbeiten und Projekten im Lerntagebuch abzuheften und sich so ein individuelles Tagebuch zusammenzustellen, in dem sie ihre Lernfortschritte dokumentiert haben. Das ist nicht nur eine gute Hilfe zum späteren Nachschlagen und Wiederholen von Lernstoff, sondern auch eine schöne Erinnerung.

8. Die Fokus-Seiten

Die Fokus-Seiten am Ende des Arbeitsbuchs sind eine Mischung aus Input und Übungen zu sehr konkreten Sprachhandlungen, die im Alltag von Migrantinnen und Migranten eine Rolle spielen. Sie greifen die Lernziele auf, die im Rahmencurriculum festgeschrieben sind. Sie bieten – thematisch passend zur jeweiligen Lektion – zusätzliche Materialien zu den Themen Alltag, Beruf und Familie. Zu jeder Lektion gibt es zwei Fokus-Seiten, beginnend ab Lektion 2. Alle Fokus-Seiten können fakultativ, den Bedürfnissen der Zielgruppe entsprechend, im Unterricht bearbeitet werden. Didaktisierungsvorschläge finden Sie in diesem Lehrerhandbuch.
Zu vielen Fokus-Themen finden Sie in diesem Lehrerhandbuch ausführliche Projekt-Vorschläge.

9. Die Projekte

Projekte gibt es sowohl im Arbeitsbuch als auch auf den Fokus-Seiten. Gehen Sie bei der Projektarbeit folgendermaßen vor:

Vorbereitung
Bereiten Sie das Projekt immer sprachlich so weit wie nötig vor: Wiederholen bzw. erarbeiten Sie mit den TN notwendige Redemittel (z.B. für Lektion 1: „Guten Tag. Ich suche das Postleitzahlenbuch." oder „Wie ist die Postleitzahl von ...?" oder „Ich suche die Postleitzahl von ..."). Das gibt den TN Sicherheit und bereitet sie auf den Kontakt mit Muttersprachlern vor.

Durchführung
Sie können das Projekt als Hausaufgabe aufgeben, die einzeln oder im Team gelöst werden soll. Wenn Sie mehr Zeit zur Verfügung haben, bieten sich die Projekte auch für die selbstständige Gruppenarbeit während der Unterrichtszeit an.

Präsentation
Die TN präsentieren ihre Ergebnisse im Kurs. Damit die Präsentation anschaulich wird, sollten die TN alle Materialien, die sie bei der Projektarbeit benutzt haben, mit in den Unterricht bringen oder eine Collage erstellen, die dann im Kursraum aufgehängt wird. Bei geeigneten Projekten können die TN auch Tonband- oder Videoaufnahmen machen und diese mit in den Unterricht bringen. Solche Präsentationen bereichern den Unterricht und erhöhen die Motivation der TN.

10. Die Lernwortschatzseiten

Jede Lektion endet mit dem Lektionswortschatz, der nach Themenfeldern sortiert ist. Der Lernwortschatz richtet sich nach der Liste des *dtz*. Die Teilnehmer können eigene Übersetzungen in ihre Muttersprache, eigene Sätze und Erklärungen ergänzen.

Weitere Unterrichtsmaterialien zu *Schritte plus*

Zur Unterstützung Ihres Unterrichts und für das selbstständige Weiterüben der TN gibt es ein breites, fakultatives Zusatzangebot zu *Schritte plus*:

Für den Lernenden:

- Glossare: sind zu verschiedenen Ausgangssprachen erhältlich und helfen individuell beim Nachschlagen und Lernen von Wortschatz.
- Intensivtrainer: Diese Verbindung aus Testheft und Übungsbuch ist für das selbstständige Lernen zu Hause und zur Selbstevaluation gedacht.
- Übungsgrammatik: Sie enthält den kompletten Grammatikstoff der Niveaustufen A1, A2 und B1 sowie Übungen zum selbstständigen Nachschlagen und Üben.
- Prüfungstraining: Auf die unterschiedlichen Aufgabenstellungen der Prüfungen der Niveaustufen A1, A2 und B1 (*Start Deutsch 1/2, Deutsch-Test für Zuwanderer, Zertifikat Deutsch*) bereiten Zusatzhefte vor.
- Lektüren zur Foto-Hörgeschichte: Lesehefte mit Geschichten über die Protagonisten der Foto-Hörgeschichten fördern das Leseverstehen.
- Portfolio – nur im Internet unter www.hueber.de/schritte-plus: Die Lerner können sich hier einzelne Blätter aus dem Internet herunterladen und diese in den Lerntagebuch-Ordner abheften. Die bereits im Lerntagebuch erworbenen Lerntechniken sind dabei eine von mehreren Kategorien des Portfolios.

Für die Unterrichtsvorbereitung:

- Diktate und zusätzliche Lesetexte
- Übungsblätter per Mausklick (CD-ROM zur schnellen Erstellung neuer Arbeitsblätter)
- Zusatzmaterialien für die speziellen Integrationskurse für Jugendliche oder für Frauen und Eltern sowie für Kurse mit dem Schwerpunkt Berufssprache (als kostenpflichtige Module im Internet oder als Hefte)
- Poster zu den Fotohörgeschichten

Internetservice:
Unter www.hueber.de/schritte-plus finden Sie Online-Übungen für die TN, weitere Arbeitsblätter, die Einstufungstests zu *Schritte plus*, Informationen, Recherchevorschläge, Links und vieles mehr.
Im Internet finden Sie auch spezielle Materialien für Österreich und für die Schweiz.

Materialien
ein Ball

Die erste Stunde im Kurs

1. Bevor Sie in die Arbeit mit *Schritte plus* einsteigen, sollten die TN sich gegenseitig vorstellen.
2. Begrüßen Sie die TN und stellen Sie sich zunächst selbst vor, um auch den TN die notwendigen Redemittel für die eigene Vorstellung an die Hand zu geben. Schreiben Sie Ihren Namen an die Tafel und sagen Sie: „Guten Tag. Mein Name ist ..."

Mein Name ist ...
Ich heiße ...

3. Sagen Sie noch einmal: „Mein Name ist ..." und fragen Sie dann einen TN nach seinem Namen: „Und wie heißen Sie?" Fragen Sie exemplarisch noch ein paar weitere TN und schreiben Sie die Frage ebenfalls an die Tafel.
4. Die TN stellen sich zunächst in Kleingruppen ihren direkten Sitznachbarn vor. Gehen Sie herum und helfen Sie bei Schwierigkeiten.
5. Werfen Sie den Ball einem TN zu und fragen Sie: „Hallo. Mein Name ist ... . Und wie heißen Sie?" Der TN stellt sich vor. Deuten Sie dem TN mimisch und gestisch an, dass er den Ball einer Person seiner Wahl zuwerfen und diese Person ebenfalls nach dem Namen fragen soll. Die TN werfen sich so lange den Ball zu, bis alle einmal ihren Namen genannt haben.

TIPP

Im Kurs wird von Anfang an ein Gemeinschaftsgefühl entwickelt, wenn alle sich mit Namen kennen. Damit sich die TN die Namen der anderen TN leichter einprägen, bietet sich im Anschluss an die Kennlernphase ein Spiel an, z.B. *Zipp Zapp*. Durch eine solche spielerische Aktivität kommen die TN nicht nur in (Augen-)Kontakt miteinander und somit weg von einer auf die Kursleiterin / den Kursleiter gerichteten, zentralisierten Aufmerksamkeit, sondern die TN haben bereits die erste Hürde des Kennenlernens und „Sich-Äußern-Trauens" geschafft.
Spielanweisung:
1. Die TN setzen sich in einen Kreis, Sie als Kursleiterin / als Kursleiter stehen in der Kreismitte. Achtung: Es gibt nur so viele Stühle wie TN im Kreis sitzen, d.h. bei 20 TN und Ihnen als Mitspieler gibt es 20 Stühle.
2. Sagen Sie „Zipp" zu einem TN. Dieser muss dann den Namen des TN sagen, der links von ihr/ihm sitzt; sagen Sie „Zapp", muss der TN den Namen des TN nennen, der rechts von ihr/ihm sitzt. Wenn ein TN dabei einen Fehler macht, muss sie/er in die Mitte und Sie können sich auf den Stuhl setzen. Bei dem Ausruf „Zipp Zapp" wechseln alle TN ihre Plätze. Wer in der Mitte steht, versucht dabei, einen Platz im Stuhlkreis zu erhaschen. Nun muss der TN, der ohne Stuhl bleibt, weiterfragen.

GUTEN TAG. MEIN NAME IST ...

Folge 1: *Nikolaj Miron*
Einstieg in das Thema: Kennenlernen

Materialien
1 Folien von Foto 1–4

1 **Das erste Hören**

1. Da es für Ihre TN vielleicht etwas ganz Neues ist, sich auf einen Hörtext zu konzentrieren, sollte erst der Ablauf der Foto-Hörgeschichte trainiert werden. Ziehen Sie dafür Folien von Foto 1–4.
2. Legen Sie die Folie von Foto 1 auf, spielen Sie den Text von Foto 1 einmal vor und stoppen Sie nach dem „Klick". Legen Sie die Folie von Foto 2 nach Möglichkeit neben Foto 1 und zeigen Sie, dass durch den „Klick" zum nächsten Foto gewechselt wird. Verfahren Sie bis Foto 4 weiter so.
3. Die TN hören nun die ganze Geschichte einmal von Beginn an und zeigen in ihrem Buch mit.

2 **Nach dem ersten Hören: Wer ist das?**

1. Zeigen Sie auf Nikos Foto und fragen Sie: „Wer ist das?" Zeigen Sie im Buch: „Nikolaj."
2. Fragen Sie, während Sie auf Sara und Bruno zeigen: „Wer ist das?"
3. Deuten Sie an, dass die TN die Geschichte noch einmal hören, indem Sie z.B. die Hand an das Ohr legen und sagen: „Wir hören noch einmal." Spielen Sie die Foto-Hörgeschichte noch einmal vor.
   Die TN nennen mündlich die *Lösung:* Sara; Bruno.

3 **Nach dem ersten Hören: Wer sagt das?**

1. Sollte der Kurs ausschließlich aus echten Anfängern bestehen, lesen Sie die Aufgabe und die Zitate vor. Wenn es in Ihrem Kurs TN mit Deutschkenntnissen gibt, sollte sie/er die Aufgabe vorlesen dürfen.
   ! Es geht hier noch nicht darum, dass die TN die grammatikalischen Strukturen verstehen. Diese werden auf den Modulseiten A bis C Schritt für Schritt erklärt. Verzichten Sie hier auf Erklärungen.
2. Deuten Sie den TN an, dass sie die Geschichte noch einmal hören.
3. Spielen Sie die Foto-Hörgeschichte ab Foto 5 (Track 6) bis zu dem Zitat „Mein Name ist Nikolaj Miron." (Track 7) vor und deuten Sie auf die Verbindungslinie von Nikolaj zum Zitat.
4. Die TN hören die Foto-Hörgeschichte noch einmal von Beginn an. Stoppen Sie die Geschichte an den Schlüsselstellen, sodass die TN Zeit haben, Personen und Zitate zu verbinden.
   Lösung: Nikolaj: „Hans Müller?"; Sara: „Papa! Papa!"; Sara: „Wie heißen Sie?"; Sara: „Das ist Nikolaj."; Nikolaj: „Ich komme aus der Ukraine."; Bruno: „Nein, ich bin nicht Herr Müller. Ich heiße Schneider. Bruno Schneider."; Nikolaj: „Danke! Vielen Dank!"
5. *fakultativ:* Die TN hören abschließend die Foto-Hörgeschichte noch einmal ganz. Sicherlich werden sie merken, wie viel sie im Vergleich zum ersten Hören jetzt schon verstehen. Das fördert die Motivation und die Lernfreude.

TIPP

Bei der Arbeit in deutschsprachigen Ländern können Sie darauf zurückgreifen, dass manche TN schon einige Zeit im deutschsprachigen Raum leben und bereits erworbenes Wissen mitbringen. Versuchen Sie so oft wie möglich, dieses Vorwissen zu aktivieren. Die TN können sich so gegenseitig etwas beibringen und helfen. Ziehen Sie Nutzen aus dem vorhandenen Wissen der TN. Antworten Sie z.B. bei der Frage nach einer Wortbedeutung nicht sofort selbst, sondern geben Sie die Frage an das Plenum weiter. Vielleicht kann ein TN das Wort erklären. Verfahren Sie ebenso mit Fehlern: Geben Sie erst anderen TN die Möglichkeit, einen Fehler zu korrigieren, bevor Sie selbst korrigieren.

Guten Tag. – Hallo!

Grußformen
Lernziel: Die TN können jemanden begrüßen und sich verabschieden.

A1 **Präsentation von Grußformen**

1. Die TN haben die Grußform „Guten Tag" schon kennengelernt (Seite 21). Führen Sie nun weitere Grußformen ein, indem Sie einige TN mit Handschlag begrüßen: „Guten Tag." Geben Sie den TN Gelegenheit, zu antworten und Sie ebenfalls zu begrüßen.
2. Zeigen Sie auf das Foto von Nikolaj und den Pfeil zu „Guten Tag."
3. Lesen Sie die anderen Grußformen vor und fragen Sie jeweils: „Sara? Niko?" Zucken Sie dabei mit den Schultern, um Ihr Nichtwissen zu signalisieren.
4. Die TN hören die CD und ziehen Pfeile von den Grußformen zu dem jeweils passenden Foto.
   Lösung: Guten Tag: Nikolaj; Hallo: Sara; Auf Wiedersehen: Nikolaj; Tschüs: Sara

A2 **Erweiterung der Begrüßungs- und Abschiedsformen**

1. Die TN hören das erste Gespräch. Zeigen Sie im Buch, dass zum ersten Gespräch Bild 3 gehört. Die TN hören das erste Gespräch ggf. noch einmal.
2. Die TN betrachten die Zeichnungen und hören Gespräch für Gespräch so oft wie nötig. Geben Sie ausreichend Zeit für die Eintragungen.
   Lösung (von oben nach unten): 2, 1, 4
3. Betrachten Sie mit den TN den Infospot und zeigen Sie durch Gestik (Handschlag/Winken) den Unterschied zwischen Begrüßung und Abschied.
4. Die TN lesen die Gespräche in Partnerarbeit.
5. *fakultativ:* Die TN gehen im Kursraum herum und begrüßen und verabschieden sich gegenseitig.

PHONETIK **Arbeitsbuch 1–2:** im Kurs: Der Schwerpunkt der Phonetik liegt in den ersten Lektionen auf der Intonation. Sie ist für eine gute Kommunikation besonders wichtig, z.B. auch, um zwischen Frage und Antwort zu unterscheiden. Spielen Sie zu Übung 1 die CD vor. Die TN kreuzen an, was sie hören. Mit diesem einfachen Einstieg werden die TN auf das bewusste Hören eingestimmt. Die TN hören dann die Grüße in Übung 2. Stoppen Sie die CD nach jedem Gruß, die TN sprechen im Chor nach. Führen Sie dabei mit Ihrer Hand die Bewegung der Stimme nach oben und unten mit aus: Gehen Sie bei kurzen Einwortsätzen wie „Tag!" mit der Hand nach unten und machen Sie bei „Guten Tag!" eine Wellenbewegung von unten nach oben und wieder nach unten. Fordern Sie auch die TN auf, mit der Hand „mitzusprechen", so fällt die richtige Intonation leichter.

Arbeitsbuch 3–4: als Hausaufgabe

A3 **Aktivität im Kurs: Grußformen**

1. Schreiben Sie vor der Kursaktivität ein paar Uhrzeiten an die Tafel (6 Uhr, 11 Uhr, 18 Uhr, 22 Uhr) und malen Sie jeweils eine Uhr dazu.

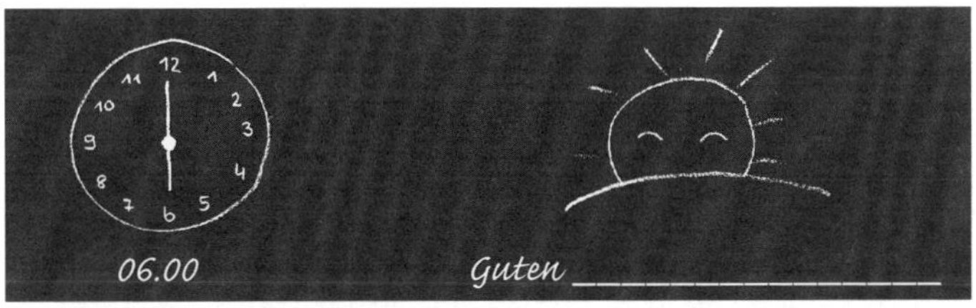

2. Die TN sammeln aus den Gesprächen in A2, welcher Gruß zu welcher Uhrzeit passen könnte. Deuten Sie z.B. auf 6 Uhr und fragen Sie: „Guten Abend? Guten Morgen? Gute Nacht?" und zucken Sie mit den Schultern. Verweisen Sie auch auf den Infospot, um deutlich zu machen, dass man am Vormittag normalerweise mit „Guten Morgen", tagsüber mit „Guten Tag" und am Abend mit „Guten Abend" grüßt.
   Hinweis: Viele Sprachen (z.B. Italienisch, Französisch) kennen keinen Unterschied zwischen „Guten Morgen" und „Guten Tag". Deshalb ist es wichtig, diesen Unterschied in der deutschen Sprache deutlich zu machen.
   ! Die TN müssen die Uhrzeiten hier nicht lernen oder anwenden können. Sie sind als zeitliche Hilfsstrukturen gedacht. Lesen Sie sie laut vor, wenn nötig.
3. Weisen Sie darauf hin, dass „Hallo" und „Tschüs" / „Auf Wiedersehen" an keine Uhrzeit gebunden sind.
4. Die TN finden sich paarweise zusammen und schreiben beliebige Uhrzeiten auf Kärtchen. Wenn Sie wenig Zeit im Kurs haben, verteilen Sie die aus der Kopiervorlage L1/A3 ausgeschnittenen Kärtchen, sodass jedes Paar ein Set erhält.
5. Machen Sie ein Beispiel vor, indem Sie ein Kärtchen hochhalten und die TN nach dem passenden Gruß fragen.
6. Die Paare halten nun abwechselnd eines ihrer Kärtchen hoch und grüßen entsprechend der Tageszeit auf dem Kärtchen. Die Partnerin / Der Partner antwortet entsprechend. Gehen Sie herum und helfen Sie bei Schwierigkeiten.

Das ist Schnuffi. Ich bin Sara.

W-Frage und Aussage

Lernziel: Die TN können eine andere Person nach dem Namen fragen und sich selbst mit Namen vorstellen.

Materialien
B1 Folie der Fotos; Ball
B2 Kopien der Zeichnungen
B3 Kopiervorlage L1/B3
B4 Fotos, Zeitschriften, Scheren

B1 **Präsentation: Sich und andere vorstellen**

1. Ziehen Sie eine Folie der Fotos. Die TN betrachten die Fotos im Buch. Je ein TN liest ein Beispiel unter den Fotos vor und versucht, es einem Foto zuzuordnen, indem sie/er auf das Foto deutet. Legen Sie die Folie auf den Tageslichtprojektor und notieren Sie die Lösungen.
   Lösung: Foto 1: Das ist Schnuffi.; Foto 2: Ich bin Sara.; Foto 3: Ich heiße Nikolaj.; Foto 4: Und wie heißen Sie?
2. Deuten Sie auf der Folie auf Foto 2, schreiben und sagen Sie: „Ich bin Sara. = Ich heiße Sara." Warten Sie ab, ob die TN auch die Wendung „Mein Name ist Sara." nennen. Diese Wendung haben sie in der ersten Kursstunde bereits kennengelernt. Schreiben Sie diese Variante dazu.
3. Deuten Sie auf sich und sagen Sie: „Ich bin Frau/Herr ...", je nachdem, ob die TN Ihren Vornamen oder Nachnamen benutzen. Schreiben Sie die verschiedenen Möglichkeiten, sich vorzustellen, an die Tafel.

> Ich bin Sara. = Ich heiße Sara.
> Ich bin Frau/Herr ... = Ich heiße ... = Mein Name ist ...

4. *fakultativ:* Fragen Sie einen der TN: „Wie heißen Sie?" Ungeübte TN nennen mindestens eine Variante. Geübte TN sollten alle drei Varianten, den eigenen Namen zu sagen, nennen. Die TN werfen sich gegenseitig einen Ball zu und stellen sich vor.
5. Zeigen Sie auf Foto 1 und sagen Sie: „Das ist Schnuffi." Weisen Sie dann auf einen TN hin (nicht mit dem Zeigefinger deuten!) und wenden Sie sich zugleich an den Kurs: „Das ist ...". Einige TN stellen andere TN nach diesem Muster vor.

B2 **Anwendungsaufgabe: Sich und andere vorstellen**

1. Machen Sie für jeden TN eine Kopie der Zeichnungen. Die Bücher bleiben geschlossen. Schreiben Sie die Namen aller Personen in B2 an die Tafel, damit die TN die korrekte Orthografie vor Augen haben.
2. Die TN hören das linke Gespräch. Deuten Sie ggf. auf Herrn Zilinski und fragen Sie: „Wer ist das?" Die TN ergänzen den Namen auf ihrer Kopie.
3. Die TN hören das rechte Gespräch so oft wie nötig und ergänzen die Namen.
4. Die TN öffnen ihr Buch. Spielen Sie die Gespräche noch einmal vor. Die TN hören, lesen mit und vergleichen mit ihren Lösungen.

PHONETIK **Arbeitsbuch 5–6:** im Kurs: Die TN haben schon in Übung 2 auf Seite 86 gesehen, dass in deutschen Aussagesätzen die Stimme am Ende nach unten geht. Spielen Sie die Mini-Gespräche in Übung 5 mehrmals vor und zeigen Sie, dass bei besonders fragendem Tonfall, z.B. bei Rückfragen („Und wie heißen Sie?"), die Stimme am Ende auch nach oben gehen kann. Die TN sprechen die beiden Gespräche im Chor nach. Benutzen Sie wiederum Ihre Hand, um die Betonung auf dem Satzakzent und die Stimmbewegung anzuzeigen: Machen Sie jeweils bei der betonten Silbe im Satz eine Handbewegung wie ein Dirigent, der etwas pointieren möchte, und gehen Sie am Satzende mit der flachen Hand nach unten. Die TN sprechen die Gespräche auch in Partnerarbeit. Legen Sie dann eine Folie von Übung 6 auf und spielen Sie das Gespräch vor. Markieren Sie mit den TN gemeinsam die Betonung, also den Satzakzent, und die Satzmelodie. Die TN lesen auch dieses Gespräch in Partnerarbeit. Bitten Sie die TN abschließend, die Gespräche in Übung 5 und Übung 6 auch zu Hause selbstständig mithilfe ihrer CD zu üben.

B3 **Aktivität im Kurs: Sich und andere vorstellen**

1. Die TN gehen durch den Kursraum und finden sich mit wechselnden Partnern zusammen. Sie sprechen das linke Gespräch aus B2 mit ihren eigenen Namen.
2. Die TN finden sich zu dritt zusammen und spielen das rechte Gespräch. Lassen Sie die Dreiergruppen einige Male wechseln und das Gespräch so mehrfach durchspielen.
3. Verweisen Sie auf den nebenstehenden Grammatikspot und notieren Sie an der Tafel:

1	2	3	1	2	3
Wie	heißen	Sie?	Ich	heiße	Andreas Zilinski.
Wer	sind	Sie?	Ich	bin	Silvia Kunz.

   Zeigen Sie, dass das Verb bei Fragen (?) und Aussagen (.) auf Position 2 steht. Die Ja-/Nein-Fragen werden in Lektion 3 eingeführt.
4. *fakultativ:* Verteilen Sie die Kopiervorlage L1/B3 (Satzpuzzle).

Arbeitsbuch 7: in Stillarbeit oder als Hausaufgabe

B4 **Aktivität im Kurs: Personenraten**

1. Bitten Sie die TN vorab, Fotos von bekannten Persönlichkeiten mit in den Unterricht zu bringen.
   Variante: Sie können die TN auch bitten, einfach nur Zeitungen/Zeitschriften mitzubringen. Die TN schneiden dann die Fotos im Unterricht aus.
   Zeigen Sie das Foto einer berühmten Persönlichkeit und fragen Sie: „Wer ist das?“ Zucken Sie mit den Schultern, sehen Sie betrübt aus und sagen Sie: „Ich weiß es nicht!“
2. Die TN raten, wer die Person ist. Je nach Antwort nicken Sie mit dem Kopf und sagen Sie: „Ja, stimmt!“ oder schütteln Sie den Kopf und sagen Sie: „Nein!“ Die TN lesen auch die Beispiele im Buch.
3. Die TN bilden Vierergruppen und spielen das Personenratespiel mit den Fotos, die sie mitgebracht haben.
4. Wer die Aufgabe beendet hat und/oder die Gespräche noch einmal schriftlich festhalten will, schreibt sie in der Rubrik „Schon fertig?“ dem Muster in B2 folgend auf. Gehen Sie herum und helfen Sie bei Schwierigkeiten. Je nach Lerntyp können die TN so die Strukturen noch einmal festigen.

Arbeitsbuch 8–11: in Stillarbeit oder als Hausaufgabe

Ich komme aus der Ukraine.

Verbkonjugation *ich, Sie, du*

Lernziel: Die TN können ihr Herkunftsland nennen und nach dem Herkunftsland einer Person fragen. Sie können über ihre Sprachkenntnisse Auskunft geben.

Materialien
C4 Kopiervorlage L1/C4; Würfel; Spielfiguren
C5 Wandplakat

C1 Präsentation der Verbkonjugation: *ich, Sie, du*

1. Die TN hören beide Gespräche und ergänzen die fehlenden Satzteile. *Lösung:* A kommen Sie; B bist du; kommst du
2. Schreiben Sie an die Tafel:

Frau Wagner: Woher komm**en** **Sie**, Herr Miron?	Oliver: Woher komm**st** **du**, Nikolaj?
Aus der Ukraine.	

   Spielen Sie ein ähnliches Gespräch mit den TN: Wenden Sie sich etwas höflich distanziert an einen TN und sagen Sie: „Guten Tag. Mein Name ist ... Wie heißen Sie?" Geben Sie dem TN Gelegenheit zur Antwort und sagen Sie: „Freut mich. Woher kommen Sie?" Wenden Sie sich dann an zwei TN, die sich gut kennen und/oder per du sind und denen Sie zutrauen, dass sie das Gespäch richtig vorsprechen. Deuten Sie an, dass die beiden TN das Gespäch mit „du" sprechen sollen.
3. Zeigen Sie auch gestisch die Verwendung von „Sie" und „du", indem Sie mit der Körperhaltung einen gewissen Abstand einnehmen, diesen mit den Händen abmessen und „Sie" sagen, während Sie durch geringeren Abstand Nähe ausdrücken und „du" sagen. Verweisen Sie auch auf den Grammatikspot.

C2 Anwendungsaufgabe zur Verbkonjugation: *ich, Sie, du;* Ländernamen

1. Die TN lesen das erste Mini-Gespräch und ergänzen dieses im Plenum.
2. Die TN bearbeiten die weiteren Gespräche in Stillarbeit und lesen sie dann in Partnerarbeit.
   Lösung: a) ... Sie? b) ... kommst ...; c) ... kommen Sie? d) ... kommst du?
3. Die TN sehen sich die Ländertabelle an. Lesen Sie alle Ländernamen vor. Geben Sie zu einigen Ländern ein Beispiel aus Ihrem Kurs: „Kroatien. ... kommt aus Kroatien." Ergänzen Sie fehlende Länder.

C3 Aktivität im Kurs: Das Herkunftsland nennen

1. Die TN fragen sich gegenseitig nach ihrem Namen (zur Wiederholung) und nach ihrem Herkunftsland.
2. Erklären Sie kurz, dass Ländernamen normalerweise ohne Artikel stehen. Wenige Länder haben allerdings einen Artikel (siehe Beispiele in der Tabelle in C2). Da es keine Regeln gibt, müssen diese auswendig gelernt werden. Auf der Niveaustufe A1 ist es aber nicht notwendig, dass sich die TN alle Ländernamen merken. Sie sollten ihr eigenes Herkunftsland auf Deutsch nennen können und die Bezeichnungen für Deutschland, Österreich und die Schweiz kennen.

! Gehen Sie nicht auf die Dativformen bei Ländern wie der Schweiz, dem Jemen oder dem Sudan ein. Es reicht an dieser Stelle aus, wenn die TN sie als Formeln korrekt anwenden können

C4 Erweiterung der Verbkonjugation bei *ich, Sie, du*

1. Die Bücher bleiben geschlossen. Die TN hören das Kurzinterview einmal.
2. Die TN öffnen ihr Buch. Sie lesen die Verbformen über der Aufgabe, dann hören sie das Interview noch einmal und ergänzen die Lücken.
   Lösung: kommst; sprichst; bist; bin; spreche; kommen; sprechen
3. Weisen Sie auf den Grammatikspot hin und fragen Sie, wie die Fragen bei der Sie-Anrede lauten. Schreiben Sie die Sie- und die Du-Fragen als Gegenüberstellung an die Tafel. Außer „kommen" sind alle Verben unregelmäßig. Die TN sollten sich die Verbformen daher zunächst als Formeln merken. Eine Vertiefung und Systematisierung erfolgt in Lektion 2.
4. *fakultativ:* Wenn Ihr Kurs aus TN besteht, die schon Vorkenntnisse haben, verteilen Sie die Kopiervorlage L1/C4 an Kleingruppen. Jede Gruppe erhält Würfel und Spielfiguren. Die TN würfeln und rücken ihre Spielfigur je nach Augenzahl vor. Sie bilden die passende Verbform nach der gewürfelten Augenzahl. Alle Verben sind den TN durch die Übungsanweisungen im Buch schon bekannt.

C5 Aktivität im Kurs: Eine Wandzeitung erstellen

1. Hängen Sie auf die rechte Seite der Tafel ein großes Wandplakat und schreiben Sie zur Vorbereitung auf die Aktivität Ihren eigenen Namen, Ihr Herkunftsland und Ihre Sprachkenntnisse auf das Plakat.
2. Fragen Sie die TN, wie die Fragen zu den Informationen auf dem Plakat heißen. Schreiben Sie diese auf die linke Tafelhälfte:

Wie heißen Sie?	Woher kommen Sie?
Wie heißt du?	Woher kommst du?
Ich heiße ...	Ich komme aus ...

Name	Land	Sprachen
Frau Huber	Deutschland	Deutsch, Englisch

3. Deuten Sie auf die Spalte „Sprachen" auf dem Plakat und sagen Sie: „Ich spreche Deutsch und Englisch." Fragen Sie die TN: „Was sprechen Sie? Was sprichst du?" Verweisen Sie auf den Grammatikspot und lassen Sie die Sprachenliste vorlesen. Fragen Sie gezielt einige TN nach ihren Sprachkenntnissen und ergänzen Sie ggf. Sprachen, die in der Liste fehlen.

Ich komme aus der Ukraine.

Verbkonjugation *ich, Sie, du*
Lernziel: Die TN können ihr Herkunftsland nennen und nach dem Herkunftsland einer Person fragen. Sie können über ihre Sprachkenntnisse Auskunft geben.

4. Ergänzen Sie das Tafelschaubild:

Wie heißen Sie?	*Woher kommen Sie?*	*Was sprechen Sie?*
Wie heißt du?	*Woher kommst du?*	*Was sprichst du?*
Ich heiße …	*Ich komme aus …*	*Ich spreche …*

Name	*Land*	*Sprachen*
Frau Huber	*Deutschland*	*Deutsch, Englisch*

5. Die TN befragen sich gegenseitig nach Name, Herkunft und Sprachkenntnissen und notieren die Antworten auf dem Wandplakat. Hängen Sie das Wandplakat im Kursraum auf.

Arbeitsbuch 12: im Kurs; **Arbeitsbuch 13–17:** als Hausaufgabe

Buchstaben

Alphabet

Lernziel: Die TN können die Buchstaben sagen und ihren Namen buchstabieren. Sie können sich am Telefon nach einer Person erkundigen.

Materialien
D1 Kärtchen mit den Buchstaben des Alphabets
D2 Kopiervorlage L1/D2

D1 **Präsentation des Alphabets**

1. Die TN hören das Alphabet einmal ganz und sprechen beim zweiten Hören mit.
2. Zeigen Sie auf Kärtchen Buchstaben in willkürlicher Reihenfolge. Die TN nennen jeweils den Buchstaben auf dem Kärtchen. Besonders für TN, die noch nicht so gut lesen und schreiben können, ist es nicht immer einfach, die Buchstaben richtig zu erkennen und zu benennen.

Arbeitsbuch 18: im Kurs

D2 **Erweiterung: Unbekannte Buchstaben**

1. Schreiben Sie an die Tafel:

   A a
   B b } *Buchstaben*

2. Fragen Sie die TN: „Welche Buchstaben sind neu für Sie?" Schreiben Sie sie an die Tafel, z.B. „ß".
3. Die TN suchen allein oder in Partnerarbeit andere Wörter aus der Lektion mit den Buchstaben „ö", „ü", „ß", „z", z.B. *Französisch, Begrüßung, tschüs, Türkisch, heißen, zuordnen, zur, Ich weiß nicht, ...*
   Hinweis: Nicht für jede Ausgangssprache sind dieselben Buchstaben unbekannt: Die türkische Sprache kennt „ö" und „ü", aber „q" nicht, während es sich im Spanischen genau umgekehrt verhält. Wandeln Sie dafür ggf. die Aufgabe nach Bedarf ab.
4. *fakultativ:* Spielen Sie mit den TN Alphabet-Bingo (Kopiervorlage L1/D2): Jeder TN trägt in sein Bingo-Blatt neun Buchstaben seiner Wahl ein. Kreuzen Sie verdeckt verschiedene Buchstaben auf dem Kontrollblatt (auf Folie) an und sagen Sie sie laut an. Die TN markieren die Buchstaben auf ihrem Bingoblatt, wenn sie genannt werden. Wer zuerst alle neun Buchstaben angekreuzt hat, ruft „Bingo!" und hat, wenn alles richtig ist, gewonnen. Zur Kontrolle liest der TN seine Buchstaben noch einmal vor. Kontrollieren Sie mithilfe des Kontrollblatts. Bei der nächsten Runde kann ein TN die Ansage / das Kontrollblatt übernehmen.

PHONETIK **Arbeitsbuch 19:** im Kurs: Schriftbild und Lautbild stimmen nicht immer überein. Das können Sie den TN insbesondere an den Diphthongen „ei" und „eu" sehr gut zeigen. Die TN hören Übung 19. Stoppen Sie die CD nach jedem Wort bzw. Satz und bitten Sie die TN nachzusprechen. Fragen Sie die TN nach anderen Wörtern aus der Lektion mit diesen Lauten und notieren Sie die Vorschläge der TN an der Tafel (z.B. Schweiz, Österreich, Auf Wiedersehen ...). Die TN sprechen die Wörter an der Tafel.

D3 **Anwendungsaufgabe: Ein einfaches Lied mitsprechen**

1. Die TN sehen sich die Wörter und Zeichnungen an. Sie hören das Lied einmal und lesen still mit.
2. Die TN lesen sich die Wörter in Partnerarbeit vor.
3. Die TN hören das Lied noch einmal und sprechen mit.
   Hinweis: Weitere Vorschläge zum Umgang mit Liedern im Unterricht finden Sie in diesem Lehrerhandbuch auf Seite 31.

D4 **Anwendungsaufgabe: Den eigenen Namen buchstabieren**

1. Bilden Sie Dreiergruppen.
2. Die TN buchstabieren sich gegenseitig ihren Namen. Die Partner schreiben den Namen auf. Die TN korrigieren einander. Gehen Sie herum und helfen Sie bei Schwierigkeiten. *fakultativ:* Einige TN buchstabieren ihren Namen im Plenum.

D5 **Anwendungsaufgabe: Den Namen am Telefon buchstabieren**

1. Die TN betrachten die Fotos und hören das Telefongespräch ggf. mehrmals an.
2. Die TN lesen das Telefongespräch in Partnerarbeit.
3. Schreiben Sie mithilfe der TN ein Dialoggerüst an die Tafel:

Firma ... Guten Tag.
Guten Tag. Mein Name ist ... Ist Frau/Herr ... da?
Guten Tag, Herr/Frau ...
...
Entschuldigung, wie ist Ihr Name?
..., ich buchstabiere: ...
Ah ja, Herr/Frau ... Tut mir leid, Frau/Herr ... ist nicht da.
Danke. Auf Wiederhören.

4. Die TN finden sich paarweise zusammen. Sie sprechen das Telefongespräch mithilfe des Dialoggerüsts nach und verwenden dabei ihren eigenen Namen. Zum Abschluss können zwei oder drei Paare ihr Gespräch dem Plenum präsentieren.

Arbeitsbuch 20–24: als Hausaufgabe

LERN TAGEBUCH

Arbeitsbuch 25: Die TN lernen, wichtige Formeln und Redemittel nach einem Oberbegriff geordnet zu notieren. Diese Redemittel werden zunächst in die Muttersprache übersetzt (siehe auch Seite 38). Das ist besonders am Anfang wichtig, weil TN ohne Lernerfahrung dazu neigen, Wort für Wort zu übersetzen. Dies ist aber oft nicht möglich, vgl. Deutsch „Wie geht es Ihnen?" und Englisch „How are you?" Die TN lernen auch, die Verbkonjugation der ersten, zweiten Person Singular und der dritten Person Plural tabellarisch zu ordnen. Den TN wird hier eine erste systematische Ordnung für grammatische Strukturen vermittelt. Die TN ergänzen die fehlenden Formen in der Tabelle. Später können sie weitere Verben in ihre Tabelle aufnehmen und konjugieren.

D6 **Aktivität im Kurs: Spiel: „Die Buchstabenmaus"**

1. Führen Sie das Spiel exemplarisch vor, indem Sie für jeden Buchstaben des Wortes „tschüs" einen kurzen Strich an die Tafel zeichnen. Die TN versuchen, das Wort zu erraten, indem sie verschiedene Buchstaben nennen. Jeder richtige Buchstabe wird eingetragen. Nennen die TN einen Buchstaben, der im gesuchten Wort „tschüs" nicht vorkommt, zeichnen Sie ein Stück einer Maus: zuerst den Körper, dann ein Ohr, dann das zweite Ohr usw. Wenn die TN das Wort erraten haben, zeigen Sie zur Veranschaulichung auch die Fotos mit der Lösung im Buch.
2. Der TN, der das Wort zuerst erraten kann, kommt als Nächster an die Tafel und darf sich ein Wort ausdenken.

Adresse

Visitenkarten, Anmeldeformular

Lernziel: Die TN können eine Visitenkarte lesen und ein Anmeldeformular mit ihren persönlichen Angaben ausfüllen.

Materialien
E1 Farbstifte
E2 Wandplakat
E3 Anmeldeformular der Schule/Institution
Test zu Lektion 1

E1 **Leseverstehen: Visitenkarten**

1. Die TN brauchen verschiedenfarbige Stifte. Schreiben Sie die Informationen der ersten Visitenkarte an die Tafel und markieren Sie gemeinsam mit den TN den Vornamen, den Familiennamen, die Straße, die Stadt und das Land in der jeweils richtigen Farbe.
2. Die TN markieren allein oder zu zweit die Angaben auf den anderen Visitenkarten. Gehen Sie herum und kontrollieren Sie, ob die TN die richtige Farbe verwenden.
3. Die TN lesen die Aufgabenstellung b) und ergänzen die Länder mithilfe der Informationen auf den Visitenkarten. *Lösung:* D = Deutschland; A = Österreich; CH = Schweiz
4. *fakultativ:* Fragen Sie die TN nach der internationalen Abkürzung für ihr Land.

E2 **Aktivität im Kurs: Eine Kursteilnehmerliste erstellen**

1. Schreiben Sie ein großes Wandplakat mit den Angaben der Liste im Buch.
2. Legen Sie das Wandplakat auf zwei Tische oder auf den Boden, sodass die TN es selbst beschriften können.
3. Beginnen Sie, die Daten eines TN in die Liste einzutragen. Fragen Sie dabei: „Wie heißen Sie? Buchstabieren Sie bitte. Und der Vorname? Und wie heißt die Stadt, bitte? Und die Straße?"
4. Danach fragt der TN, dessen Name nun auf der Liste steht, weiter und trägt die Daten eines anderen TN in die Liste ein.
5. Hängen Sie das Wandplakat im Kursraum auf. *Variante:* Diese Aufgabe können Sie bei weniger Zeit auch als reine Schreibaufgabe in Auftrag geben. Jeder TN trägt dann seine Daten direkt in die Liste ein.

E3 **Schreiben: Ein Formular ausfüllen**

1. Bringen Sie ein Anmeldeformular Ihrer Schule/Institution mit. Da die TN sich ja alle für den Deutschkurs anmelden mussten, erkennen sie sicherlich das Formular wieder. Sollten Sie keins zur Hand haben, können Sie das Formular im Buch benutzen.
2. Schreiben Sie wiederum Ihre eigenen Daten als Beispiel an die Tafel. Neue Informationen sind nun die Hausnummer und die Postleitzahl. Erklären Sie, dass Straße, Hausnummer, Postleitzahl und Stadt zusammen die Adresse bilden.
3. Die TN tragen ihre Daten in das Originalformular oder ins Buch ein. Gehen Sie herum und helfen Sie bei Schwierigkeiten. TN, die keine Probleme beim Ausfüllen des Formulars haben, können im Unterricht eine eigene Visitenkarte gestalten.
4. Fordern Sie die TN auf, diese Aufgabe wirklich ernst zu nehmen und eine schöne, typische Visitenkarte zu entwerfen. Die TN, die dafür keine Zeit mehr im Unterricht haben, schreiben ihre Visitenkarte zu Hause. In der nächsten Stunde werden die Visitenkarten ausgestellt!

Arbeitsbuch 26: in Stillarbeit oder als Hausaufgabe

PROJEKT **Arbeitsbuch 27:**

1. Die TN notieren die angegebenen Adressen auf einem Blatt Papier.
2. Gehen Sie mit den TN zu der nächsten Post oder Postagentur. Holen Sie für die TN das Postleitzahlenbuch. In größeren Städten gibt es vielleicht auch die Telefonbücher von Großstädten wie München, Berlin, etc., sodass die TN auch dort suchen können.
3. Die TN suchen paarweise die Postleitzahlen heraus.
4. Abschlusskontrolle im Plenum nach Rückkehr der TN. *Lösung:* 10719 Berlin; 60437 Frankfurt am Main; 81669 München; 01309 Dresden

Einen Test zu Lektion 1 finden Sie auf den Seiten 138–139. Weisen Sie die TN auf die interaktiven Übungen auf ihrer Arbeitsbuch-CD hin. Die TN können mit diesen Übungen den Stoff der Lektion selbstständig wiederholen und sich ggf. auch auf den Test vorbereiten. Wenn Sie an Ihrer Schule/Institution einen Computerraum zur Verfügung haben, bieten Sie für die erste Lektion an, die Übungen gemeinsam im Kurs durchzugehen. So können Sie helfen, wenn die TN mit den Übungsformen noch nicht vertraut sind.

Zwischenspiel 1
Deutsch-Training

Ein Lied singen

1 **Hörverstehen: Ein einfaches Lied verstehen**

1. Die Bücher bleiben geschlossen. Verteilen Sie die Kopiervorlage „Zwischenspiel zu Lektion 1“. Die TN hören das Lied einmal und ergänzen, woher die beiden Personen kommen.
   Lösung: Wolfgang Altmann: Deutschland; Jasmin Sailer: Österreich
2. Die TN hören das Lied noch einmal und ergänzen die Lücken.
3. Abschlusskontrolle im Plenum. (*Lösung* siehe Hörtext)

2 **Ein einfaches Lied verstehen**

1. Spielen Sie das Lied vor. Die TN klatschen den Rhythmus mit oder stehen auf und schnippen mit den Fingern mit.
2. Die TN singen beim zweiten Hören mit. Geben Sie ggf. Solo-Rollen an TN, die gern singen (Herr Altmann, Frau Sailer). Sie fungieren als Vorsänger. TN, die nicht singen möchten, können das Lied mitsummen oder die Combo darstellen, indem sie den Rhythmus mitklopfen, -stampfen oder -klatschen.
3. Die TN bearbeiten als Hausaufgabe die Kopiervorlage „Zwischenspiel zu Lektion 1“. Abschlusskontrolle im Kurs.
   Lösung: a) Familienname: Altmann; Land: Deutschland; Sprachen: Deutsch, Englisch, Spanisch; b) Vorname: Jasmin; Land: Österreich; Sprachen: Deutsch, Englisch

TIPP

Lieder sind eine motivierende Abwechslung im Unterricht. Insbesondere stark rhythmische Lieder wie dieses eignen sich gut zum Üben von Wort- und Satzakzent. Da es sich um Sprechgesang handelt, kann auch mitsingen, wer glaubt, nicht singen zu können. Trotzdem: Wenn die TN starke Hemmungen haben zu singen, sollten Sie den Einsatz von Liedern nicht überdehnen. Im Vordergrund sollte immer der Spaß am Lied stehen. Singen Sie auf jeden Fall selbst mit, um die TN zum Mitmachen zu animieren. Weitere Möglichkeiten, das Lied im Unterricht einzusetzen:

1. Schneiden Sie die Transkription des Liedtextes in mehrere Teile wie ein Puzzle. Die TN hören das Lied und setzen dabei den Liedtext zusammen.
2. Das Lied eignet sich sehr gut, um den Lektionsstoff zu wiederholen. Dazu setzen „Solisten“ ihren eigenen Namen in das Lied ein („Ich heiße Mustafa Akin. Ich komme aus der Türkei. Ich spreche Türkisch und Deutsch.“). Das Lied wird so variiert.
3. Mit Liedern können Sie auch Bewegung in den Unterricht bringen. Das ist besonders bei Intensivkursen mit vier und mehr Unterrichtsstunden am Tag wichtig. Bitten Sie die TN aufzustehen, beim Singen die Arme nach oben zu strecken und mitzuklatschen oder die Hüften im Takt nach links und rechts zu bewegen. TN, die aus Kulturen kommen, in denen viel und gern getanzt wird, können auch als Vortänzer fungieren und die anderen zum Mitmachen motivieren.

MEINE FAMILIE

Folge 2: *Pipsi und Schnofferl*
Einstieg in das Thema: Familie

Materialien
1 Poster zur Foto-Hörgeschichte

1 **Vor dem Hören: Wer ist wer?**
1. Die TN betrachten die Fotos.
2. Zeigen Sie auf Foto 5 im Buch oder zeigen Sie das Foto auf dem Poster und fragen Sie: „Wer ist Bruno?"
3. Gehen Sie umher. Die TN zeigen Bruno in ihrem Buch. Ein TN zeigt Bruno auf dem Poster.
4. Verfahren Sie mit Sara und Nikolaj genauso.

2 **Vor dem Hören: Vermutungen äußern**
1. Die TN lesen die Aufgabe.
2. Zeigen Sie auf das Foto und fragen Sie: „Wer ist das?"
3. Geben Sie mehreren TN die Möglichkeit, ihre Meinung mithilfe der Redemittel zu äußern.

! Es ist nicht wichtig, dass die TN die richtige Lösung nennen können. Sie sollten ihre Vermutung äußern.
Lösung: Brunos Frau

3 **Beim ersten Hören**
Die TN betrachten die Fotos und hören die Geschichte so oft wie nötig. Vorschläge zum Umgang mit der Foto-Hörgeschichte finden Sie ab Seite 12.

4 **Nach dem ersten Hören: Wer ist Tina?**
1. Die TN betrachten das Foto. Fragen Sie noch einmal: „Wer ist das?"
2. Ein TN liest die möglichen Antworten in den Sprechblasen vor. Lesen Sie danach noch einmal die Sprechblasen vor und machen Sie nach jeder Sprechblase eine Pause. Fragen Sie: „Ja oder nein?" und warten Sie auf die Antwort der TN.
3. *fakultativ:* Wenn die TN Probleme mit dem Lösen der Aufgabe haben, lassen Sie sie die Foto-Hörgeschichte noch einmal hören und stoppen Sie die CD an der Schlüsselstelle (Bruno: „Das ist meine Frau."). *Lösung:* Sara, Bruno

5 **Nach dem Hören: Wer sagt das?**
1. Die TN lesen die Aufgabe. Fragen Sie: „Wer sagt das?"
2. Gehen Sie die Aufgabe zusammen mit ungeübten TN durch und stoppen Sie die CD an den Schlüsselstellen. Geben Sie den TN Zeit für die Eintragung. Geübte TN bearbeiten die Aufgabe in Stillarbeit und korrigieren sich gegenseitig.
3. Die TN hören zum Abschluss noch einmal die ganze Geschichte am Stück.
Lösung: b) Tina; c) Bruno; d) Nikolaj; e) Sara

TIPP Die Foto-Hörgeschichte enthält wichtige Redemittel für den Alltag, die sich gut als Formeln einüben und merken lassen. Nutzen Sie daher Zitate aus den Foto-Hörgeschichten (z.B. Aufgabe 5) dazu, mit den TN z.B. die Intonation zu üben, die Sätze nachzusprechen oder sie auch nachzuspielen. Durch den Hörspielcharakter und den situativen Kontext der Foto-Hörgeschichte wird das Memorieren wichtiger Redemittel erleichtert und eine gute Aussprache wird trainiert.

Wie geht's? – Danke, sehr gut.

Lernziel: Die TN können sich nach dem Befinden erkundigen und über ihr Befinden sprechen.

A1 **Präsentation der Wendung „Wie geht's?"**

1. Die TN sehen sich die Zeichnungen an. Verweisen Sie auf das erste Beispiel, unterstützen Sie es durch Mimik und Gestik und sagen Sie mit Begeisterung: „Super!"
   Variante: Die TN lassen das Buch geschlossen. Gehen Sie auf einen TN zu, die/der schon länger in Deutschland lebt. Geben Sie ihr/ihm die Hand und fragen Sie: „Wie geht's?" Der TN antwortet. Wiederholen Sie das ggf. noch ein paarmal mit weiteren TN, die schon erste Deutschkenntnisse haben. Die TN öffnen erst dann ihr Buch.
2. Die TN hören die Mini-Gespräche und überlegen, welches Gespräch zu welchem Bild passt. Bei Verständnisschwierigkeiten oder Unklarheiten spielen Sie die Gespräche mehrmals vor und machen Sie die jeweils passende Mimik/Gestik mit (z.B.: strecken Sie bei „Super" den Daumen nach oben und strahlen Sie).
   Lösung:

3. Lesen Sie die Antworten noch einmal mit viel Mimik/Gestik vor und fordern Sie die TN auf mitzumachen. Lassen Sie die TN nachsprechen und achten Sie dabei besonders auf die Intonation/Stimm-Modulation.

A2 **Variation: Anwendungsaufgabe zu „Wie geht's?"**

1. Die TN betrachten die Zeichnungen. Fragen Sie: „Sie oder du? Was meinen Sie?" Die TN stellen Vermutungen darüber an, wie sich die Personen anreden.
2. Die TN hören die Gespräche.
3. Verweisen Sie auf den Infospot und zeigen Sie auch mithilfe der Zeichnungen, dass „Wie geht es Ihnen?" für die Anrede mit Sie und „Wie geht es dir?" für die Anrede mit Du gebraucht wird.
4. Die TN sprechen die Gespräche in Partnerarbeit mit ihrem eigenen Namen und den Varianten.

! Denken Sie bitte daran, dass es ausschließlich darum geht, die Wendungen lexikalisch einzuschleifen, um sie als Redemittel für die TN bereitzustellen. Erklärungen zum Dativ sind an dieser Stelle nicht notwendig. Die Dativpronomen werden in *Schritte plus 2*, Lektion 13, behandelt.

PHONETIK **Arbeitsbuch 1:** im Kurs: Die TN kennen die Stimmbewegung bei W-Fragen und auch den Satzakzent schon von Lektion 1 her. Deshalb dürfte ihnen diese Übung keine Schwierigkeiten bereiten. Die TN hören die CD und markieren den Satzakzent. Bei der anschließenden Kontrolle stampfen die TN bei der Silbe, die den Satzakzent trägt, jeweils mit dem Fuß auf. Dadurch bekommen sie ein Gespür für die Gewichtung dieser Silbe. Setzen Sie für die Stimmbewegung nach unten (W-Frage) und nach oben (Rückfrage) auch wieder Ihre Hand ein.

Arbeitsbuch 2: in Stillarbeit oder als Hausaufgabe; **3–4:** in Partnerarbeit oder als Hausaufgabe: Die TN können ihre Gespräche vorspielen, wenn sie möchten.

A3 **Aktivität im Kurs: Rollenspiel**

1. Die TN sehen sich die Zeichnungen an und überlegen, wie sich die Personen anreden. Fragen Sie: „Sie oder du?" und notieren Sie Lösungsvorschläge an der Tafel.
   Lösungsvorschlag: A du (junge Leute); B du oder Sie (beides ist möglich, je nach Vertrautheit unter den Nachbarinnen); C du (Lehrer zu Schüler), Sie (Schüler zu Lehrer); D Sie (Erwachsene, die sich nicht kennen)
2. Zwei geübtere TN lesen das Beispielgespräch A vor und führen es zu Ende.
3. Die TN finden sich paarweise zusammen. Lassen Sie die Paare ganz nach Neigung entscheiden, ob sie die Gespräche zu den Zeichnungen sprechen oder ob sie sie aufschreiben möchten. Manche TN fühlen sich beim Schreiben sicherer. Für TN, die sich mit dem Erfinden von Gesprächen noch schwertun, können Sie die Kopiervorlage L2/A3 kopieren und verteilen. Sammeln Sie die schriftlichen Gespräche zur Korrektur ein und lassen Sie ein paar Gespräche vorspielen von Paaren, die die Gespräche mündlich durchgespielt haben. Bitten Sie diese Paare, aufzustehen und die Gespräche nachzuspielen.
   Hinweis: Nicht immer erkundigen sich beide Personen gegenseitig nach dem Wohlbefinden. Je nach Situation kann es passender sein, dass nur der eine den anderen fragt (z.B. Situation B und C).

LANDESKUNDE Die Regeln für die Anrede mit du und Sie sind nicht mehr ganz so klar wie vielleicht noch vor einigen Jahrzehnten. Sowohl im Privatleben als auch im Berufsleben wird heute häufiger geduzt als früher. Wer sich einer Gruppe oder Gemeinschaft (z.B. Studenten, Kollegen auf gleicher Ebene) zugehörig fühlt, duzt sich meist. Nennen Sie den TN zunächst nur die eindeutigen Regeln, alles andere wäre zu diesem Zeitpunkt verwirrend: Erwachsene duzen Kinder, Kinder siezen (fremde) Erwachsene. Erwachsene, die sich (noch) nicht kennen, siezen sich normalerweise (z.B. auf dem Amt, an der Kasse im Supermarkt). Höhergestellte Personen wie den Chef sollte man immer siezen, es sei denn, sie bieten das Du an. Das Thema wird in *Schritte plus 6* vertieft.

2 B

Das ist **meine Frau.**

Possessivartikel *mein, meine*
Lernziel: Die TN können ihre Familie vorstellen.

Materialien
B2 Kopiervorlage L2/B2
B3 Familienfotos
Tipp: Familienfotos, ein Plakat

B1 **Präsentation des Wortfelds „Familienmitglieder“**

1. Die TN sehen die Fotos im Buch an und hören die Texte. Deuten Sie an, dass die TN wirklich nur hören sollen, nicht mitlesen, damit sie einer realen Hörsituation nahekommen.
2. Die TN lesen still die Texte.
3. Die TN hören die Texte noch einmal und ergänzen diese in Stillarbeit.
4. Abschlusskontrolle im Plenum. *Lösung:* Tochter, Eltern, Vater, Mutter, Bruder

B2 **Präsentation der Possessivartikel *mein, meine*; Erweiterung des Wortfelds „Familienmitglieder“**

1. Die TN betrachten die Zeichnungen. Fragen Sie den aus B1 schon bekannten Wortschatz noch einmal ab: „Wer ist das?“ Begnügen Sie sich mit einfachen Antworten wie „Mutter“, „Frau“, etc.
2. Die TN hören einmal die Gespräche.
3. Die TN hören die Gespräche noch einmal und notieren die Familienmitglieder.
4. Abschlusskontrolle im Plenum.
   Lösung: 2 Sohn; 3 Tochter; 2/3 Kinder; 4 Bruder; 5 Schwester; 4/5 Geschwister; 6 Opa; 7 Oma; 6/7 Großeltern
5. Zeichnen und schreiben Sie zur Systematisierung der Possessivartikel ein Tafelbild. Lassen Sie dabei die TN möglichst viel mündlich mithelfen.

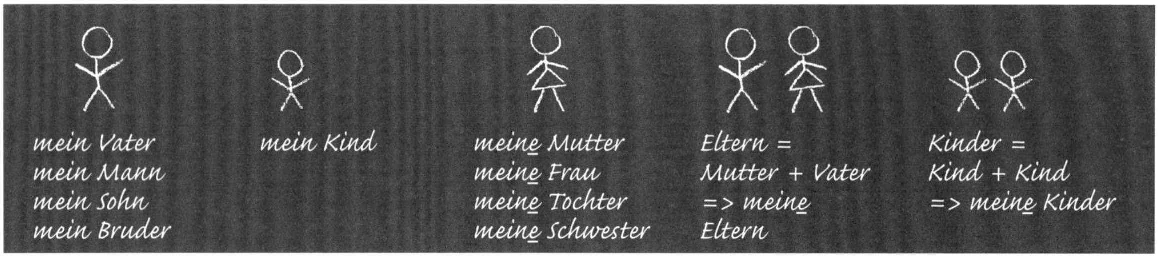

Unterstreichen Sie „Vater“ etc. grün und ebenso den Possessivartikel *mein*; „Mutter“ etc. rot und ebenso den Possessivartikel *meine* sowie „Eltern“ und „Kinder“ und den Plural gelb. Verweisen Sie auch auf den Grammatikspot. Als Hausaufgabe können sich die TN die Formen des Possessivartikels noch einmal mit Übung 8 im Arbeitsbuch bewusst machen. Dort soll das Farbschema selbstständig angewendet werden.

! Es ist nicht notwendig, die drei Artikel (der, das, die) zur Verdeutlichung der neutralen Form einzuführen. Die bestimmten Artikel sind Thema in Lektion 4.

6. Verdeutlichen Sie den Unterschied von „Das ist ...“ und „Das sind ...“ mit einem Beispiel an der Tafel:

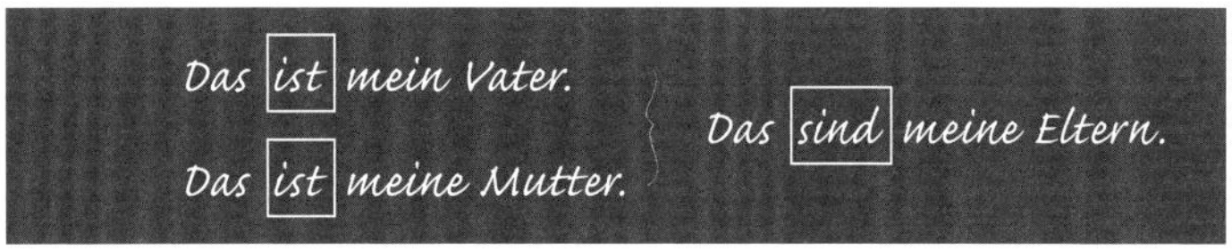

7. *fakultativ:* Verteilen Sie die Kopiervorlage L2/B2 (Dominospiel). Die TN üben den Possessivartikel in Partnerarbeit oder Kleingruppen.

Arbeitsbuch 5–8: als Hausaufgabe

B3 **Aktivität im Kurs: Rätselspiel**

1. Geben Sie den TN Zeit, den Familienstammbaum zu betrachten und sich über die Beziehungen der Personen zueinander klar zu werden.
2. Zwei TN lesen das Beispiel vor.
3. Machen Sie zwei oder drei weitere Beispiele im Plenum.
4. Die TN finden sich paarweise zusammen und stellen sich gegenseitig Rätselfragen. Gehen Sie herum und helfen Sie bei Schwierigkeiten.
5. TN, die keine Schwierigkeiten mit der Übung mehr haben, gehen zu der Rubrik „Schon fertig?“ und machen eine Liste, wer alles zu ihrem nächsten Familienfest kommen soll.
6. *fakultativ:* Wenn die TN sehr interessiert am Thema Familie sind, bitten Sie sie, in der nächsten Kursstunde Familienfotos mitzubringen. Die TN stellen in Kleingruppen von vier TN ihre Familien vor.

Arbeitsbuch 9–11: in Stillarbeit oder als Hausaufgabe

Das ist **meine Frau.**

Possessivartikel *mein, meine*
Lernziel: Die TN können ihre Familie vorstellen.

PHONETIK **Arbeitsbuch 12:** im Kurs: Eine andere Methode, den TN die Stimm-Modulation bewusst zu machen, ist das Klopfen oder Klatschen im Rhythmus. Spielen Sie die CD vor, die TN lesen still mit und achten auf die Dreiecke unter den Silben, die die Stärke der Betonung angeben. Die TN hören noch einmal und klopfen oder klatschen gleichmäßig mit, bei den betonten Silben klopfen oder klatschen sie etwas kräftiger. In einem zweiten Durchgang klopfen oder klatschen und sprechen die TN im Chor, ohne die CD zu hören.

TIPP Den TN macht es Spaß, wenn auch Sie von sich erzählen. Je authentischer der Lernstoff ist, umso mehr wird emotionale Nähe und Interesse geweckt. Bringen Sie doch einfach ein paar Fotos von Ihrer Familie mit. Kleben Sie diese auf ein Plakat, das Sie im Kursraum aufhängen, und beschriften Sie das Plakat mit den TN zusammen.

Er wohnt in der Rosenheimer Straße.

Verbkonjugation; Personalpronomen
Lernziel: Die TN können ihren Wohnort und ihre Adresse nennen.

Materialien
Arbeitsbuch 16–17: auf Folie
C4 Kopiervorlage L2/C4

C1 **Präsentation der Verbkonjugation und der Personalpronomen *er/sie, sie***

1. Die TN hören die Texte und sehen die Fotos im Buch an. Deuten Sie an, dass die TN wirklich nur hören sollen, um einer realen Hörsituation näherzukommen.
2. Die TN lesen die Texte.
3. Die TN hören die Texte noch einmal und ergänzen sie in Stillarbeit. Stoppen Sie die CD nach jedem einzelnen Satz, wenn nötig.
4. Abschlusskontrolle im Plenum. *Lösung:* ist; heißen; kommt
5. Schreiben Sie an die Tafel und weisen Sie auch auf den Grammatikspot hin:

Niko kommt aus der Ukraine, ~~Niko~~ (er) wohnt in München.	Niko kommt aus der Ukraine, er wohnt in München.
Das ist Sara, ~~Sara~~ (sie) hat zwei Hasen.	Das ist Sara, sie hat zwei Hasen.
Brunos Eltern wohnen nicht in München, ~~Brunos Eltern~~ (sie) leben in Nürnberg.	Brunos Eltern wohnen nicht in München, sie leben in Nürnberg.

C2 **Anwendungsaufgabe zur Verbkonjugation und zu den Personalpronomen *er/sie, sie***

1. Ergänzen Sie das erste Beispiel mit den TN gemeinsam.
2. Die TN notieren in Stillarbeit die Beispiele b) und c).
3. Abschlusskontrolle im Plenum. *Lösung:* b) Das ist Afo. Er kommt aus Togo. Er lebt in Österreich. Er wohnt in Wien. Er wohnt in der Burgstraße. c) Das sind Metin und Elif. Sie kommen aus der Türkei. Sie leben in Deutschland. Sie wohnen in Köln. Sie wohnen in der Schillerstraße.
4. Schreiben Sie die bekannten Personalpronomen an die Tafel. Die TN ergänzen mündlich die schon bekannten Verb-Endungen von *ich, du* und *Sie*. Nehmen Sie jetzt auch die Form der 3. Person Singular mit auf und unterstreichen Sie die Verb-Endungen. Notieren Sie weitere Verben auf Zuruf, z.B. „sein", „heißen", „sprechen".

ich	komm<u>e</u>		
du	komm<u>st</u>	Sie	komm<u>en</u>
er/sie	komm<u>t</u>	sie	komm<u>en</u>

Arbeitsbuch 13: in Stillarbeit oder Partnerarbeit: Die TN machen sich die Funktion der Personalpronomen noch einmal bewusst. **14–15:** in Stillarbeit oder als Hausaufgabe

C3 **Variation: Präsentation der Verbkonjugation 1. und 2. Person Plural**

1. Gehen Sie vor wie auf Seite 14 beschrieben.
2. Ergänzen Sie an der Tafel die Formen der 1. und 2. Person Plural: wir kommen, ihr kommt.

Arbeitsbuch 16–17: in Stillarbeit: Die TN systematisieren für sich die Verbkonjugation. Kopieren Sie die Übungen auf eine Folie und bitten Sie einen TN, die Lösungen für alle darauf zu markieren und zu notieren. **18–20:** in Stillarbeit oder als Hausaufgabe

C4 **Aktivität im Kurs: Kennenlernspiel**

1. Die TN arbeiten zu zweit und lesen die Aufgabe.
2. Jedes Paar findet für sich eine fiktive Identität und schreibt ein Kärtchen mit Namen, Herkunftsland und Wohnort. Wenn Sie wenig Zeit im Kurs haben, dann kopieren Sie die Kopiervorlage L2/C4.
3. Die Paare gehen im Kursraum umher und befragen sich gegenseitig.
4. Lassen Sie ggf. einige Paare ein Beispiel im Plenum vorspielen.

Materialien
D1 Kärtchen für jede Zahl
D2 leere Folie; Kopiervorlage L2/D2
D3 Folie des leeren Formulars
D4 Kopiervorlage L2/D4

Zahlen und Personalien

Zahlen von 0 bis 20; Konjugation des Verbs *haben*
Lernziel: Die TN können bis zwanzig zählen. Sie können Fragen zur eigenen Person beantworten und ein Formular mit den eigenen Personalien ausfüllen.

D1 **Präsentation der Zahlen von 0 bis 20**

1. Die TN hören die Zahlen und sprechen sie nach.
   Hinweis: Da einige TN sicher schon eine Weile in einem deutschsprachigen Land leben, sind die Zahlen diesen TN möglicherweise schon bekannt.
2. *fakultativ:* Schreiben Sie jede Zahl auf ein Kärtchen und halten Sie die Kärtchen abwechselnd und in beliebiger Reihenfolge hoch: Die TN nennen die Zahl auf dem Kärtchen.

D2 **Hörverstehen: Telefonnummern richtig verstehen**

1. Die TN hören das erste Beispiel und lesen im Buch mit.
2. Die TN hören noch einmal und ein TN schreibt die gehörte Telefonnummer an die Tafel. Die anderen TN kreuzen die richtige Telefonnummer in ihrem Buch an. Bei Schwierigkeiten hören die TN noch einmal. Verfahren Sie mit den Beispielen b) und c) genauso. *Lösung:* a) 13 16 20; b) 19 16 10; c) 19 15 12
3. *fakultativ:* Machen Sie, wenn alle TN einverstanden sind, eine Telefonliste des Kurses auf einer Folie. Ein TN diktiert seine Nummer und ein zweiter TN schreibt sie auf die Folie. Die übrigen TN notieren mit und achten darauf, dass die Zahlenfolge stimmt. Wechseln Sie durch. Am Ende ziehen Sie eine Kopie der Folie und teilen die Telefonliste zum Abheften im Lerntagebuch aus.
4. *fakultativ:* Spielen Sie mit den TN Zahlenbingo (Erklärungen zu Bingospielen siehe Seite 28) und teilen Sie dazu die Bingo-Blätter von Kopiervorlage L2/D2 aus.

Arbeitsbuch 21: im Kurs; **22:** als Hausaufgabe

D3 **Schreiben: Ein Formular mit Personalien ausfüllen**

1. Die TN hören das Gespräch und lesen im Buch mit.
2. Die meisten Fragen sind bekannt. Erklären Sie „Wo sind Sie geboren?“ anhand Ihres eigenen Geburtsorts und sagen Sie z.B.: „Ich bin in Nürnberg geboren.“
3. Die TN lesen das nebenstehende Formular. Erklären Sie unbekannte Begriffe: „Heimatland: Mein Land: Da bin ich geboren. Geburtsort: Die Stadt, wo ich geboren bin. Der Wohnort: Da wohne ich.“ und füllen Sie das Formular auf Folie exemplarisch mit Ihren Personalien aus. Fragen Sie bei Familienstand: „Was bedeutet ‚verheiratet‘?“ und deuten Sie auf das Ring-Symbol im Buch. „Was bedeutet ‚nicht verheiratet‘, ‚verwitwet‘ und ‚geschieden‘?“ Schreiben Sie diese Wörter an die Tafel und malen Sie kleine Symbole (z.B. einen durchgestrichenen Ring für „ledig“). Fragen Sie auch die TN: „Wer ist verheiratet?“
4. Die TN hören das Gespräch noch einmal und ergänzen das Formular in Stillarbeit.
5. Abschlusskontrolle im Plenum. *Lösung:* Manuela; Geburtsort: Porto; Straße: Marktstraße 1; Telefonnummer 788639; Familienstand: geschieden.

Arbeitsbuch 23: im Kurs: Die TN ergänzen die Sätze mit der passenden Präposition. Machen Sie den Unterschied von „Woher?“ und „Wo?“ noch einmal deutlich, z.B. mithilfe der Landkarte der Umschlaginnenseite des Buches. Woher kommen die TN? Wo leben sie jetzt? **24–26:** als Hausaufgabe

D4 **Aktivität im Kurs: Partnerinterview**

1. Die TN lesen still die Redemittel.
2. Verweisen Sie auf den Grammatikspot und die besonderen Formen von *haben*.
3. Die TN befragen sich in Partnerarbeit und machen sich Notizen zu ihrer Partnerin / ihrem Partner. Gehen Sie herum und helfen Sie bei Schwierigkeiten.
4. Stellen Sie nach dem Muster von D3 Formulare für die TN her oder ziehen Sie von der Kopiervorlage L2/D4 eine Kopie für jeden TN.
5. Die TN füllen nun das Formular mit den Angaben ihrer Partnerin / ihres Partners aus. Bitten Sie die TN auch, ein Bild ihrer Partnerin / ihres Partners zu zeichnen.
6. Die TN hängen die Formulare im Kursraum auf und stellen dem Kurs die Partnerin / den Partner vor.
7. TN, die sehr schnell mit dieser Aufgabe fertig sind, versuchen, einen kurzen Text über ihren Partner zu schreiben. Sie orientieren sich dabei an den Texten in C2.

Arbeitsbuch 27–29: in Stillarbeit oder als Hausaufgabe

Deutschsprachige Länder

Landeskunde: Städte in Deutschland, Österreich und der Schweiz
Lernziel: Die TN lernen einige größere Städte der deutschsprachigen Länder kennen. Sie können einfache Angaben zu Personen verstehen.

Materialien
E1 ggf. Landkarte im Kursraum
Test zu Lektion 2
Wiederholung zu Lektion 1 und Lektion 2

E1 **Landeskunde: Informationen auf der Landkarte; Präsentation der Himmelsrichtungen**

1. Fragen Sie die TN, wer schon einmal in einer anderen Stadt als dem Wohnort in Deutschland, Österreich oder der Schweiz war.
2. Zeigen Sie eine Landkarte im Kursraum oder die Karte in der vorderen Umschlagseite des Buches. Die TN können darauf die Städte zeigen, die sie kennen.
3. Zeigen Sie mithilfe der Landkarte die Himmelsrichtungen. Verweisen Sie zur Unterstützung auf den Kompass im Buch.
4. Ein TN liest Beispiel a) vor. Er sucht und zeigt Hamburg auf der Landkarte.
5. Je ein TN liest eines der nächsten Beispiele vor, die übrigen TN suchen die gesuchte Stadt auf der Landkarte. Die TN markieren die entsprechende Flagge.
   Lösung: b) Schweiz; c) Österreich; d) Deutschland; e) Österreich; f) Schweiz; g) Deutschland; h) Deutschland
6. Fragen Sie die TN, wo sie gerade leben: In Österreich? In der Schweiz? In Norddeutschland? ...

E2 **Hörverstehen: Wohnorte verstehen**

1. Die TN hören die Texte einmal. Bitten Sie sie, auf den Wohnort der Personen zu achten. Bei Schwierigkeiten hören die TN noch einmal.
2. Abschlusskontrolle im Plenum. *Lösung:* Ashraf Shabaro: Berlin; Thomas Gierl: Wien; Margit Ehrler: Zürich

E3 **Hörverstehen: Persönliche Angaben zu Personen verstehen**

1. Ein TN liest Beispiel a) vor. Fragen Sie: „Richtig oder falsch?“
2. Die TN hören den Text aus E2 noch einmal und kreuzen an, was falsch bzw. richtig ist.
3. Verfahren Sie mit den Beispielen b), c), d) ebenso. Spielen Sie die Texte so oft wie nötig vor.
4. Abschlusskontrolle im Plenum.
   Lösung: a) richtig, falsch; b) falsch, falsch, richtig; c) richtig, falsch, falsch; d) richtig, richtig, falsch

PROJEKT **Arbeitsbuch 30:**

1. Teilen Sie die TN in Kleingruppen auf.
2. Die TN arbeiten mithilfe der Landkarte in der vorderen Umschlagseite. Helfen Sie beim Bundesland, wenn nötig.
3. Abschlussbesprechung im Plenum.
   Variante: Noch schöner ist es, wenn die TN oder eine Gruppe der TN auf der Straße einige Passanten ansprechen und diese befragen. Wiederholen Sie zu diesem Zweck die notwendigen Redemittel: „Entschuldigung, drei Städte in Deutschland mit H, bitte.“, „Vielen Dank.“ Begleiten Sie die TN, wenn diese das möchten, um ihnen Mut zu machen.
4. Die TN hören den Text so oft wie nötig. Bitten Sie sie, auf die Grußformel und den Wohnort der Personen zu achten. Geben Sie als Beispiel „Guten Tag“, das in ganz Deutschland als Grußformel benutzt wird.
5. Abschlusskontrolle im Plenum.
   Lösung: Moin, Moin – Norddeutschland; Guten Tag – Deutschland; Grüß Gott – Süddeutschland/Österreich; Servus – Österreich; Grüezi/Salü – Schweiz

LERN TAGEBUCH **Arbeitsbuch 31:** Die TN erweitern ihren Wortschatz um neue und wichtige Redemittel der Lektion. Um sich die Redemittel besser einprägen zu können, übersetzen die TN sie in ihre Sprache (siehe auch Seite 29). Die Verbkonjugation wird um die Personalpronomen „sie/er“, „wir“ und „ihr“ und die entsprechenden Verb-Endungen erweitert. Helfen Sie den TN ggf. dabei, die Verben in Tabellenform richtig zu konjugieren und die Tabellen um weitere Verben zu ergänzen. Lassen Sie sich auf jeden Fall die Tabellen zeigen.

Einen Test zu Lektion 2 finden Sie auf den Seiten 140–141. Weisen Sie die TN auf die interaktiven Übungen auf ihrer Arbeitsbuch-CD hin. Die TN können mit diesen Übungen den Stoff der Lektion selbstständig wiederholen und sich ggf. auch auf den Test vorbereiten. Wenn Sie mit den TN den Stoff von Lektion 1 und Lektion 2 wiederholen möchten, verteilen Sie die Kopiervorlage „Wiederholung zu Lektion 1 und Lektion 2“ (Seiten 128–129).

Zwischenspiel 2
Das ist meine Familie

Familienbeziehungen verstehen

1 **Leseverstehen: Wer ist wer?**

1. Die TN lesen die Informationen, die Hannes Albrecht über seine Familie gibt, und zeigen sich in Partnerarbeit gegenseitig, wer wer ist. Gehen Sie herum und helfen Sie bei Bedarf.
2. Abschlusskontrolle im Plenum. Halten Sie Ihr Buch hoch. Zeigen Sie nacheinander auf die Personen der Familie Albrecht sowie auf den Hund Püppi und fragen Sie: „Wer ist das?" Die TN nennen den Namen.

2 **Hörverstehen: Persönliche Angaben zu Personen verstehen**

1. Die TN haben in dieser Lektion ausführlich geübt, wichtige Informationen zu einer Person zu verstehen. Hier haben die TN Gelegenheit zur Wiederholung. Spielen Sie die Texte vor. Stoppen Sie die CD nach jedem Hörtext, um den TN Zeit für ihre Eintragungen zu geben.
2. Abschlusskontrolle im Plenum.
   Lösung: 1 Familienname: Albrecht, Wohnort: Köln, Alter Jasmin: acht, Alter Stefan: vier; 2 Kinder: ein Sohn, 9 Jahre alt, Familienstand: geschieden; 3 Geburtsort: Frankfurt, Wohnort: Linz
3. Verteilen Sie die Kopiervorlage „Zwischenspiel zu Lektion 2". Die TN füllen den Stammbaum aus und verdeutlichen sich damit noch einmal die Beziehungen zwischen den Familienmitgliedern. Sie sprechen in Partnerarbeit über die Beziehungen der Personen zueinander.
4. Spielen Sie die Hörtexte noch einmal vor. Die TN machen das Lückendiktat der Kopiervorlage. Sammeln Sie die Diktate zur Korrektur ein oder korrigieren Sie mit den TN gemeinsam, indem Sie das Diktat Satz für Satz von den TN an die Tafel schreiben lassen.

TIPP

Besonders am Anfang eignen sich die Hörtexte aus dem Kursbuch gut für Diktate, denn sie enthalten ausschließlich den bekannten Wortschatz und die bekannten Strukturen der Lektion. Ein weiterer Vorteil: Die TN gewöhnen sich bei Diktaten an verschiedene Stimmen und Sprechgeschwindigkeiten. Probieren Sie neben Lückendiktaten auch andere Diktatformen aus, z.B. Laufdiktat. Machen Sie dazu vom Diktat-Text mehrere Kopien und verteilen Sie die Kopien im Klassenraum. Die TN laufen zu den Kopien, merken sich einen Satz, laufen an ihren Platz zurück und schreiben den Satz dort auf ein Papier. Am Ende können sich die TN mithilfe der Kopien gegenseitig korrigieren. Oder versuchen Sie ein Konsonantendiktat: Erstellen Sie vom Diktat-Text eine Version, die nur die Vokale enthält. Die TN hören das Diktat und ergänzen die Konsonanten.

3 **Über die eigene Familie erzählen**

Die TN berichten sich in Kleingruppen von 3–4 TN über ihre Familie. Achten Sie bei der Gruppenbildung möglichst darauf, dass TN zusammenarbeiten, die sich noch nicht so gut kennen. Dadurch wird das Gespräch interessanter und (geübte) TN werden zu Nachfragen motiviert.

Fokus Alltag 2

Du oder *Sie?*

Die TN wissen, welche Anredeform in welcher Situation angemessen ist.

Materialien
3 Requisiten nach Bedarf

1/2 **Hörverstehen: Die passende Anredeform**

1. Die TN entscheiden anhand der Zeichnungen, welche Anredeform in diesen Situationen angemessen ist.
2. Die TN hören die Gespräche und vergleichen mit ihren Lösungsvorschlägen.
   Lösung: 1 Sie; 2 Sie; 3 du; 4 Sie

3 **Rollenspiel**

1. Die TN spielen in Partnerarbeit die Gespräche nach.
2. *fakultativ:* Spielfreudige Paare spielen ihr Gespräch vor. Um die Situationen authentischer zu machen, können Sie ein paar Requisiten zur Verfügung stellen, z.B. ein Päckchen Kaugummi für Gespräch 2 oder eine Picknickdecke für Gespräch 3.
3. *fakultativ:* Geübte TN können sich selbstständig weitere Situationen ausdenken und dem Kurs vorspielen.

Fokus Alltag 2

Ein Formular in der Stadtbibliothek ausfüllen

Die TN wissen, welchen Service öffentliche Bibliotheken bieten.

1 **Ein Formular ausfüllen**

1. Die TN betrachten die Fotos. Erklären Sie – wenn nötig –, was eine Bibliothek ist, indem Sie z.B. „Buchladen" und „Bibliothek" an die Tafel schreiben und mit Worten und Pantomime zeigen, wie Sie ein Buch kaufen bzw. ausleihen (also mitnehmen und wieder zurückbringen). Ideal ist es natürlich, wenn Sie selbst einen Bibliotheksausweis haben und diesen vorzeigen können.
2. *fakultativ:* Wenn nötig, markieren die TN auf dem Ausweis des Mädchens alle wichtigen Wörter zu einer Adresse (vgl. Lektion 1, Lernschritt E, Visitenkarten), damit Wörter wie Straße, Hausnummer usw. in Erinnerung gerufen werden.
3. Die TN füllen allein oder zu zweit den Anmeldeschein aus.
4. Abschlusskontrolle im Plenum. *Lösung:* Vorname: Marta; weiblich; Geburtsdatum: 18.07.2001; Straße: Kieselweg; Hausnummer: 12; PLZ, Ort: 25348 Glückstadt
5. *fakultativ:* Wenn einige der TN Kinder haben, verteilen Sie Kopien des Anmeldescheins (vorher die Eintragungen mit Tippex löschen!). Die TN füllen das Formular für ihr Kind / ihre Kinder aus. Wer keine Kinder hat, hilft seiner Partnerin / seinem Partner.

PROJEKT

1. Organisieren Sie einen Besuch in der Stadtbibliothek, am besten, indem Sie dort vorab anrufen und den Besuch ankündigen. Sicher nimmt sich einer der Mitarbeiterinnen/Mitarbeiter dann Zeit für die TN und bereitet einige Anmeldeformulare vor.
2. Erstellen Sie mithilfe der kleinen Zeichnungen von Seite 163 eine Kopiervorlage mit Ankreuzkästchen vor jedem Produkt. Verteilen Sie diese Kopiervorlage an die TN und sagen Sie ihnen, dass sie gemeinsam eine Bibliothek besuchen wollen. Die TN sollen herausfinden, ob es diese Dinge in der örtlichen Bibliothek auch zu leihen gibt.
   fakultativ: Wenn Ihre TN interessiert sind und Sie glauben, dass Ihre TN auch weiterhin die Bibliothek nutzen möchten, dann ergänzen Sie die Kopiervorlage noch mit Begriffen wie „Bücher/CDs für Deutschlerner" oder „Bücher in meiner Sprache". Damit schaffen Sie für die TN eine erste Orientierung in der Bücherei, sodass die TN selbstständig dort Medien für den eigenen Gebrauch ausleihen können.
3. Fragen Sie, wo die örtliche Bibliothek ist. Vielleicht weiß es ein TN und kann die Straße nennen.
4. Fahren Sie gemeinsam mit dem Kurs zur Bibliothek und lassen Sie die TN in kleinen Gruppen in der Bibliothek umherstreifen und ihre Kopiervorlage ergänzen.
5. Wer möchte, kann für sich einen Bibliotheksausweis beantragen und dazu das vorbereitete Anmeldeformular ausfüllen.
   Variante: Wenn Sie den TN dafür mehr Ruhe und Zeit geben möchten, nehmen Sie einige Anmeldeformulare mit. Die TN können das Formular in der nächsten Unterrichtsstunde ausfüllen und Fragen stellen.
6. Die TN vergleichen in der nächsten Unterrichtsstunde, welche Produkte sie in der Bibliothek gefunden haben.

EINKAUF

Folge 3: *Kennen Sie fan-fit?*
Einstieg in das Thema: Lebensmittel / Einkaufen im Supermarkt

Materialien
2 Poster zur Foto-Hörgeschichte
Tipp: Lebensmittel

1 **Vor dem Hören: Wo ist Niko?**

1. Die TN betrachten die Fotos. Fragen Sie: „Wo ist Niko?"
2. Zeigen Sie bei der richtigen Antwort noch einmal auf die Fotos und wiederholen Sie die Lösung. *Lösung:* Im Supermarkt. *Variante*: In ungeübteren Gruppen können Sie auch ein Bild von Brunos Obst- und Gemüseladen (z.B. aus Lektion 2) zeigen und zur Verdeutlichung fragen: „Ist Niko in Brunos Obst- und Gemüseladen?"

2 **Vor dem Hören: Schlüsselwörter verstehen**

1 Hängen Sie das Poster zur Foto-Hörgeschichte auf.
2. Zeigen Sie auf Foto 1 und fragen Sie: „Wo ist Joghurt? Ist das Joghurt? Oder das?"
3. Die TN zeigen das Produkt auf dem Foto.
4. Verfahren Sie mit den anderen Lebensmitteln genauso.
5. Legen Sie zur Abschlusskontrolle alle Folien auf und zeigen und beschriften Sie oder je ein TN die Produkte. *Lösung:* Joghurt: Foto1; Apfel: Foto 3, 4, 5, 7, 8; Salz: Foto 5, 6; Banane: Foto 3, 4, 5, 7, 8

3 **Beim ersten Hören**

Hier bietet sich vor dem Hören ein Assoziogramm zum Thema „Einkaufen" an. Eine genaue Beschreibung zu Assoziogrammen sowie weitere Alternativen zum Umgang mit der Foto-Hörgeschichte siehe ab Seite 12.

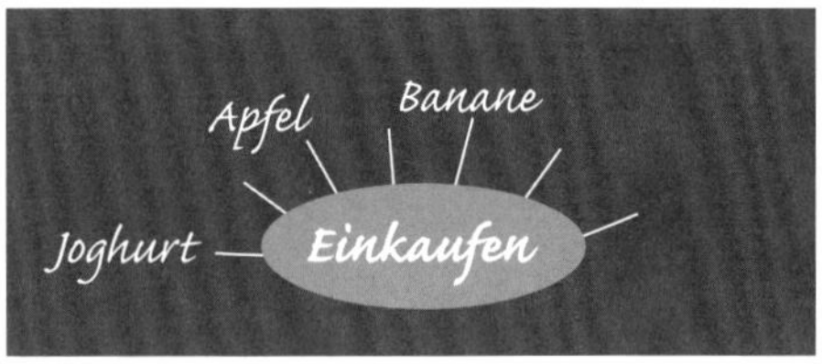

4 **Nach dem ersten Hören: Nikos Einkäufe**

1. Fragen Sie: „Was kauft Niko?" Stellen Sie dabei das Verb „kaufen" pantomimisch dar, indem Sie den Stift eines TN nehmen und so tun, als ob Sie Geld aus Ihrer Tasche ziehen würden. Sagen Sie: „Ich kaufe den Stift." und reichen Sie dem TN das imaginäre Geld, während Sie den Stift zunächst behalten.
2. Kehren Sie zurück zur Foto-Hörgeschichte und fragen Sie: „Was kauft Niko?" und lesen Sie die beiden Kassenzettel mit Preisangaben vor.
3. Es genügt, wenn die TN auf den richtigen Kassenzettel deuten. *Lösung:* der linke Kassenzettel
4. Zur Abschlusskontrolle hören die TN Track 39 noch einmal.

5 **Nach dem ersten Hören: Schlüsselsätze verstehen**

1. Deuten Sie den TN an, dass sie die Foto-Hörgeschichte noch einmal hören. Fragen Sie: „Was hören Sie?"
2. Ein TN liest die möglichen Zitate vor.
3. Die TN hören dann die Foto-Hörgeschichte und markieren während des Hörens die Zitate, die sie gehört haben.
4. Abschlusskontrolle im Plenum. *Lösung:* b); d)

6 **Nach dem ersten Hören: Den Inhalt global verstehen**

1. Ein TN liest Beispiel a). Fragen Sie: „Ist das richtig? Ja oder nein?"
2. Die TN beantworten a). Deuten Sie ggf. auf Nikos Einkaufszettel (Aufgabe 4).
3. Gehen Sie die Aufgabe zusammen mit den ungeübten TN durch und spielen Sie ggf. relevante Passagen der Foto-Hörgeschichte noch einmal vor. Geübte TN bearbeiten die restliche Aufgabe in Stillarbeit und korrigieren sich gegenseitig.
4. Abschlusskontrolle im Plenum. *Lösung:* a) falsch; b) richtig; c) falsch; d) falsch

TIPP

Zur besseren Veranschaulichung und Festigung des neuen Wortschatzes lohnt es sich, Realien – also in diesem Fall Sahne, Joghurt, Brot, Salz, einen Apfel und eine Banane – mitzubringen. Die TN können die dazugehörigen Wortschatzkärtchen selber schreiben und auf die Produkte kleben. Diese Methode berücksichtigt auch haptische Lernende, also Lernende, die sich etwas am besten durch Anfassen – „Be-Greifen" – merken können.

Haben Sie auch Salz?

Ja-/Nein-Frage; Wiederholung: W-Frage; Wortfeld „Lebensmittel"
Lernziel: Die TN können Lebensmittel benennen und einen Einkaufszettel selbst schreiben.

A1 **Präsentation des Wortfelds „Lebensmittel"**

1. Die TN sehen sich die gezeichneten Einkaufswagen im Buch an und je ein TN liest einen Einkaufszettel vor.
2. Legen Sie die Folie mit den vergrößerten Einkaufswagen auf. Gehen Sie mit den TN die einzelnen Einkaufszettel im Plenum durch. Fragen Sie dabei, wo das jeweilige Produkt ist. Je ein TN kann nun ein Produkt auf der Folie beschriften bzw. markieren. *Lösung:* 1 B, 2 C, 3 A

A2 **Variation: Präsentation der Ja-/Nein-Frage**

1. Gehen Sie vor wie auf Seite 14 beschrieben.
2. Schreiben Sie zwei Beispiele an die Tafel.

Haben Sie Salz?	Nein.	Was ist das?	Salz.

3. Fordern Sie die TN auf, die Tabelle mit weiteren bekannten W-Fragen aus den vorhergehenden Lektionen zu ergänzen. Stellen Sie die entsprechenden Ja-/Nein-Fragen gegenüber. Lassen Sie sich dabei von den TN helfen.

Haben Sie Salz?	Nein.	Was ist das?	Salz.
Kommen Sie aus Deutschland?	Ja.	Woher kommen Sie?	Aus Deutschland.

4. Fragen Sie die TN, wie man auf Fragen wie „Kommst du ...?" oder „Bist du ...?" antwortet und wie die Antwort bei Fragen mit einem W-Wort lautet. Die TN sollten jetzt den Unterschied verstehen: Ja-/Nein-Fragen werden mit „Ja" oder „Nein" beantwortet, mit W-Fragen erfragt man eine Information. Verweisen Sie auch auf den Grammatikspot.

PHONETIK **Arbeitsbuch 1:** im Kurs: Die TN haben die Satzmelodie und den Satzakzent bei W-Fragen und in Aussagen schon gut geübt. Jetzt soll ihnen der Unterschied zwischen Ja-/Nein-Fragen und W-Fragen verdeutlicht werden. Bei Ja-/Nein-Fragen geht die Stimme am Ende leicht nach oben. Spielen Sie die CD vor, die TN markieren die Satzmelodie. Die TN sprechen die Fragen und Antworten dann abwechselnd mit einer Partnerin / einem Partner. Dabei sollten sie die Stimmbewegung mit der flachen Hand mitmachen (vgl. Lektion 1 und Lektion 2). Die TN hören die Fragen und Antworten noch einmal und markieren den Satzakzent. Die TN sprechen im Chor und klatschen den Satzrhythmus mit.

A3 **Anwendungsaufgabe zu Ja-/Nein-Fragen**

1. Klären Sie vorab, wenn nötig, noch einmal die Bedeutung des Verbs „brauchen". Tun Sie so, als ob Sie Ihren Stift suchen würden, sagen und zeigen Sie auch pantomimisch: „Ich möchte schreiben. Ich habe keinen Stift, ich brauche einen Stift." Oder zeigen Sie einen leeren Geldbeutel und sagen Sie: „Ich möchte etwas kaufen. Ich habe kein Geld. Ich brauche Geld!" Fragen Sie dann die TN: „Ich möchte Joghurt kaufen. Was brauche ich?" (Antwort: Geld)
2. Die TN lesen die Beispiele. Lassen Sie ein weiteres Beispiel im Plenum bilden.
3. Die TN finden sich paarweise zusammen und entscheiden sich für eine Rolle: Einer fragt, einer antwortet. Sie sprechen miteinander, wobei der fragende TN bei jedem „Nein" das fehlende Produkt auf einen Zettel schreibt.
4. Die Partner tauschen die Rollen. Anschließend vergleichen sie ihre Einkaufszettel: Stimmen sie überein?

Arbeitsbuch 2–6: als Hausaufgabe; mit Übung 4 können die TN noch einmal selbstständig anhand der Verbstellung den Unterschied zwischen Ja-/Nein-Frage und W-Frage für sich klären.

A4 **Aktivität im Kurs: Einkaufsspiel**

1. Bereiten Sie zu Hause drei verschiedene Einkaufszettel und Kärtchen für jedes Produkt auf den Zetteln vor. Kopieren Sie die Einkaufszettel so oft, dass Sie Dreiergruppen bilden können. Stecken Sie in jeden Briefumschlag einen Einkaufszettel sowie Produktkärtchen, die nicht zum Einkaufszettel passen. Wenn Sie wenig Zeit für die Vorbereitung haben, benutzen Sie die Kopiervorlage L3/A4.
2. Im Kurs finden sich Dreiergruppen zusammen. Jeder TN erhält einen Briefumschlag. Demonstrieren Sie das Spiel, indem Sie sich selbst einen Briefumschlag nehmen, ihn öffnen und zeigen, was Sie haben (die Produkte auf den Kärtchen) und was Sie brauchen (die Produkte auf Ihrem Einkaufszettel). Fragen Sie einen TN exemplarisch nach einem Produkt, das Sie suchen. Er sieht in seinem Umschlag nach, ob er das Produktkärtchen hat. Wenn ja, sollte er es Ihnen geben. Wenn nein, fragen Sie weiter.
3. Die TN spielen zu dritt das Spiel, bis jeder die zu seinem Einkaufszettel passenden Produktkärtchen hat.

TIPP Versuchen Sie so oft wie möglich, das Vorwissen der TN im Unterricht einzubeziehen. Da für alle TN, die in Deutschland leben, das Thema „Einkaufen" und das Wortfeld „Lebensmittel" sehr wichtig sind, bietet es sich hier besonders an, z.B. mit einem Wettspiel das Vorwissen zu aktivieren. Schreiben Sie verschiedene Oberbegriffe auf (Milchprodukte/Obst/Gemüse/Sonstiges) und teilen Sie die TN in „faire" Gruppen (nicht alle ganz „Neuen" in eine Gruppe.) Machen Sie zu den Oberbegriffen je ein Beispiel. Jede Gruppe wählt einen Oberbegriff. Dann schreiben die TN in acht Minuten so viele Lebensmittel/Gegenstände auf, wie ihnen einfallen.

B Das ist doch **keine** Sahne.

Unbestimmter Artikel und Negativartikel

Lernziel: Die TN können nach einem Wort fragen und Vermutungen äußern.

Materialien
B2 Apfel, Kartoffel, Banane, Orange, Ei, Brötchen, Tomate, Kuchen

B1 **Präsentation des unbestimmten Artikels und des Negativartikels**

1. Die Bücher sind geschlossen. Die TN hören die Mini-Gespräche.
2. Die TN öffnen ihr Buch. Sie hören die Gespräche noch einmal und ergänzen die Sätze in Stillarbeit.
3. Abschlusskontrolle im Plenum. *Lösung:* ein, eine, keine, ein
4. Schreiben Sie die Nomen aus der Aufgabe mit dem unbestimmten Artikel an die Tafel. Die TN ergänzen den Negativartikel. Machen Sie deutlich, dass im Deutschen für die Negation des unbestimmten Artikels der kleine Buchstabe „k" genügt.

eine Sahne keine Sahne
ein Joghurt kein Joghurt
...

5. *fakultativ:* Verweisen Sie auch auf den Grammatikspot. In Kursen mit geübten TN können Sie anhand der Beispiele schon kurz darauf eingehen, dass das Deutsche drei Genera kennt, die TN sich aber zunächst nur zwei verschiedene Formen merken müssen. Vertiefen Sie das Thema nicht. Der bestimmte Artikel wird in Lektion 4 eingeführt. Es genügt, wenn deutlich wird, warum für den unbestimmten Artikel an dieser Stelle zwei Beispiele aufgeführt werden.

B2 **Variation: Anwendungsaufgabe zum unbestimmten Artikel**

Gehen Sie vor wie auf Seite 14 beschrieben.
Variante: Nehmen Sie einen Apfel, eine Kartoffel, eine Banane, eine Orange, eine Tomate, ein Brötchen, einen Kuchen und ein Ei mit in den Unterricht. Halten Sie diese abwechselnd hoch und fragen Sie: „Wie heißt das auf Deutsch?" und warten Sie auf die Antwort: „Apfel." Sagen Sie: „Genau, das ist ein Apfel." Dadurch wird das Vorwissen der TN aktiviert und neuer Wortschatz eingeführt sowie die anschließende Variationsaufgabe vorentlastet.

Arbeitsbuch 7–9: in Stillarbeit oder als Hausaufgabe

PHONETIK **Arbeitsbuch 10:** im Kurs: Die TN hören die Wörter und sprechen sie im Chor nach. Schreiben Sie „Mann" und „Sahne" an die Tafel und bitten Sie die TN, diese Wörter noch einmal zu sprechen. Malen Sie dabei den Längenakzent unter den jeweiligen Vokal und zeigen Sie an diesem Beispiel, dass Vokale im Deutschen lang oder kurz gesprochen werden können. Die TN hören noch einmal die CD und markieren nach dem Beispiel an der Tafel und im Buch die Länge der Vokale. Üben Sie mit den TN das offene kurze „O" und das geschlossene lange „O". Die TN sollten erkennen, dass hier ein kleiner Unterschied in der Aussprache besteht. Die TN sprechen in Partnerarbeit die Sätze der Übung. Erinnern Sie sie an die Stimmbewegung in Fragen und Antworten, die die TN schon in Lektion 1 und Lektion 2 geübt haben. Abschließend können die TN die CD hören und ihre Aussprache überprüfen.

B3 **Anwendungsaufgabe zum unbestimmten Artikel und zum Negativartikel**

1. *fakultativ:* Um die Aufgabe vorzuentlasten, zeigen Sie die mitgebrachten Realien der Reihe nach und sagen Sie z.B. bei dem Wort „Apfel", indem Sie den Kopf schütteln: „Das ist keine Kartoffel. Das ist auch keine Tomate, das ist ein Apfel."
2. Ein TN liest Beispiel a) vor.
3. Die TN lösen die Aufgabe in Partnerarbeit.
4. Abschlusskontrolle im Plenum. *Lösung:* b) eine Orange; c) ein Ei; d) eine Kartoffel; e) ein Kuchen; f) eine Banane

Arbeitsbuch 11–13: in Stillarbeit oder als Hausaufgabe

B4 **Aktivität im Kurs: Rätsel**

1. Zeigen Sie auf Bild a) und fragen Sie mit skeptischer Miene: „Ist das eine Tomate?" und antworten Sie sich selbst: „Vielleicht!" Schreiben Sie dann an die Tafel:

Ist das eine Tomate?
Ja, das ist eine Tomate.(✓)
Vielleicht. (50%)
Nein, das ist keine Tomate. (-)

2. Die TN überlegen in Partnerarbeit, was die Zeichnungen darstellen könnten.

! Es ist nicht wichtig, dass die TN die tatsächliche Lösung herausfinden. Es geht vielmehr darum, Vermutungen zu äußern.
Lösung: a) eine Tomate; b) eine Banane; c) ein Kuchen; d) eine Kartoffel; e) eine Orange

Vier **Flaschen** kosten 7,10 Euro.

Nomen: Singular und Plural; Plural des Negativartikels
Lernziel: Die TN können Mengen benennen.

C1 **Präsentation des Plurals**

1. Die TN hören die Sprechblasen abschnittsweise und ergänzen die Lücken in Stillarbeit.
2. Abschlusskontrolle im Plenum. *Lösung:* Apfel, Äpfel; Brötchen, Brot
3. Verweisen Sie auf den Infospot und lesen Sie die Preisangaben vor. Weisen Sie dabei insbesondere auf die Stellung der Währungsangabe zwischen den Zahlen (ein Euro zehn) hin. Im Anschluss sollten einige TN die Sprechblasen vorlesen, um die Preisangaben zu üben.

C2 **Systematisierung des Plurals; Präsentation des Plurals des Negativartikels**

1. Die TN betrachten den Einkaufskorb im Buch und überlegen, welche Lebensmittel im Korb sind.
2. Geben Sie ein Beispiel für ein Lebensmittel, das sich nicht im Korb befindet (z.B. Brötchen), und sagen Sie, indem Sie den Kopf schütteln: „Im Korb sind keine Brötchen."
3. Die TN übertragen nun in Stillarbeit die vorgegebenen Lebensmittel in die jeweilige Spalte der Tabelle.
4. Abschlusskontrolle im Plenum.
   Lösung: Im Korb sind Äpfel, Bananen und Tomaten. Im Korb sind keine Brötchen, Eier und Orangen.
5. Lesen Sie mit den TN die Grammatikspots. Die TN erkennen, dass es für verschiedene Wörter verschiedene Pluralformen gibt. Notieren Sie an der Tafel die möglichen Plural-Endungen, um den TN zu zeigen, dass die Möglichkeiten der Pluralbildung immerhin endlich sind. Machen Sie deutlich, dass der Plural zu jedem Nomen dazugelernt werden muss.

! Bitte denken Sie daran, dass der Plural hier als unbestimmte Form eingeführt wird. Der bestimmte Artikel im Plural ist Thema in Lektion 4.

C3 **Anwendungsaufgabe zum Plural: Arbeit mit dem Wörterbuch**

1. Die TN betrachten den Auszug aus dem Wörterbuch, möglichst auch auf Folie.
2. Umkreisen Sie auf der Folie die Plural-Endung „-e" und weisen Sie darauf hin, dass die Angabe der Pluralform im Wörterbuch so aussehen kann.
3. Schlagen Sie auch zusammen mit den TN die alphabetische Wörterliste im Anhang auf. Die TN sehen sich anhand bekannter Nomen (z.B. Apfel) an, wie die Pluralangaben gemacht werden.
4. Die TN suchen nun in Partnerarbeit die Pluralformen von b) bis e) aus ihren Wörterbüchern heraus. Sollten nicht genügend Wörterbücher vorhanden sein, können Sie auch die Kopiervorlage L3/C3 verteilen. Gehen Sie herum und helfen Sie. Geübte TN suchen zu weiteren Wörtern aus der Lektion die Pluralform.
   Hinweis: Die Darstellung kann in verschiedenen Wörterbüchern recht unterschiedlich sein. Bitte denken Sie daran, dass das Ziel der Übung das Heraussuchen der Pluralendung ist. Sollten Fragen zu den Artikeln kommen, weisen Sie ggf. darauf hin, dass die TN das in der nächsten Lektion lernen.
5. Abschlusskontrolle im Plenum. *Lösung:* Joghurt(s), Brote, Kuchen, Säfte

Arbeitsbuch 14–16: in Stillarbeit; **17:** in Kleingruppen: Die Plakate aus Übung 17 werden im Kursraum aufgehängt.

C4 **Aktivität im Kurs: Suchbild**

Die TN beschreiben einander in Partnerarbeit die Unterschiede auf den beiden Zeichnungen.

TIPP

Neuer Wortschatz lässt sich immer gut am Anfang der nächsten Stunde wiederholen. Die TN machen z.B. selbst Wortlisten der bekannten Nomen, finden sich in Zweier- bis Vierergruppen zusammen und fragen sich gegenseitig die Pluralformen der Nomen ab.

Gewichte und Maßeinheiten

Zahlen von 21 bis 100; Maßeinheiten
Lernziel: Die TN können nach Preisen fragen und den Preis nennen sowie Gewichte und Maßeinheiten angeben. Sie können ein Sonderangebot verstehen.

Materialien
Arbeitsbuch 20: Lösung auf Folie
D3 *fakultativ:* Supermarktprospekte

D1 **Präsentation der Zehnerzahlen von 20 bis 100**

1. Die TN hören Beispiel a).
2. Schreiben Sie an die Tafel: *0,20 € = zwanzig Cent*
3. Die TN hören und lösen die Aufgabe in Stillarbeit.
4. Abschlusskontrolle im Plenum an der Tafel. Schreiben Sie die Zahlen, die TN diktieren Ihnen die Centangaben.

D2 **Präsentation der Zahlen von 21 bis 100**

1. Die TN hören Gespräch a). Verweisen Sie im Buch auf die Lösung.
2. Die TN hören die anderen Gespräche so oft wie nötig und kreuzen die richtigen Preise an.
3. Abschlusskontrolle im Plenum. *Lösung:* b) 1,76 €; c) 1,50 €
4. Verweisen Sie auf den nebenstehenden Infospot zur Bildung der Zahlen. Machen Sie deutlich, dass zuerst die Einerzahl, dann die Zehnerzahl genannt wird, und schreiben Sie ein paar Zahlenbeispiele an die Tafel. Die TN lesen die Zahlen vor.
5. *fakultativ:* Die TN bilden Paare. Jeder TN nimmt ein Blatt Papier zur Hand, das er später im Lerntagebuch abheften kann. Ein TN sagt eine Zahl, z.B. „siebenunddreißig", und beide TN schreiben die Zahl in Ziffern (37) auf das Papier, ohne dass es die Partnerin / der Partner sieht. Danach wird die Zahl verglichen. Dann wird gewechselt und der andere TN sagt eine Zahl usw.

PHONETIK **Arbeitsbuch 18–19:** im Kurs: Die TN hören Zahlen und schreiben Sie auf. Sie hören dann noch einmal und sprechen die Zahlen nach. Dabei wird deutlich, dass die Wortendung „-ig" wie „-ich" ausgesprochen wird. Das Thema wird in *Schritte plus 3* vertieft. Lassen Sie auch die Telefonnummern in Übung 19 nachsprechen. **20:** in Stillarbeit: Vergleich mithilfe einer Folie

D3 **Anwendungsaufgabe: Maßeinheiten und Gewichte benennen; Preise nennen**

1. Die TN betrachten die Prospektseite. Lesen Sie mit den TN die Infospots zu den Mengenangaben.
2. Je ein TN sucht ein Beispiel zu den Mengenangaben (z.B. ein Kilo Rindfleisch) aus dem Prospekt heraus und zeigt das Produkt im Buch.
3. Zwei TN lesen das Beispiel vor. Weisen Sie dabei noch einmal auf den Gebrauch der Plural- und Singularform des Verbs hin, indem Sie an die Tafel schreiben:

   1 Gramm kostet ...
   100 Gramm kosten ...

   Verweisen Sie auch auf die Variante „Was kostet ...?" oder „Wie viel kostet ...?"
4. Die TN fragen sich gegenseitig nach dem Muster im Buch. Gehen Sie herum und helfen Sie bei Schwierigkeiten.
5. *fakultativ:* Bringen Sie Supermarktprospekte mit. Die TN teilen sich je nach Vertiefungswunsch in Gruppen auf: Gruppe A wiederholt ausschließlich den Wortschatz (Lebensmittel und Verpackungen): „Was ist das?", „Das ist (ein Liter) Milch." Gruppe B wiederholt die Zahlen anhand der Preisangaben: „Ein Kilo Orangen kostet ... ." Gruppe C schreibt ein Einkaufsgespräch auf der Basis des momentanen Kenntnisstandes: „Guten Tag, ich brauche Äpfel." „Haben Sie ...?" „Wie viel kostet ...?". Wenn es der zeitliche Rahmen zulässt, können sich anschließend ein TN aus Gruppe A und ein TN aus Gruppe B zusammenfinden. Der TN aus Gruppe B beschreibt nun ein Produkt (z.B. „Das ist eine Flasche Saft."), der andere TN nennt die Preisangabe („Sie kostet 1,20 Euro."). Die beiden „Spezialisten" korrigieren sich gegenseitig. Gehen Sie herum und helfen Sie, wenn nötig.
6. Wer die Aufgabe beendet hat, schreibt für sich einen Einkaufszettel auf Deutsch. Gehen Sie herum und weisen Sie, wenn nötig, darauf hin, dass die TN möglichst Produkte und Mengen notieren sollen, die sie heute einkaufen wollen oder regelmäßig einkaufen, falls heute kein Einkauf ansteht.

Arbeitsbuch 21–22: im Kurs

E1 **Hörverstehen: Sortieren von Redemitteln**

1. Die TN betrachten das Foto. Fragen Sie: „Wo ist das? Wie viele Personen sprechen?"
2. Zeigen Sie anhand des Fotos auch die Begriffe Kundin/Kunde und Verkäuferin/Verkäufer und erklären Sie: „Die Kundin kauft etwas, zum Beispiel Bananen. Die Verkäuferin verkauft die Produkte." Zeigen Sie dabei mithilfe eines Stiftes die Bedeutung von „nehmen" und „geben", indem Sie einem TN den Stift zunächst wegnehmen und dann wieder geben.
3. Die TN hören das Gespräch einmal, möglichst mit geschlossenen Büchern, bevor sie die Sätze still durchlesen.
4. Die TN hören dann das Gespräch noch einmal. Stoppen Sie das Gespräch erst nach a) und dann nach b) und fragen Sie jeweils: „Wer sagt das?"
5. Ungeübtere TN werden in zwei Teams unterteilt: Ein Team achtet nur auf die Verkäuferin und markiert die passenden Sätze, ein Team achtet nur auf die Kundin und markiert die passenden Sätze. Anschließend finden sich die TN aus den beiden Teams paarweise zusammen und vervollständigen die Eintragungen. Geübtere TN markieren die Sätze von Verkäuferin und Kundin. Die TN korrigieren sich gegenseitig.
6. Abschlusskontrolle im Plenum mithilfe eines Dialograsters an der Tafel.

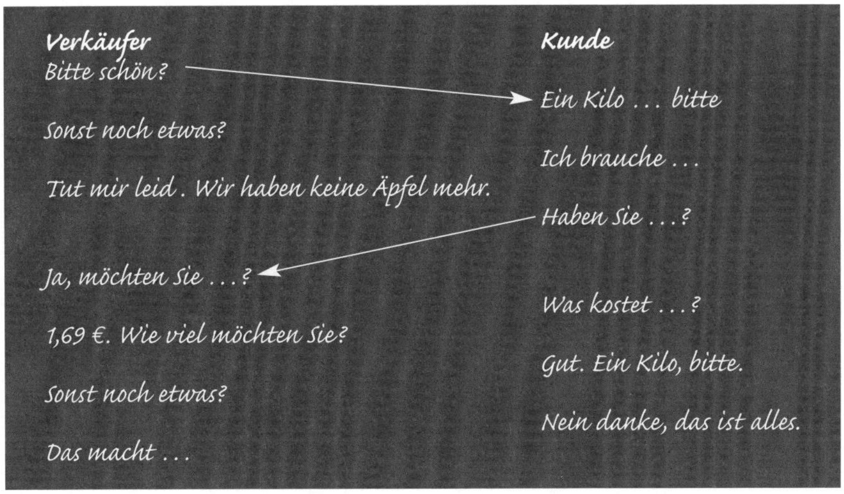

E2 **Anwendungsaufgabe: Ein Einkaufsgespräch schreiben**

1. Verweisen Sie auf die Formen von „möchten" im Grammatikspot. Weisen Sie darauf hin, dass in diesem Zusammenhang „ich möchte" wie „ich hätte gern" oder „ich brauche" benutzt wird.
2. Mithilfe der Redemittel an der Tafel und in E2 schreiben die TN zu zweit ein Einkaufsgespräch.
3. Gehen Sie herum und helfen Sie bei Schwierigkeiten.
4. Einige freiwillige Paare spielen ihr Gespräch vor.

E3 **Aktivität im Kurs: Rollenspiel**

1. Die schriftlichen Gespräche aus E2 helfen den TN, die sprachlichen Mittel für eine der vorgegebenen Rollen bereitzustellen. Die TN können eine Rolle auswählen oder Sie verteilen die Rollen. Jedes Paar entscheidet sich für nur ein Gespräch.
2. Lassen Sie die TN richtig „Theater spielen", d.h. lassen Sie sie aufstehen und nach vorne kommen. So können sie sich besser in ihre Rolle einfühlen.

TIPP

Rollenspiele eignen sich sehr gut beim Erlernen einer Fremdsprache, weil die TN dabei auch sogenannten nonverbalen „Lernstoff" (passende Gestik, Mimik, Intonation) üben können. Hier handelt es sich um ein gelenktes Rollenspiel: Die Struktur der Gespräche ist vorgegeben und die Gespräche werden nur geringfügig verändert. So können die TN nicht nur neue Strukturen und/oder neuen Wortschatz kontrolliert üben, sondern auch die nonverbalen kommunikativen Elemente trainieren. Eine Fehlerkorrektur sollte ausschließlich in Bezug auf die jeweils zu übenden sprachlichen Phänomene und in Bezug auf nonverbale Elemente erfolgen.

LERN TAGEBUCH

Arbeitsbuch 23: In dieser Lektion lernen die TN eine Form des Vokabelwiederholens kennen: Es ist oft leichter, Vokabeln nach (Ober-)Begriffen zusammengefasst zu behalten. Das hier dargestellte Assoziogramm bietet durch seine offene Form die Möglichkeit, individuell den Wortschatz zu notieren und diesen immer weiter zu ergänzen. Die TN ergänzen hier zunächst Lebensmittel, Getränke und Maßeinheiten. Später können sie die Wörter als zusätzliche Merkhilfe auch in ihre Muttersprache übersetzen.

Ein Einkaufsgespräch führen
Lernziel: Die TN können sagen, was sie kaufen möchten, und sich nach Preisen erkundigen.

Materialien
Test zu Lektion 3

PROJEKT

Arbeitsbuch 24:

1. Die TN schreiben auf eine „Einkaufsliste" die Produkte, nach deren Preisen sie sich erkundigen sollen, also ein Pfund Butter usw.
2. Geben Sie den TN, wenn nötig, Hinweise, wo in der Nähe des Kursortes ein Supermarkt ist, oder bringen Sie die TN zu einem Supermarkt.
3. Geben Sie den TN eine Zeitvorgabe, bis wann sie wieder zurück sein sollen. Die TN gehen zu zweit zum Supermarkt.
4. Abschlusskontrolle im Plenum nach Rückkehr der TN.
5. Für die TN ist vielleicht über den Wortschatz der Lektion hinaus weiterer Wortschatz zum Thema „Lebensmittel" relevant. Die TN erweitern selbstständig ihren persönlichen „Wort-Schatz", indem sie aus ihrem Wörterbuch noch weitere Lebensmittel heraussuchen, die sie gern auf Deutsch kennen würden.

TIPP

Überlegen Sie im Vorfeld oder im Anschluss an das Projekt gemeinsam, was Sie einkaufen würden, wenn Sie ein gemeinsames Fest, Frühstück, Kaffeetrinken – je nachdem, wann der Kurs stattfindet – planen würden. Vielleicht ist das wirklich ein Anlass zu einem gemütlichen Beisammensein mit internationalen Gerichten.

Einen Test zu Lektion 3 finden Sie auf den Seiten 142–143. Weisen Sie die TN auf die interaktiven Übungen auf ihrer Arbeitsbuch-CD hin. Die TN können mit diesen Übungen den Stoff der Lektion selbstständig wiederholen und sich ggf. auch auf den Test vorbereiten.

Zwischenspiel 3
Verstehst du jetzt? – Ja.

Internationale Lebensmittel

1 **Leseverstehen: Ein einfaches Rezept**

1. Die TN betrachten die Fotos und lesen das Gespräch auf der linken Seite. Sie ergänzen das Rezept für Hefeteig.
2. Abschlusskontrolle im Plenum. *Lösung:* 1 Glas Wasser; 1 Würfel Hefe; ein bisschen Salz
3. Wer selbst backt, dem wird durch den Text verständlich sein, was Hefe ist. Für alle anderen sollten Sie zur Erklärung einen Würfel Hefe mitbringen. Wickeln Sie die Hefe aus, geben Sie den Würfel herum und lassen Sie die TN die Hefe beschnuppern und betasten.
4. Fragen Sie, wer von den TN Hefeteig macht. Die TN antworten per Handzeichen.

2 **Internationale Lebensmittel aus Hefeteig**

1. Die TN betrachten die Fotos auf der rechten Seite und lesen die Sprechblasen.
2. Zeichnen Sie ein Assoziogramm an die Tafel. Die TN sammeln weitere Gebäcke aus Hefeteig (Kuchen, Brot ...).
3. *fakultativ:* Vielleicht können Sie anhand der Mitwirkung der TN bei dieser Aufgabe feststellen, ob die TN gern backen oder sich für das Thema „Gebäck aus meiner Heimat" interessieren. Schlagen Sie in dem Fall vor, dass, wer Lust hat, Gebäck aus Hefeteig mit in den Kurs bringt. Bauen Sie ein Buffet auf, auf dem jedes Gebäck mit Namen beschriftet wird. Vielleicht können die TN sogar mithilfe eines Wörterbuchs eine Zutatenliste erstellen. Die TN essen und genießen gemeinsam.
4. *fakultativ:* Verteilen Sie die „Kopiervorlage Zwischenspiel zu Lektion 3". Die TN ergänzen die Wörter in ihrer Sprache und fragen ihre Partnerin / ihren Partner oder auch mehrere Partner, wie die Wörter in deren Sprache heißen. Die TN können hier sehen, wie viele Wörter des Wortfelds „Lebensmittel" über die Sprachgrenzen hinweg ähnlich sind.

TIPP

Mit „internationalen" Wortlisten können Sie den Wortschatzerwerb der TN unterstützen. Die TN machen die Erfahrung, dass nicht alles anders ist und neu gelernt werden muss, sondern dass wir in einer – auch sprachlich – internationalen Welt leben. Besonders gut funktioniert es, wenn die TN andere europäische Sprachen als Mutter- oder Fremdsprache sprechen (z.B. Englisch, Französisch, Spanisch). Probieren Sie den Sprachvergleich dann z.B. auch bei den Wortfeldern „Körper", „Familienmitglieder", „Zahlen", „Monate" oder „Farben" aus. Für andere Ausgangssprachen könnte die Methode immerhin mit Wortfeldern wie „Speisen und Getränke", „Neue Medien", „Schulfächer" oder „Sportarten" funktionieren.

Fokus Alltag 3

Eine Produktinformation verstehen

Die TN können das Wesentliche aus Produktinformationen entnehmen (z.B. Haltbarkeitsdatum, Lagerungshinweise, Inhaltsstoffe).

Materialien
1/2 ein Getränk (z.B. Apfelschorle), eine Dose Tomaten, eine Packung Weichkäse
Projekt: verschiedene Lebensmittel

1/2 **Produktinformationen verstehen**

1. Die TN sehen sich Foto a) und die beiden Zeichnungen an. Halten Sie ggf. Ihr Buch hoch und deuten Sie auf die beiden Zeichnungen. Fragen Sie: „Wo steht die Flasche richtig?" Die TN kreuzen ihre Lösung an.
2. *fakultativ:* Führen Sie das Wort „Kühlschrank" ein, um den Zusammenhang von „kühl lagern" und „Kühlschrank" noch deutlicher zu machen.
3. Die TN sehen sich Foto b) und die beiden Fotos an. Sie kreuzen ihre Lösung an.
4. Abschlusskontrolle im Plenum. *Lösung:* a) Kühlschrank; b) 15. Januar 2012
5. Zeigen Sie auf einer Flasche Saft oder Limonade den Hinweis „kühl lagern" und auf einer Dose das Haltbarkeitsdatum. Machen Sie, wenn nötig, mit einem Zeitstrahl an der Tafel deutlich, dass man die Dose in diesem ganzen Zeitraum öffnen kann.
6. Die TN lesen die Produktinformationen zum Weichkäse und lösen die Aufgabe in Stillarbeit oder Partnerarbeit.
7. Abschlusskontrolle im Plenum.
   Lösung: b) mindestens bis April haltbar. c) im Kühlschrank. d) 200 Gramm Käse. e) Frankreich.
8. Zeigen Sie eine weitere Produktinformation zu Käse, indem Sie einen Weichkäse (Camembert) mit in den Kurs bringen.

PROJEKT

1. Bitten Sie die TN, verschiedene Lebensmittel mit in den Kurs zu bringen, z.B. von ihrem letzten Einkauf.
2. Die TN finden sich in kleinen Gruppen von 3–4 TN zusammen und lesen die Produktinformationen auf den mitgebrachten Produkten. Sie machen Notizen zu Haltbarkeitsdatum, Lagerhinweisen, Menge, Herkunft und ggf. auch Zutaten. Gehen Sie herum und helfen Sie bei Wortschatzfragen.

! Es genügt, wenn die TN die wichtigsten Informationen verstehen. Sie können nicht darüber sprechen, da z.B. Datumsangaben noch nicht eingeführt sind.

Materialien
1 Currypulver, Sojasoße, Asia-Gemüse, Kokosmilch, ein Teelöffel, ein Esslöffel
3 ggf. eine Bankkarte, ein Formular mit Fragen zur Bankverbindung

Fokus Alltag 3

Im Internet bestellen

Die TN können etwas im Internet bestellen.

3

1 Mengenangaben verstehen

1. Bitten Sie einen TN aus Asien, Currypulver, Sojasoße, Asia-Gemüse, Kokosmilch in den Kurs mitzubringen, oder bringen Sie die Lebensmittel selbst mit. Bringen Sie auch einen Teelöffel und einen Esslöffel mit.
2. Ein TN kommt nach vorne und zeigt die Produkte dem Plenum, während ein anderer (asiatischer) TN das Rezept vorliest.
3. Fragen Sie nach den Mengen: „Wie viel Currypulver braucht Vivian?" Halten Sie dabei die beiden Löffel hoch, die TN sollten auf den Teelöffel deuten. Fragen Sie genauso für die Sojasoße, das Gemüse und die Kokosmilch. Die TN können diese Fragen mithilfe ihrer Sprachkenntnisse schon beantworten.
4. Die TN füllen das Internetformular in Partnerarbeit aus.
5. Abschlusskontrolle im Plenum. *Lösung:* 1 Sojasoße; 1 Gemüse-Mischung 500-g-Packung; 2 Kokosmilch

2 Kosten berechnen

1. Die TN rechnen Vivians Einkauf zusammen und vergleichen mit den Lösungsvorschlägen im Buch. Sie kreuzen ihre Lösung an.
2. Abschlusskontrolle im Plenum. *Lösung:* b: 10,15 €

3 Die eigene Bankverbindung nennen

1. Da die TN in einem deutschsprachigen Land leben, kommen sie von Anfang an in die Situation, sich mit sprachlich schwierigen Themen wie Behördengängen und Bankgeschäften auseinanderzusetzen. Hier üben die TN, ihre Bankverbindung anzugeben. Lösen Sie die Aufgabe am besten mit den TN gemeinsam.
   Lösung: Bankleitzahl: 793 200 7; Kontonummer: 7358677; Kontoinhaber: Vivian Müller

   ! Es ist nicht nötig, genau zu verstehen, was z.B. eine Bankleitzahl ist. Es reicht aus, wenn den TN deutlich wird, welche Angaben sie grundsätzlich machen müssen, wenn jemand sie um die Bankverbindung bittet.
2. *fakultativ:* Zeigen Sie, wenn Sie möchten, als Muster auch Ihre Bankkarte. Die TN entnehmen daraus den Namen Ihrer Bank, die Kontonummer und die Bankleitzahl.
3. *fakultativ:* Drucken Sie aus dem Internet eine Seite aus, auf der die Bankdaten zu einem bestellten Produkt angegeben werden sollen, oder entwerfen Sie selbst ein Arbeitsblatt analog zu der Aufgabe auf der Fokusseite. Geben Sie den TN das Arbeitsblatt oder das ausgedruckte Internet-Formular mit nach Hause. Die TN füllen das Formular als Hausaufgabe mit ihren Bankdaten aus. Die Übung dient nur der Selbstkontrolle. Sie sollten auf eine Kontrolle im Kurs verzichten, da sensible Daten wie die Bankverbindung nicht alle preisgeben möchten und auch nicht sollen.

MEINE WOHNUNG

Folge 4: *Sara hat Hunger*
Einstieg in das Thema: Wohnen

Materialien
1 Folie oder Kopie der Zeichnung

1 **Vor dem Hören: Schlüsselwörter verstehen**

1. Ziehen Sie die Zeichnung des Hauses auf Folie oder machen Sie eine vergrößerte Kopie davon, die Sie im Kursraum aufhängen können.
2. Die Bücher bleiben geschlossen. Zeigen Sie die Folie oder die Kopie. Fragen Sie: „Was ist das?", „Was sehen Sie?", „Wo/Was ist ein Bad, ein Zimmer und eine Wohnung?" Helfen Sie, wenn noch keiner der TN die Wörter kennen sollte.
3. Je ein TN zeigt und beschriftet auf der Folie oder der Kopie das Haus, das Bad, das Zimmer und die Wohnung.

2 **Vor dem Hören: Schlüsselwörter verstehen**

1. Zeigen Sie gestisch die Begriffe „groß" und „klein", indem Sie sich bei „groß" ganz groß machen und mit den Händen über den eigenen Kopf zeigen, während Sie sich bei „klein" ganz klein machen und einen geringen Abstand zwischen Daumen und Zeigefinger zeigen.
2. Die TN öffnen ihr Buch und zeigen, welches Haus groß und welches Haus klein ist.

3 **Beim ersten Hören**

1. Hier bietet sich vor dem Hören ein Fotosalat an. Eine genaue Beschreibung sowie weitere Vorschläge zum Umgang mit der Foto-Hörgeschichte siehe ab Seite 12.
2. Die TN hören die Foto-Hörgeschichte und vergleichen sie mit ihrer Reihenfolge.
3. Die TN öffnen ihr Buch, sehen die Fotos an und hören die Geschichte so oft wie nötig.

4 **Nach dem ersten Hören: Kernaussagen der Geschichte verstehen**

1. Lesen Sie Beispiel b) vor. Fragen Sie: „Wer sagt das?" und zeigen Sie auf Foto 3 und Sara.
2. Die TN hören die Foto-Hörgeschichte noch einmal abschnittsweise. Stoppen Sie ggf. die CD an den Schlüsselstellen. Geben Sie den TN genug Zeit, sich auf den nächsten Satz zu konzentrieren. Die TN bearbeiten die Aufgabe in Stillarbeit. Schnelle TN schreiben die Zitate zu den Fotos in ihr Buch. Gehen Sie herum und helfen Sie bei Schwierigkeiten.
   Lösung: a) Foto 6; c) Foto 2; d) Foto 4; e) Foto 8

5 **Nach dem Hören: Wiederholung des Unterschieds *Sie – du***

1. Machen Sie den TN noch einmal gestisch deutlich, dass „Sie" eher benutzt wird, wenn man jemanden nicht so gut kennt, indem Sie einen Abstand andeuten (vgl. Hinweise zu Lektion 1, Seite 26). Normalerweise benutzt man dann den Nachnamen und Herr/Frau bei der Anrede, bei der Anrede mit „du" den Vornamen.
2. Zeigen Sie auf Foto 6 und deuten Sie den TN an, dass sie diesen Abschnitt noch einmal hören.
3. Die TN lesen das Beispiel. Sie lösen den zweiten Satz. *Lösung:* du

Das Bad ist dort.

Der bestimmte Artikel im Singular; lokale Adverbien *hier, dort*; Wortfeld „Wohnräume"
Lernziel: Die TN können ihre Wohnung mit einfachen Worten beschreiben.

A1 **Präsentation des bestimmten Artikels und des Wortfelds „Wohnräume"**

1. Legen Sie die Folie mit dem Grundriss auf. Die TN lassen die Bücher geschlossen.
2. Fragen Sie die TN, wie die einzelnen Zimmer heißen. Schreiben Sie schon bekannte Zimmerbezeichnungen mit dem bestimmten Artikel auf die Folie.
3. Verweisen Sie auf den Grammatikspot und schreiben Sie die Beispiele an die Tafel. Die TN ergänzen weitere Zimmer. Erklären Sie, dass es nur wenige Anhaltspunkte dafür gibt, welchen Artikel ein Wort im Deutschen hat. Der Artikel eines Wortes sollte daher immer mitgelernt werden.

A2 **Variation: Anwendungsaufgabe zum bestimmten und unbestimmten Artikel**

1. Gehen Sie vor wie auf Seite 14 beschrieben.
2. Lesen Sie das Mustergespräch noch einmal vor und betonen Sie dabei „hier" und „dort", indem Sie gestisch neben sich (hier) und weiter weg (dort) deuten. Verdeutlichen Sie die Begriffe auch an der Tafel und verweisen Sie auf den Infospot.

3. Verweisen Sie außerdem auf den Grammatikspot und ergänzen Sie mit den TN die Tafelanschrift aus A1 um die unbestimmten Artikel.
4. Bitten Sie die TN, die diese Aufgabe vertiefen wollen, das Mustergespräch und ggf. die Varianten in Stillarbeit schriftlich in ihr Heft oder Lerntagebuch zu übertragen. Die TN unterstreichen die Artikel mit verschiedenen Farben. Sie haben dadurch Zeit, sich noch einmal in Ruhe mit den Strukturen zu beschäftigen. TN, die mit dem Niederschreiben des Gesprächs schnell fertig sind, können Sie unterstützen und den TN, die vielleicht Probleme bei der Aufgabe haben, beim richtigen Markieren helfen. Gehen Sie herum und helfen Sie bei Schwierigkeiten.

! Sollten Fragen zur Verwendung des unbestimmten und bestimmten Artikels aufkommen, können Sie kurz erklären, dass Dinge, die im Gespräch neu sind oder über die der Sprecher noch nicht gesprochen hat, mit „ein" eingeführt werden. Sie sollten dieses Thema jedoch nicht zu sehr vertiefen, da die meisten TN erfahrungsgemäß durch Erklärungen eher verwirrt werden. Warten Sie mit Erklärungen dieser Art, bis die TN sich schon mehr mit dem bestimmten Artikel vertraut gemacht haben. TN, deren Muttersprache auch über Artikel verfügt, können die Verwendung der deutschen Artikel am einfachsten mit ihrer Muttersprache vergleichen. TN, deren Muttersprache nicht über Artikel verfügt, lernen die Verwendung mit der Zeit am besten durch die Praxis und Einschleifen.

Arbeitsbuch 1–5: in Stillarbeit oder als Hausaufgabe

A3 **Aktivität im Kurs: Die eigene Wohnung beschreiben**

1. Zeichnen Sie den Grundriss Ihrer Wohnung an die Tafel und benennen Sie die Zimmer. Sagen Sie: „Das ist meine Wohnung." und beschreiben Sie sie: „Hier ist das Bad ..."
2. Die TN üben anhand des Beispiels im Buch in Partnerarbeit.
3. Die TN bilden Paare oder Kleingruppen von 3–4 TN. Sie zeichnen die Grundrisse ihrer Wohnungen und beschreiben sich die Wohnungen gegenseitig. Gehen Sie herum und helfen Sie bei Schwierigkeiten.
4. Die TN hängen die Grundrisse im Kursraum auf. Wer möchte, kann seine Wohnung im Plenum vorstellen.

B Das Zimmer ist **nicht** groß. – Stimmt, **es** ist sehr klein.

Prädikatives Adjektiv; Negation mit *nicht*; Personalpronomen *er/es/sie*
Lernziel: Die TN können Häuser und Wohnungen beschreiben.

Materialien
B2 Kopiervorlage L4/B2

B1 **Präsentation des prädikativen Adjektivs und der Negation mit *nicht***

1. Ein TN liest die Sätze vor.
2. Die TN überlegen still, wie die Reihenfolge sein könnte, und vergleichen mit der Partnerin / dem Partner.
3. Abschlusskontrolle: Die TN hören die CD (Track 62). *Lösung:* 2 Ganz gut ... 3 Das Zimmer ist ... 4 Stimmt, ...
4. Fragen Sie einen TN: „Wie gefällt Ihnen die Wohnung?" und deuten Sie auf den Grundriss in A1. Warten Sie die Antwort des TN ab und fragen Sie einen anderen TN: „Und wie gefällt Ihnen das Zimmer?" Schreiben Sie beide Fragen und Antworten an die Tafel:

Wie gefällt Ihnen die Wohnung?
Wie gefällt Ihnen das Zimmer?

Verdeutlichen Sie noch einmal das Wort „gefallen", indem Sie sagen: „Das Zimmer gefällt mir sehr gut, es ist sehr schön!" und dabei den Daumen nach oben strecken.

! Verzichten Sie an dieser Stelle auf ausführlichere Erklärungen oder Übungen zu „gefallen", es geht hier nur um das rezeptive Verstehen des Wortes. In Lernschritt C (Kursbuch, Seite 44) geht es um die aktive Anwendung.

B2 **Anwendungsaufgabe zum prädikativen Adjektiv und zur Negation mit *nicht***

1. Die TN bearbeiten vorab die Kopiervorlage L4/B2 zur Semantisierung der Adjektive. Gehen Sie herum und helfen Sie bei Schwierigkeiten.
2. Die TN betrachten die Zeichnungen im Buch. Ein TN liest den Beispielsatz zu Haus A vor. Machen Sie noch zwei weitere Beispiele mit „nicht" und „sehr" und zeichnen Sie zur Verdeutlichung ein Tafelbild.

Verweisen Sie auf den Infospot und den Grammatikspot im Buch.

3. Lesen Sie mit den TN das Beispiel zu Haus B. Jeder TN schreibt in Stillarbeit vier bis fünf Beispiele zu jedem Bild.
4. Die TN vergleichen ihre Sätze mit einer Partnerin / mit einem Partner.
5. Abschlusskontrolle im Plenum. Es kann verschiedene Lösungen geben, z.B. zu Haus A: Das Haus ist sehr klein. Das Haus ist nicht groß.

B3 **Variation: Präsentation der Personalpronomen: *der → er***

1. Gehen Sie vor wie auf Seite 14 beschrieben.
2. Wiederholen Sie die bestimmten Artikel anhand des Wortfelds „Wohnung" (das Bad, das Zimmer...) und machen Sie dazu Beispiele. Geben Sie auch ein Beispiel zu den Artikeln „der" und „die". Schreiben Sie an die Tafel:

Es
Das Bad ist klein. ~~Das Bad~~ ist nicht groß.

Arbeitsbuch 6: in Stillarbeit oder als Hausaufgabe; **7:** in Stillarbeit: Die TN erkennen, dass sich die Form des prädikativen Adjektivs im Deutschen nicht ändert, möglicherweise im Gegensatz zu ihrer Muttersprache; **8–10:** in Stillarbeit oder als Hausaufgabe

B4 **Aktivität im Kurs: Partner-Ratespiel**

1. *fakultativ:* Die TN sehen sich die Zeichnungen an. Führen Sie bei Interesse der TN die deutschen Wörter für diese Wohnungen ein: der Wohnwagen, das Schloss, der Wolkenkratzer / das Hochhaus, das Hausboot, die (Holz-)Hütte, die Villa / das Luxusapartment.
2. Die TN lesen in Partnerarbeit das Beispiel. Sie beschreiben sich gegenseitig eine Wohnung, die Partnerin / der Partner versucht, sie zu erraten. Sie wiederholen das Ratespiel mehrmals.
   Variante: Die TN gehen mit ihrem Buch umher und beschreiben einer Partnerin / einem Partner eine Wohnung. Wenn sie/er die Wohnung erraten hat, tauschen die Partner die Rollen. Anschließend gehen sie weiter und suchen sich neue Partner.

Materialien
C1 auf Folie
C2 Wörterbücher; Möbelprospekte, Schere, Klebstoff; Kopiervorlage L4/C2, Spielfiguren
Tipp: Luftballons

Ich habe nicht viele **Möbel.**

Plural des bestimmten Artikels; Wortfelder „Einrichtungsgegenstände" und „Farben"
Lernziel: Die TN können Gefallen und Missfallen ausdrücken. Sie können Möbelstücke, Elektrogeräte und Farben benennen.

C1 **Präsentation des Wortfelds „Einrichtungsgegenstände"**

1. Die TN lassen die Bücher noch geschlossen. Fragen Sie, indem Sie auf einen Tisch zeigen: „Was ist das?" Zeigen Sie auf einen Stuhl und fragen Sie: „Und das?" Helfen Sie, falls niemand diese Wörter kennt.
2. Schreiben Sie die Wörter an die Tafel.

der Tisch
Möbel
der Stuhl

3. Die TN öffnen ihr Buch. Legen Sie die Folie auf. Ein TN liest das erste Beispiel vor und zeigt auf der Folie den Schrank. Zwei andere TN zeigen die Lampe und die Dusche auf der Folie.
4. Die TN lösen die Aufgabe in Stillarbeit, ggf. mithilfe des Wörterbuchs. Gehen Sie herum und helfen Sie.
5. Abschlusskontrolle im Plenum: Je ein TN kommt nach vorne und beschriftet die Folie.
   Lösung: 2 der Kühlschrank; 3 der Fernseher; 4 das Bett; 5 der Stuhl; 6 der Herd; 7 die Waschmaschine; 9 der Tisch; 11 die Badewanne; 12 das Waschbecken; 13 das Sofa
6. *fakultativ:* Die TN zeichnen ihre Wohnung und beschreiben mit den Redemitteln, die ihnen bis dahin zur Verfügung stehen, ihrer Partnerin / ihrem Partner das Inventar: „Das ist das Wohnzimmer. Hier ist ein Tisch. Der Tisch ist groß.".

PHONETIK **Arbeitsbuch 11:** im Kurs: Gehen Sie anhand des Beispiels „Wohnzimmer" zunächst auf die Wortbildung ein und erklären Sie kurz, wie aus zwei Wörtern ein neues Wort entstehen kann: Es geht um ein ganz bestimmtes Zimmer, ein Zimmer, in dem man wohnt. Aus „wohnen" und „Zimmer" wird „Wohnzimmer", dabei entfällt die Infinitiv-Endung des Verbs. Wenn Sie das Thema vertiefen möchten, fragen Sie die TN, wie die Wörter „Schlafzimmer" und „Waschmaschine" entstanden sind. Zeigen Sie analog, wie man aus zwei Nomen ein neues Nomen machen kann, z.B. Kinderzimmer. Verzichten Sie aber auf ausführliche Erklärungen zur Wortbildung (Fugen-s, andere Sonderfälle), es genügt, wenn den TN das Prinzip klar wird. Spielen Sie die CD vor, die TN markieren den Wortakzent. Fragen Sie, auf welcher Silbe in den neu entstandenen zusammengesetzten Wörtern der Wortakzent ist. Es sollte den TN deutlich werden, dass der Wortakzent bei Komposita auf der betonten Silbe des ersten Wortes liegt, und das ist meistens die erste Silbe überhaupt (vgl. dagegen „Kapitänsfrau" oder „Berufsschule"). Die TN hören noch einmal und sprechen die Wörter nach.

Arbeitsbuch 12: als Hausaufgabe

C2 **Präsentation des Pluralartikels *die***

1. Verweisen Sie auf den Grammatikspot. Ein TN liest die Formen vor. Achten Sie darauf, dass sie/er dabei vor jedes Nomen im Plural den Artikel „die" setzt.
2. Schreiben Sie an die Tafel: „Wie gefällt Ihnen der Stuhl?" Fragen Sie einen TN: „Wie gefallen Ihnen die Stühle?" und deuten Sie auf zwei Stühle. Schreiben Sie auch die zweite Frage an die Tafel.

Wie gefällt Ihnen der Stuhl? *Wie gefallen Ihnen die Stühle?*

   Zeigen Sie mit der Tafelanschrift den Unterschied zwischen Singular und Plural. Verweisen Sie auch auf den Infospot zu „gefallen".
   ! Denken Sie bitte daran, dass es ausschließlich darum geht, die Wendungen lexikalisch einzuschleifen, um sie als Redemittel für die TN bereitzustellen. Erklärungen zum Dativ sind an dieser Stelle nicht notwendig.
3. Die TN lesen still die Beispiele. Spielen Sie ggf. einige Beispiele im Plenum mit einem geübten TN vor.
4. Die TN fragen und antworten sich gegenseitig in Partnerarbeit. Gehen Sie herum und helfen Sie bei Schwierigkeiten.
5. Zum Abschluss der Aktivität können Sie noch ein paar Beispiele im Plenum nennen lassen.
6. *fakultativ:* Verteilen Sie Möbelprospekte. Die TN bilden Gruppen nach Neigung. TN, die den Wortschatz wiederholen möchten: Die TN befragen sich gegenseitig, z.B. „Was ist das?", „Ein Stuhl."; TN, die die unbestimmten und bestimmten Artikel wiederholen möchten: Sie machen Beispielsätze zu den Artikeln, z.B. „Das ist ein Stuhl. Der Stuhl ist klein."; TN, die den Plural wiederholen möchten: Die TN zeigen auf die Möbel und fragen sich gegenseitig ab: „Der Stuhl?" – „Die Stühle." Wenn genug Zeit vorhanden ist, können die TN auch Möbel aus den Prospekten ausschneiden und auf Plakate kleben und beschriften.
   Variante: Wenn Sie nicht genug Möbelprospekte haben, können die TN stattdessen „Fünf gewinnt" spielen (Kopiervorlage L4/C2).

Arbeitsbuch 13: in Stillarbeit; **14–16:** als Hausaufgabe: Mit Übung 16 können die TN noch einmal selbstständig das System der Artikel und Personalpronomen im Nominativ erarbeiten und sich bewusst machen.

LERN TAGEBUCH **Arbeitsbuch 17:** Die TN ergänzen den bestimmten Artikel und die Pluralform zu den aufgeführten, nach Oberbegriffen geordneten Nomen. Sie lernen dadurch, sich Artikel und Pluralformen selbst zu erarbeiten. Dazu können die TN die Wortliste im Kursbuch ab Seite 174 oder ihr Wörterbuch benutzen.

TIPP

Bitten Sie die TN, für ihre zukünftige „Deutschkarriere" immer den Artikel und auch die Pluralform gleich mitzulernen. Durch regelmäßiges Wiederholen werden die Formen eingeschleift und automatisiert. Beginnen Sie ab und zu eine Stunde, indem die TN selbst Wortlisten zu ihnen bekannten Nomen machen und sich gegenseitig in Kleingruppen von 2–4 TN in einer Art Blitzdurchgang die Pluralformen und Artikel der Nomen abfragen.

C3 **Aktivität im Kurs: Ratespiel**

1. Ein TN liest die Farben vor. Zeigen Sie die Farben z.B. an Kleidungsstücken oder Gegenständen im Kursraum mit.
2. Zwei TN lesen das Beispiel im Buch. Lassen Sie, wenn nötig, noch ein Beispiel im Plenum bilden.
3. Die TN machen die Aufgabe zu zweit. Gehen Sie herum und helfen Sie bei Schwierigkeiten.

TIPP

Wenn Sie Bewegung im Unterricht mögen, können Sie auch zu Beginn oder am Ende der nächsten Unterrichtsstunde Luftballons in den verschiedenen Farben mitbringen und zur Wiederholung der Farben die TN auffordern, aufzustehen, die Luftballons anzustupsen und dabei die Farbe zu sagen.

Materialien
D2 Kärtchen mit Zahlen
D5 Anzeige C auf Folie; Kopiervorlage L4/D5
Arbeitsbuch 19: Kopien der Anzeigen; Wohnungsanzeigen aus der Tageszeitung oder dem Internet

Mietmarkt

Zahlen von 100 bis 1 000 000
Lernziel: Die TN können bis eine Million zählen und aus einer Wohnungsanzeige relevante Informationen entnehmen.

D **4**

D1 **Präsentation der Zahlen bis zu einer Million**
1. Die TN hören die Hunderterzahlen, lesen mit und sprechen nach.
2. Die TN schreiben abwechselnd eine Zahl an die Tafel, die anderen lesen diese laut ab.

D2 **Hörverstehen: Große Zahlen verstehen**
1. Die TN hören das erste Beispiel und lesen im Buch mit.
2. Die TN hören die übrigen Beispiele und kreuzen die richtigen Zahlen in ihrem Buch an.
3. Als Abschlusskontrolle kommt je ein TN an die Tafel, ein anderer diktiert die passende Zahl. Dadurch wird sichergestellt, dass die TN die Zahlen richtig verstanden haben und auch selbst anwenden können.
   Lösung: b) 2055; c) 340; d) 6973; e) 88 000; f) 600 000
4. Schreiben Sie verschiedene Zahlen auf Kärtchen (auch mit Zehnern, z.B. 381, 499 ...) und halten Sie die Kärtchen hoch. Die TN lesen die Zahl laut ab. Die TN können auch selbst Kärtchen schreiben und „spielen" abwechselnd Lehrer.

D3 **Aktivität im Kurs: Anwendungsaufgabe zu den Zahlen**
1. Die TN arbeiten zu zweit. Jeder TN nimmt ein Blatt Papier zur Hand, das sie/er später im Lerntagebuch abheften kann.
2. Ein TN sagt eine Zahl, z.B. „dreitausendfünfhundertneunundachtzig", und beide TN schreiben die Zahl in Ziffern (3589) auf das Papier, ohne dass es die Partnerin / der Partner sieht. Dann vergleichen die beiden ihre Zahlen. Die TN wechseln sich ab und nennen und schreiben eine Zahl.

Arbeitsbuch 18: im Kurs

D4 **Leseverstehen 1: Mietpreise aus Wohnungsanzeigen entnehmen**
1. Erklären Sie zunächst die Bedeutung des Wortes „Miete": „Ich wohne in einer Wohnung und dafür zahle ich Geld. Dieses Geld ist die Miete. Meine Wohnung kostet ... Euro."
2. Fragen Sie: „Wie hoch ist der Mietpreis in Anzeige A maximal?" (1000,– €).
3. Lesen Sie Anzeige B vor und deuten Sie auf den Infospot. Beschreiben Sie zusätzlich z.B. den Kursraum: „Der Kursraum hat ... Quadratmeter." und malen Sie ein Tafelbild:

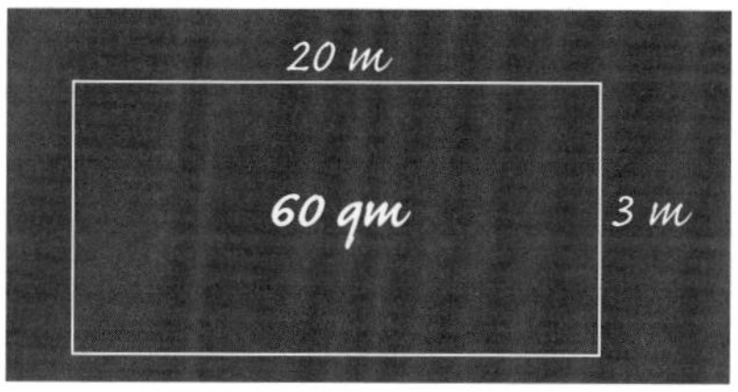

   Fragen Sie nach dem Mietpreis in Anzeige B.
4. Die TN markieren in den Anzeigen die Preise.
5. Abschlusskontrolle im Plenum. *Lösung:* B 550,– €; C 588,– €; E 440,– €

D5 **Leseverstehen 2: Eine passende Wohnung finden**
1. Ein TN liest Beispiel a) vor.
2. Legen Sie eine Folie von Anzeige C auf. Die TN sollen erklären, warum die Wohnung hier passt. Markieren Sie die relevanten Textstellen auf der Folie: 1-Zi-Wohnung, möbliert.
3. Die TN bearbeiten die restliche Aufgabe in Stillarbeit. Dabei markieren sie die relevanten Textstellen. Diese Lesestrategie sollten sich die TN von Anfang an angewöhnen, denn so stellen sie sicher, dass sie für die richtige Lösung nichts Wichtiges übersehen haben, und lernen, dass für eine bestimmte Information nicht alles verstanden werden muss. Diese Strategie nützt den TN später auch bei Prüfungen.
4. Abschlusskontrolle im Plenum. *Lösung:* b) Anzeige E; c) Anzeige A, (C); d) Anzeige B
5. TN, die die Aufgabe schnell beendet haben, schreiben eine Wohnungsanzeige oder spielen in Partnerarbeit Wohnungsvermittlung mithilfe von Kopiervorlage L4/D5

Mietmarkt

Zahlen von 100 bis 1 000 000

Lernziel: Die TN können bis eine Million zählen und aus einer Wohnungsanzeige relevante Informationen entnehmen.

Materialien
Arbeitsbuch 19: Kopien der Anzeigen; Wohnungsanzeigen aus der Tageszeitung oder dem Internet

PROJEKT

Arbeitsbuch 19:

1. Kopieren Sie die Anzeigen aus der Übung so groß, dass jede Anzeige so wie im Beispiel einzeln beschriftet werden kann.
2. TN, die mit dem Vokabular Schwierigkeiten haben, sehr schüchtern sind oder auch keine deutschen Bekannten haben, klären im Plenum die Abkürzungen, auch mithilfe des Wörterbuchs. Helfen Sie bei „EBK“ und „TG“. Verteilen Sie die Kopien der Anzeigen an die TN. Sie beschriften die Anzeigen wie im Beispiel im Buch. TN, die keine Hemmungen haben, sich nach „draußen“ zu wagen, sollten den Kontakt mit Muttersprachlern auf der Straße suchen und sich die Abkürzungen und ihre Bedeutung erklären lassen. Geben Sie einen Zeitrahmen vor. Die TN müssen nicht alle Abkürzungen herausfinden. Es erfordert Mut genug, sich auf eine authentische Gesprächssituation mit Muttersprachlern einzulassen. Die Ergebnisse werden dann im Plenum präsentiert und ergänzt.
   Variante: Sie können diese Übung auch als Hausaufgabe aufgeben. Stellen Sie zuvor sicher, dass die TN auch die Möglichkeit haben, in ihrem Umfeld deutsche Muttersprachler zu dieser Aufgabe zu befragen.
   Lösung: Ap. = Apartment; Zi = Zimmer; Whg. = Wohnung; KM = Kaltmiete; Warmmiete; NK = Nebenkosten; MM = Monatsmiete; KT = Kaution; inkl. = inklusive; gr. = groß; kl. = klein; ca. = circa; Balk. = Balkon; EBK = Einbauküche; TG = Tiefgarage, Von Privat; Kaltmiete = Miete ohne Heizung; Nebenkosten = Heizung, Wasser
3. *fakultativ:* TN, die sich für dieses Thema interessieren, schneiden als Hausaufgabe Wohnungsanzeigen aus der Tageszeitung aus oder drucken welche aus dem Internet aus und suchen nach weiteren Abkürzungen, die sie dann in der nächsten Unterrichtsstunde vorstellen.

Kleinanzeigen

Informationen zu Kaufobjekten erfragen
Lernziel: Die TN können Informationen zu gebrauchten Gegenständen aus Kleinanzeigen entnehmen und Informationen dazu am Telefon erfragen.

E1 **Hörverstehen 1: Kerninformationen verstehen**
1. Ein TN liest die Aufgaben vor.
2. Die TN hören das Gespräch.
3. Die TN nennen die Lösung und hören als Abschlusskontrolle noch einmal. *Lösung:* a) Herr Welker; b) Schreibtisch

E2 **Hörverstehen 2: Auskünfte zu einer Kleinanzeige**
1. Die TN lesen die Anzeige. Fragen Sie: „Wie ist der Tisch? Groß oder klein? Teuer oder billig? Schön oder nicht schön?"
2. Die TN hören das Telefongespräch noch einmal. Stoppen Sie die CD an den Schlüsselstellen, damit die TN Zeit zum Ergänzen des Gesprächs haben.
3. Zwei TN lesen das Gespräch in verteilten Rollen als Abschlusskontrolle vor.
   Hinweis: Das Gespräch eignet sich auch gut zum Auswendiglernen wichtiger Redemittel. Diese helfen den TN in einer realen ähnlichen Situation, weil sie dann auf ihr Wissen zurückgreifen können.
4. Schreiben Sie die fehlenden Wörter an die Tafel. *Lösung:* Schreibtisch; Farbe; wie lang; Ungefähr; Ja, ich bin da
5. Verweisen Sie auch auf den Infospot.

PHONETIK **Arbeitsbuch 20–21:** im Kurs: Die TN haben in Lektion 3 die unterschiedlichen Längen der Vokale „a" und „o" geübt. Gehen Sie analog für die Vokale „e" und „i" vor. Machen Sie die TN besonders auf den Unterschied in der Aussprache zwischen kurzem, offenem „e" und langem, geschlossenem „e" aufmerksam. Sie können das geschlossene „e" mit den TN trainieren, indem Sie sie bitten, „iiiiiiii" zu sagen und dabei allmählich in „e" überzugehen, wobei sie die Mundstellung weiterhin wie bei „iiiiiii" lassen, also: „iiiiiiieeeeee".

E3 **Aktivität im Kurs: Ein Telefongespräch schreiben**
1. Die TN lesen die Anzeigen und die Redemittel unter den Anzeigen.
2. Mithilfe der Redemittel aus E2 und E3 schreiben die TN in Partnerarbeit ein Telefongespräch. Ungeübte TN halten sich an die Anzeigen im Buch. Geben Sie geübten TN, die die Aufgaben auf dieser Seite leicht bewältigen konnten, Anzeigen aus der aktuellen Tageszeitung oder dem Internet oder lassen Sie sie, wie in der Rubrik „Schon fertig?" vorgeschlagen, selbst Anzeigen schreiben. Sie schreiben ein Telefonat anhand dieser Anzeigen. Gehen Sie herum und helfen Sie den TN, wenn nötig.
3. Ein paar TN können ihre Gespräche vorspielen, wenn sie möchten. Simulieren Sie dabei eine möglichst „echte" Telefonsituation, indem Sie die TN bitten, sich Rücken an Rücken zu setzen. Stellen Sie bei den freien Telefongesprächen Verständnisfragen an die anderen TN, z.B.: „Was möchte sie/er kaufen? Wie groß ist ...? Was kostet ...?" Die TN haben dadurch einen wunderbaren Lerneffekt: Sie werden durch diese „Telefonate" in eine authentische Hörsituation versetzt und müssen eine echte Verstehensleistung vollbringen.

Arbeitsbuch 22–23: in Stillarbeit oder als Hausaufgabe

LERN TAGEBUCH **Arbeitsbuch 24:** In dieser Lektion systematisieren die TN den neuen Wortschatz wiederum mithilfe eines Wortigels (vgl. Lektion 3). Eine Möglichkeit zum Erlernen des richtigen Artikels ist die farbige Kennzeichnung: Es werden verschiedene Farben eingesetzt, um die unterschiedlichen Artikel hervorzuheben und die Einprägung zu erleichtern. Die TN können sich also das Wort mithilfe des Wortigels und des Kontexts, in dem es vorkommt, merken und den dazugehörigen Artikel mithilfe der farbigen Markierung. Lassen Sie es sich zur Gewohnheit werden, die Artikel neuer Nomen an der Tafel immer mit farbiger Kreide bzw. Whiteboardmarkern zu markieren und zwar immer die gleiche Farbe für den gleichen Artikel. Ermuntern Sie auch die TN, sich diese zusätzlichen Signale anzugewöhnen und für jeden Artikel eine feste Farbe zu benutzen. Die TN ergänzen hier zunächst die ihnen bekannten und die neuen Vokabeln zum Thema „Wohnung", „Möbel" und „Elektrogeräte". Dabei achten sie darauf, dass sie die Vokabeln mit dem bestimmten Artikel eintragen und die Artikel differenzieren.

Einen Test zu Lektion 4 finden Sie auf den Seiten 144–145. Weisen Sie die TN auf die interaktiven Übungen auf ihrer Arbeitsbuch-CD hin. Die TN können mit diesen Übungen den Stoff der Lektion selbstständig wiederholen und sich ggf. auch auf den Test vorbereiten. Wenn Sie mit den TN den Stoff von Lektion 3 und Lektion 4 wiederholen möchten, verteilen Sie die Kopiervorlage „Wiederholung zu Lektion 3 und Lektion 4" (Seiten 130–131): Die TN arbeiten zu zweit und würfeln abwechselnd. Würfelt ein TN eine ungerade Zahl, dann muss sie/er eine Aufgabe von Blatt A bearbeiten (der Reihe nach), würfelt sie/er eine gerade Zahl, so wählt sie/er eine Aufgabe von Blatt B. Die Partnerin / Der Partner kontrolliert jeweils.

1 **Leseverstehen/Hörverstehen: Verschiedene Textsorten global verstehen**

1. Die TN sehen sich das Foto an. Fragen Sie sie zur Einstimmung, was für Leute in den Häusern wohnen könnten. Schreiben Sie ggf. mögliche Antworten an die Tafel (Familien, Singles, Senioren, junge Paare ...). Wenn Sie in einer größeren Stadt mit ähnlichen Bauten wie auf dem Foto unterrichten, können Sie auch fragen, wie groß die Wohnungen wohl sind und wie sie innen aussehen.
2. Die TN lesen die verschiedenen Texte auf der Seite. Geben Sie keine Wortschatzhilfen und erlauben Sie auch keine Wörterbücher. Es ist wichtig, dass die TN lernen, auch aus dem Kontext Rückschlüsse zu ziehen. Um das Verständnis der Texte zu sichern, können Sie die Kopiervorlage zum Zwischenspiel verteilen. Die TN lösen Übung 1 in Stillarbeit.
   Lösung: a) richtig; b) falsch; c) richtig; d) falsch; e) richtig; f) falsch; g) falsch; h) falsch
3. Spielen Sie die Nachricht vor. Die TN streichen die falschen Informationen in Übung 2 der Kopiervorlage zum Zwischenspiel durch bzw. entscheiden sich für die richtige. Abschlusskontrolle im Plenum.
   Lösung: falsch: a) Herr Dürr ist zu Hause. b) Herr Dürr arbeitet bei der DILEDA-Versicherung. c) Die DILEDA-Versicherung hat keine neue Adresse. d) Die DILEDA-Versicherung hat die Hausnummer 2. e) Die Versicherung hat das Büro im zweiten Stock. f) Das Haus ist weiß.
4. Die TN lesen nun die Aufgabe. Damit die TN die Aufgabe lösen können, geben Sie ihnen einige Hinweise zur Zählung der Hausnummern in Deutschland (siehe unten).
5. Die TN bearbeiten die Aufgabe in Partnerarbeit. Mithilfe der Texte und des Nachrichtentextes auf dem Anrufbeantworter versuchen sie herauszufinden, wer wo wohnt. Erinnern Sie die TN daran, sich für die Beantwortung der Aussagen relevante Passagen in den Texten zu markieren. Geübte TN versuchen, sich selbstständig Notizen zum Hörtext zu machen. Ungeübte TN legen sich Übung 2 der Kopiervorlage bereit, denn die Informationen der Übung helfen beim Lösen der Aufgabe. Gehen Sie herum und helfen Sie bei Schwierigkeiten.
6. Abschlusskontrolle im Plenum.
   Lösung: Andrea Keller: b; Elektro Scherer: a; 1-Zi-Wohnung für 340 Euro: c; Wohngemeinschaft Tschaidse/Önder: d; DILEDA-Versicherung: e
7. *fakultativ:* Wenn die TN möchten, können sie ihrer Partnerin / ihrem Partner das Haus beschreiben, in dem sie wohnen (Übung 3 der Kopiervorlage zum Zwischenspiel).

LANDES
KUNDE

Die Zählung der Hausnummern beginnt in den meisten Städten und ländlichen Gemeinden an dem Ende der Straße, das näher am Zentrum liegt, bzw. an der Stelle, wo die kleinere Straße von einer größeren abzweigt. Das gilt vor allem für Wohnviertel. Gezählt wird aufsteigend, allerdings befinden sich auf der einen – meistens der rechten – Seite nur die geraden Nummern, auf der anderen – linken – Seite nur die ungeraden Nummern. Wer also eine Straße entlanggeht auf der Suche nach einer bestimmten Hausnummer, sollte sich vorab für eine Straßenseite entscheiden und dann in Zweierschritten (2, 4, 6 ...) weiterzählen. Dieses System gilt häufig, aber nicht immer. In anderen Städten und Stadtteilen, z.B. in Berlin, wird auf einer Straßenseite durchgehend aufwärts gezählt (1, 2, 3 ...), bis man am Ende der Straße ankommt, und dann wird auf der anderen Seite weiter mit aufsteigenden Nummern weitergezählt, wenn man die Straße wieder zurückgeht. Steht man also am Beginn einer Straße, kann es sein, dass man auf der rechten Straßenseite die Hausnummer 1 findet, das gegenüber liegende Haus auf der linken Seite aber die Hausnummer 50 hat. In kleinen Dörfern, in denen es keine längeren Straßenzüge gibt, kann es sein, dass Häuser in der Reihenfolge nummeriert wurden, in der sie erbaut wurden. Es gibt dann keine Systematik, allerdings auch nur wenige Häuser.

Fokus Alltag 4

Eine Hausordnung verstehen

Die TN können die wichtigsten Informationen der Hausordnung verstehen, z.B. Ruhezeiten.

1 **Wortfeld „Aktivitäten im Mietshaus“**

1. Die TN sehen sich die Zeichnung an. Überprüfen Sie das Vorwissen der TN, indem Sie mit ihnen alle Wörter und Aktivitäten sammeln, die sie im Bild benennen können. Notieren Sie die Begriffe der TN an der Tafel.
2. Die TN ordnen die Begriffe in Aufgabe a) dem Bild zu. Helfen Sie bei Schwierigkeiten.
   Lösung: 1 ein Fenster; 2 das Treppenhaus; 3 der Spielplatz; 4 eine Tür
3. *fakultativ:* In Kursen mit TN, die schon Vorkenntnisse haben („falsche Anfänger“), können Sie anhand der vier Begriffe einen wesentlich Unterschied zwischen bestimmtem und unbestimmtem Artikel erklären. Wenn es eine Sache sowieso nur einmal gibt, also klar ist, was/wer gemeint ist, dann wird der bestimmte Artikel benutzt. (Ein Haus hat in der Regel nur ein Treppenhaus und nur einen Spielplatz.) Gibt es von einer Sache mehrere, wird der unbestimmte Artikel zur Einführung des Gegenstands benutzt (ein Fenster von mehreren, eine Tür von mehreren).
4. Die TN lösen Übung b) in Stillarbeit. Falls vorab noch nicht alle Wörter von den TN genannt worden sind, klären Sie zuerst unbekannten Wortschatz.
5. Abschlusskontrolle im Plenum.
   Lösung: Ein Mann wäscht ein Auto: d; Ein Mann grillt: c; Eine Frau macht Musik: a; Die Haustür ist offen: e

2 **Leseverstehen 1: Verstehen, was eine Hausordnung ist**

1. Die TN lesen die drei Fragen. Helfen Sie ggf. mit den Wörtern „erlaubt“ und „verboten“.
2. Die TN lesen die Hausordnung. Fragen Sie: „Was ist richtig?“
   Lösung: Was ist in dem Haus erlaubt, was verboten?
3. Erklären Sie unbekannte Wörter oder lassen Sie sie von TN mit Vorkenntnissen erklären. Beispiel „Zimmerlautstärke“: Spielen Sie Musik vor. Drehen Sie die Musik zuerst ganz leise, dann ganz laut und dann auf Zimmerlautstärke.

3 **Leseverstehen 2: Eine Hausordnung verstehen**

1. Die TN lösen die Übung allein oder zu zweit.
2. Abschlusskontrolle im Plenum.
   Lösung: Bild a: ja; Bild b: nein; Bild c: nein: Bild d: nein; Bild e: ja

PROJEKT

1. Bitten Sie die TN, Kopien ihrer Hausordnung mitzubringen, wenn das möglich ist. Alternativ können Sie die Hausordnung der Schule oder Ihres Wohnhauses mitbringen.
2. Notieren Sie die Begriffe „Lärm“, „Sicherheit“, „Fahrzeuge“ und „Haustiere“ an der Tafel und fragen Sie: „Finden Sie Informationen dazu in der Hausordnung?“ Die TN markieren in der Hausordnung, wenn sie etwas zu diesen Oberbegriffen finden. Gehen Sie herum und helfen Sie bei Schwierigkeiten.

   ! Hausordnungen im Original sind meist sehr kompliziert formuliert. Es geht auf dem Lernniveau A1 nicht darum, dass die TN sie im Detail verstehen. Zur deutschen Lebenswirklichkeit gehört es aber, dass die TN wissen, dass es Hausordnungen gibt und dass sie verbindlich sind.
3. Weil Hausordnungen so schwierig zu verstehen sind, sollten Sie den TN Redemittel an die Hand geben, damit sie um Erklärung bitten können, z.B.: Entschuldigen Sie, ist Grillen erlaubt? / Was bedeutet „Rauchen im Treppenhaus verboten“? ...
4. Genauso wichtig ist es, dass die TN Warnhinweise und Hinweisschilder in einem Mietshaus verstehen, z.B. zu Fluchtwegen oder Brandgefahr. Gehen Sie mit den TN durch die Sprachschule und erklären Sie die Warnhinweise in diesem Gebäude.

Fokus Alltag 4
Rund ums Wohnen

Die TN wissen, dass für Miete, Strom usw. monatliche Abschlagszahlungen geleistet werden müssen. Sie können, auch telefonisch, einfache Mitteilungen der Hausverwaltung oder des Vermieters verstehen.

Materialien
1 Blanko-Mietvertrag und ggf. Kopien davon

1 **Leseverstehen: Kosten im Mietvertrag**

1. Laden Sie vorab einen Standard-Mietvertrag aus dem Internet herunter (z.B. bei www.wohnungsboerse.net) oder besorgen Sie einen im Schreibwarenladen. Zeigen Sie den TN den Mietvertrag.
2. Die TN lesen die Anzeige und füllen die Angaben im „Mietvertrag" aus. Alternativ oder zusätzlich können die TN die Angaben in Kopien des Standard-Mietvertrags eintragen und dort außerdem die Informationen zu Kaution und Größe der Wohnung ergänzen.
3. Abschlusskontrolle im Plenum. *Lösung:* Kaltmiete: 440 Euro; Warmmiete: 500 Euro
4. Erklären Sie das Wort „Strom", indem Sie z.B. das Licht ein- und ausschalten oder den CD-Spieler in die Steckdose stecken.
5. Die TN lesen den Kontoauszug und sprechen darüber.
   Lösung: Ben zahlt 500 Euro für die Miete. Er zahlt 20 Euro für Strom.
6. Die TN sollten verstehen, dass Zahlungen für Miete und Strom in der Regel monatlich zu zahlen sind. Schreiben Sie zur Verdeutlichung ein paar Daten (1.1.20.., 1.2.20.. usw.) an die Tafel und daneben die Zahlungen, sodass erkennbar ist, dass sich dieselben Zahlungen jeden Monat wiederholen.
7. Schreiben Sie einige große Energieversorger aus Ihrer Stadt/Region an die Tafel und fragen Sie: „Woher kommt Ihr Strom?" Den TN sollte bewusst werden, dass es verschiedene Stromanbieter gibt.

2 **Hörverstehen: Mitteilungen von der Hausverwaltung verstehen**

1. Die TN lesen die Aufgabe. Sie hören die Mitteilung und kreuzen ihre Lösungen an.
2. Abschlusskontrolle im Plenum. *Lösung:* a) Die Firma Gewofag. b) Die Heizung. c) Er möchte in die Wohnung. d) Heute Abend.
3. Die TN nennen auf Zuruf den Namen ihrer Hausverwaltung. So wird klar, ob ihnen diese bekannt ist.

PROJEKT

1. Schreiben Sie „Einwohnermeldeamt" oder die Bezeichnung für die Meldebehörde in Ihrer Region an die Tafel. Fragen Sie, wer schon dort war (vermutlich alle), und machen Sie deutlich, dass jeder in Deutschland meldepflichtig ist.
2. Kündigen Sie vorab bei der Meldebehörde an, dass Sie mit dem Kurs kommen, und gehen Sie gemeinsam zur Meldebehörde. Die TN sollten wissen, wo die Meldebehörde ist, wann die Öffnungszeiten sind und wie die Telefonnummer ist. Die TN machen sich dazu Notizen.
3. Eine freundliche Mitarbeiterin / Ein freundlicher Mitarbeiter stellt sicher Meldeformulare zur Verfügung, auf dem die TN ihre gegenwärtige Adresse eintragen können – zu Übungszwecken, versteht sich.
   Variante: Wenn das Thema „Wohnen" bei Ihnen im Kurs ein bedeutendes Thema ist bzw. wenn Sie das Gefühl haben, dass manche TN hier noch Informationsbedarf haben, können Sie mit Ihren TN auch das Sozialreferat bzw. das Amt für Wohnen und Migration besuchen. Dort erhalten die TN Informationen über günstige Wohnungen (Genossenschaftswohnungen), Sozialwohnungen bzw. Mietzuschüsse.

MEIN TAG

Folge 5: *Nur ein Spiel!*
Einstieg in das Thema: Tagesablauf

1 **Vor dem Hören: Schlüsselwörter verstehen; Vermutungen über die Handlung anstellen**

1. Die TN betrachten die Fotos auf dem Poster. Die Kursbücher bleiben noch geschlossen.
2. Stellen Sie den TN Fragen: „Wo sind die Personen?“, „Wer ist das?“ und „Was macht Bruno?“ Notieren Sie die Stichwörter an der Tafel mit.
3. Fragen Sie: „Wer ist müde?“ Falls die TN „müde“ nicht verstehen, verweisen Sie auf das Bild im Buch oder machen Sie „müde“ pantomimisch-gestisch vor, etwa durch angedeutetes Gähnen.

2 **Vor dem Hören: Wesentliche Inhalte der Handlung erkennen**

1. Fragen Sie: „Was möchte Sara?“ Falls „spielen“ noch nicht bekannt ist, erklären Sie das Wort, indem Sie einige international bekannte Spiele wie Schach oder Backgammon/Tavla mitbringen oder indem Sie auf Foto 8 hinweisen.
2. Lesen Sie die Sätze mit den TN und fragen Sie: „Spielt Bruno mit Tina?“, usw. Die TN kreuzen die richtige Antwort an. *Lösung:* Sara spielt mit Schnuffi und Poppel.

3 **Beim ersten Hören**

Die TN hören die Foto-Hörgeschichte einmal ganz.

! Es ist nicht notwendig, dass die TN bereits hier alle Aktivitäten verstehen. Der neue Wortschatz wird in der nächsten Aufgabe und auf den folgenden Seiten schrittweise erarbeitet.

4 **Nach dem ersten Hören: Aktivitäten verstehen**

1. Schreiben Sie die Zitate vorab auf große Kärtchen und hängen Sie sie an eine Pinnwand oder die Tafel.
2. Lesen Sie mit den TN gemeinsam die Zitate.
3. Die TN hören die Foto-Hörgeschichte noch einmal. Wenn sie eines der Zitate hören, zeigen sie auf. Stoppen Sie die CD kurz und hängen Sie das Zitat zum passenden Foto.
4. Die TN lösen die Aufgabe im Buch.
5. Abschlusskontrolle im Plenum. *Lösung (von oben nach unten):* B; F; D; A; E

5 A

Es ist schon neun Uhr.

Uhrzeit (inoffiziell)
Lernziel: Die TN können nach der Uhrzeit fragen und die Uhrzeit angeben.

Materialien
A1 Kopiervorlage L5/A1: Bastelvorlage für Pappuhr
A5 Kopiervorlage L5/A5

A1 **Variation: Präsentation der Uhrzeit**

1. Basteln Sie vorab mithilfe der Kopiervorlage L5/A1 eine Pappuhr.
2. Fragen und notieren Sie an der Tafel: „Wie spät ist es?" Deuten Sie dabei auf Ihre Armbanduhr oder eine Wanduhr im Kursraum, um die Frage zu verdeutlichen. Die TN hören das kurze Gespräch und lesen im Buch mit. Fragen Sie noch einmal: „Wie spät ist es?" und zeigen Sie mithilfe Ihrer Pappuhr die Uhrzeit (neun Uhr). Wiederholen Sie laut: „Es ist neun Uhr."
3. Gehen Sie weiter vor wie auf Seite 14 beschrieben.
4. Zeigen Sie mithilfe der Pappuhr weitere Beispiele zu „Viertel nach/vor" ... und „halb" ... .
5. Die TN fragen sich mithilfe der Pappuhr, die von TN zu TN wandert, gegenseitig nach unterschiedlichen Uhrzeiten zu voller Stunde, „Viertel nach/vor" und „halb".

! Es geht hier ausschließlich um das Erfragen und Angeben der Uhrzeit. Zeitangaben auf die Frage „Wann?" lernen die TN in Lernschritt C kennen. Sie sollten also hier nicht vorgreifen, sondern sich ausschließlich auf die Uhrzeit konzentrieren.

A2 **Hörverstehen: Erweiterung der Uhrzeit**

1. Die Aufgabe dient der Vorbereitung auf A3. Die TN sehen sich die Zeichnungen an, dann hören sie die Texte und ordnen ihnen die Zeichnungen zu.
2. Abschlusskontrolle im Plenum. *Lösung:* Text 2: C; Text 3: D; Text 4: B
3. Verweisen Sie auf den Infospot. Machen Sie deutlich, dass man bei der Angabe der inoffiziellen Uhrzeit nur bis zwölf zählt und man nicht „Viertel vor drei Uhr" sagt, sondern nur „Viertel vor drei".

A3 **Systematisierung: *fünf, zehn, zwanzig, ... nach/vor***

1. Die TN hören noch einmal die Texte aus A2 und notieren die Uhrzeit.
   Variante: Geübte TN können die Uhrzeiten auch mithilfe der neben A1 abgebildeten Uhr ergänzen und sich anschließend durch das Hören der Texte aus A2 selbstständig korrigieren.
   Lösung: 2 zehn vor vier; 3 fünf vor zwölf; 4 fünf vor halb eins
2. Die TN üben mit der Pappuhr und fragen sich abwechselnd nach der Uhrzeit.

A4 **Erweiterung: *kurz vor/nach***

1. Zeigen Sie anhand des Beispiels a), dass konkrete Minutenangaben kurz vor oder nach der vollen Stunde im mündlichen Sprachgebrauch selten gemacht werden. Notieren Sie zur Verdeutlichung an der Tafel:

Es ist ~~vier~~ nach sieben. / *kurz* — *Es ist ~~drei~~ vor elf.* / *kurz*

2. Die TN bearbeiten die restlichen Beispiele in Stillarbeit. Gehen Sie herum und helfen Sie bei Schwierigkeiten.
3. Abschlusskontrolle im Plenum. *Lösung:* b) kurz vor/gleich sieben; c) kurz nach elf; d) kurz vor/gleich neun

! Gehen Sie hier nicht auf die Lesart der offiziellen Uhrzeit (9 Uhr 58) ein. Diese wird in Lernschritt E eingeführt. Die TN sollten zuerst lernen, wie man die Uhrzeit im privaten Kontext bzw. im mündlichen Sprachgebrauch verwendet.

Arbeitsbuch 1–4: in Stillarbeit oder als Hausaufgabe

A5 **Aktivität im Kurs: Uhrzeiten gegenseitig abfragen**

1. Die TN zeichnen jeweils einige runde Ziffernblätter mit unterschiedlichen Uhrzeiten und finden sich paarweise zusammen. Wenn Sie wenig Zeit haben oder Ihre TN nicht gern zeichnen, kopieren Sie die Kopiervorlage L5/A5 und zerschneiden Sie sie. Jeder TN erhält dann zwei bis drei Karten und zeichnet verschiedene Uhrzeiten ein.
2. Jeder TN zeigt seine Uhren und fragt die Partnerin / den Partner nach der Uhrzeit. Diese/Dieser antwortet entsprechend der Uhrzeit auf dem Kärtchen „Es ist ... (Uhr)." Gehen Sie herum und korrigieren Sie ggf. vorsichtig die Fehler, indem Sie die korrekte Uhrzeit wiederholen.
   Variante: Die TN gehen mit ihren Kärtchen im Kursraum herum, zeigen sie verschiedenen Partnern und befragen sich gegenseitig.
   Hinweis: Die Aufgabe eignet sich auch zur Wiederholung der Uhrzeit zu einem späteren Zeitpunkt.

B1 **Präsentation der trennbaren Verben und des Wortfelds „Aktivitäten“**

1. Legen Sie eine Folie der Aufgabe auf, die TN sehen in ihr Buch.
2. Deuten Sie auf die Zeichnungen B und D. Die TN haben die Verben zu diesen Aktivitäten schon in der Foto-Hörgeschichte kennengelernt und sollten die passenden Sätze zuordnen können. Wenn Sie das Poster zur Foto-Hörgeschichte mit den Zitaten aufgehängt haben, können Sie darauf verweisen, um den TN eine weitere Hilfestellung zu geben. Die TN nennen die Lösungen zu diesen Zeichnungen, Sie tragen sie auf der Folie ein.
3. Auch die korrekte Lösung für Zeichnung A und Zeichnung G ist nun nicht mehr schwierig, da auf Zeichnung A Sara zu sehen ist und auf Zeichnung G Tina. Tragen Sie die Lösung der TN auf der Folie ein.
   Lösung: A Sara ruft Niko an. B Bruno steht früh auf. C Tina macht das Frühstück. D Tina kauft im Supermarkt ein. G Tina kocht das Mittagessen. H Bruno arbeitet.
4. Gehen Sie auf Wortschatzfragen der TN ein (z.B. früh, Mittagessen ...).
5. Notieren Sie die Verben „aufstehen“, „anrufen“ und „einkaufen“ an der Tafel. Lassen Sie „fernsehen“ vorerst außer Acht, da hier noch der Vokalwechsel dazukommt. Bitten Sie die TN, Ihnen die passenden Beispiele zu den drei Verben aus der Aufgabe zu nennen, und schreiben Sie die Sätze ebenfalls an die Tafel. Erklären Sie anhand dieser Beispiele, dass es im Deutschen Verben gibt, die getrennt werden können. Besonders anschaulich wird das, wenn Sie die drei Verben groß auf je ein Kärtchen schreiben und das Präfix demonstrativ mit einer Schere abschneiden. Machen Sie auch deutlich, dass dieses Präfix ans Satzende wandert:

aufstehen	*Bruno* **steht** *früh* **auf**.	*einkaufen* *Tina* **kauft** *im Supermarkt* **ein**.
anrufen	*Sara* **ruft** *Niko* **an**.	

6. Die TN üben das Wortfeld „Aktivitäten“ und die Wortstellung bei trennbaren Verben mithilfe der Kopiervorlage L5/B1.
7. Gehen Sie kurz auf die Verben „fernsehen“ und „arbeiten“ ein und zeigen Sie mithilfe des Grammatikspots im Buch, dass diese Verben in der 3. Person ihre Form ändern.

! Es genügt, wenn die TN sich diese besonderen Formen als Formel merken. Nur wenn Sie sehr interessierte und lernerfahrene TN haben, sollten Sie auf den Vokalwechsel in der 2. und 3. Person bei einigen Verben eingehen – die TN haben schon „sprechen“ in Lektion 2 kennengelernt – und auf das eingeschobene „-e“ bei Verben, deren Verbstamm auf „-t“, „-d“ oder Konsonant + „-m“ oder „-n“ (z.B. rechnen, atmen) endet.

B2 **Anwendungsaufgabe zum Wortfeld „Aktivitäten“**

1. Notieren Sie an der Tafel die Frage „Was macht Frau Bond?“ Spielen Sie das erste Geräusch vor. Die TN nennen die Antwort.
2. Die TN hören die übrigen Beispiele. Stoppen Sie die CD nach jedem Geräusch und fragen Sie: „Was macht Frau Bond?“ Die TN antworten.
   Lösung: 2 Frau Bond frühstückt.; 3 Sie arbeitet.; 4 Sie kauft ein.; 5 Sie kocht (das Essen).; 6 Sie räumt die Wohnung auf.; 7 Sie sieht fern.

Arbeitsbuch 5–6: in Stillarbeit: Die TN verdeutlichen sich selbstständig noch einmal den Unterschied zwischen einfachen und trennbaren Verben sowie die Satzstruktur bei trennbaren Verben. Gehen Sie herum und helfen Sie individuell. Abschlusskontrolle im Plenum.

LERN TAGEBUCH **Arbeitsbuch 7:** Die TN lernen hier eine Möglichkeit kennen, sich trennbare Verben zu notieren. Sie können das Präfix durch einen Schrägstrich vom Verb abtrennen und wissen so immer, dass dieses Verb im Satz trennbar ist. Die TN können zu Hause selbstständig die bereits im Unterricht besprochenen trennbaren Verben notieren und jeweils einen Beispielsatz bilden. Wenn nötig, können Sie die Liste individuell einsehen. Diese Liste kann im Laufe der Zeit im Kurs oder auch zu Hause immer weiter um neue Verben und Beispielsätze ergänzt werden. Fordern Sie die TN dazu auf, selbstständig notierte Verben und Sätze in den Unterricht „mitzubringen“ und zu präsentieren. Dadurch profitieren alle vom individuellen Lernfortschritt des Einzelnen.

Arbeitsbuch 8–10: als Hausaufgabe

B3/B4 **Aktivität im Kurs: Partnerinterview**

1. Die TN lesen die Liste der Aktivitäten und das Gespräch.
2. Ergänzen Sie für das anschließende Partnerinterview die Liste um weitere Aktivitäten, die die TN gern auf Deutsch wissen möchten. Damit das nicht ausufert, darf jeder TN maximal zwei Verben nennen.
3. Die TN finden sich paarweise zusammen und befragen sich gegenseitig nach dem Muster im Buch.
   Variante: In Kursen mit vielen lernunerfahrenen TN können Sie die Kopiervorlage L5/B3 als Hilfestellung austeilen.
4. Die TN erzählen im Plenum oder in Kleingruppen von 4–5 TN über die Vorlieben und Abneigungen ihrer Partnerin / ihres Partners.

Arbeitsbuch 11: als Hausaufgabe

Ich stehe **von** Montag **bis** Freitag **um** fünf Uhr auf.

Wortfeld „Wochentage“; temporale Angaben auf die Fragen *Wann?* und *Wie lange?*
Lernziel: Die TN können sagen, wann sie etwas machen.

Materialien
C6 Kopiervorlage L5/C6

C1 **Präsentation der Wochentage und der Präpositionen *am, um, von ... bis***

1. Die TN sehen sich die Kalenderblätter an und lernen so die Reihenfolge der Wochentage kennen.
2. Notieren Sie an der Tafel die Fragen „Wann steht Bruno auf?”, „Wann steht Tina auf?“, „Wann steht Sara auf?“ und spielen Sie die CD vor. Die TN notieren während des Hörens die Wochentage bzw. die Uhrzeit.
3. Abschlusskontrolle im Plenum. *Lösung:* 5 Uhr; Samstag; Sonntag; halb zwölf

Arbeitsbuch 12: in Stillarbeit oder als Hausaufgabe

C2 **Variation: Anwendungsaufgabe zu temporalen Angaben**

1. Notieren Sie an der Tafel die Frage „Wann macht er eine Party?“ Die TN hören das Gespräch zunächst bei geschlossenen Büchern und beantworten die Frage. Akzeptieren Sie an dieser Stelle ggf. die Antwort „sieben Uhr“, also ohne die Präposition „um“.
2. Gehen Sie weiter vor wie auf Seite 14 beschrieben. Weisen Sie darauf hin, dass „anfangen“ auch ein trennares Verb ist.
3. Notieren Sie einige Beispiele an der Tafel und markieren Sie sowohl das Fragepronomen „Wann“ als auch die temporalen Präpositionen „am“ vor Wochentagen und „um“ vor Uhrzeiten. Verweisen Sie auch auf den Grammatikspot.

Wann	macht Herr Bauer eine Geburtstagsparty?	Am	Samstag	um	7 Uhr.	um + Uhr
Wann	kaufst du ein?	Am	Freitag.			am + Tag

C3 **Erweiterung: Der Unterschied Zeitpunkt – Zeitraum**

1. Die TN lesen die Aufgabe still durch und hören dann ggf. mehrmals das Gespräch, bevor sie die Lösungen ankreuzen.
2. Abschlusskontrolle im Plenum. *Lösung:* am Montag und Mittwoch; von sechs bis halb acht
3. Veranschaulichen Sie den Unterschied zwischen der Angabe eines Zeitpunkts (am ...) und eines begrenzten Zeitraums (von ... bis ...) mithilfe eines skizzierten Ziffernblattes an der Tafel. Verweisen Sie auch auf den Grammatikspot.

Arbeitsbuch 13–15: in Stillarbeit oder als Hausaufgabe

C4 **Anwendungsaufgabe zu temporalen Angaben**

1. Die TN sehen sich Valentinas Wochenplan an. Nicht so geübte TN notieren in Partnerarbeit die ausformulierten Sätze schriftlich. Gehen Sie herum und helfen Sie bei Schwierigkeiten. Schnelle TN oder TN, die lieber sprechen als schreiben, lesen das Beispiel und formulieren mit ihrer Partnerin / ihrem Partner mündlich abwechselnd einfache Sätze mithilfe der Stichpunkte und ggf. darüber hinaus.
2. Abschlusskontrolle im Plenum.

C5 **Hörverstehen: Termine verstehen**

1. Schreiben Sie „skaten“ an die Tafel. Ein TN, der das Wort kennt, kann es erklären. Helfen Sie ansonsten mit der Skizze eines Skateboards.
2. Die TN hören das Telefongespräch so oft wie nötig und ergänzen den Termin in Valentinas Kalender.
3. Abschlusskontrolle im Plenum. *Lösung:* Donnerstag, 16:15–18 Uhr, skaten mit Anna

C6 **Aktivität im Kurs: Partnerinterview**

1. Lesen Sie mit den TN gemeinsam das Beispiel.
2. Die TN erhalten die in zwei Teile zerschnittene Kopiervorlage L5/C6. Sie befragen sich gegenseitig und finden einen gemeinsamen Termin zum Einkaufen. Gehen Sie herum und helfen Sie bei Schwierigkeiten.
3. Fragen Sie exemplarisch einige Paare, wann sie gemeinsam einkaufen gehen.
4. Paare, die schnell einen gemeinsamen Einkaufstermin gefunden haben, nützen die Zeit, bis die anderen fertig sind, und schreiben für sich einen Terminkalender für die kommende Woche. Auf Wunsch können Sie diese Terminkalender einsammeln und korrigieren.

Materialien
D1 Zeichnungen der Tageszeiten auf DIN A4 vergrößert; Wortkarten der Tageszeiten
D2 Folie der Aufgabe

Tageszeiten

Wortfeld „Tageszeiten"; Verbposition im Satz
Lernziel: Die TN können Angaben zur Tageszeit verstehen und machen. Sie können über ihren Tagesablauf berichten.

D1 **Präsentation des Wortfelds „Tageszeiten"**

1. Verteilen Sie die vergrößerten Zeichnungen der Aufgabe und die Wortkarten in ungeordneter Reihenfolge an die TN. Diese versuchen zunächst, die richtige Entsprechung, wie z.B. aufgehende Sonne = am Morgen, zu finden, und stellen sich dann mit der passenden Partnerin / dem passenden Partner auf. Wer kein Bild bzw. keine Karte erhalten hat, informiert sich im Buch darüber, was zusammengehört, und korrigiert die Paarbildung, wenn nötig.
2. Die TN lesen die Tageszeiten laut von den Kärtchen ab.
3. Die TN bearbeiten die Aufgabe im Buch.
4. Abschlusskontrolle im Plenum. *Lösung:* (von links nach rechts): am Morgen, am Vormittag, am Abend
5. Weisen Sie darauf hin, dass wie bei den Wochentagen auch bei den Tageszeiten die Präposition „am" benutzt wird (Ausnahme: in der Nacht).

D2 **Erweiterung des Wortfelds „Aktivitäten"**

1. Decken Sie die Mutter und Robert an der Folie auf und fragen Sie: „Was fragt die Mutter? Was antwortet Robert?" Die TN stellen Vermutungen an und hören das Gespräch ein erstes Mal, wenn nötig auch mehrmals. Wiederholen Sie Ihre Fragen.
2. Die TN sehen sich die Zeichnungen im Buch an. Fragen Sie: „Arbeitet Robert?" Verneinen die TN dies, fragen Sie weiter: „Was macht er wirklich?"
3. Lösen Sie Beispiel A mit den TN gemeinsam. Die TN ordnen die restlichen Aktivitäten in Stillarbeit den Zeichnungen zu.
4. Abschlusskontrolle mithilfe der Folie im Plenum.
   Lösung: B fernsehen; C Pizza essen; D Sofia anrufen; E ins Kino gehen; F spazieren gehen

D3 **Anwendungsaufgabe zu den Tageszeiten und den Aktivitäten**

1. Sehen Sie zusammen mit den TN Bild A in D2 noch einmal an. Fragen Sie: „Was macht Robert am Morgen?" Lesen Sie dann gemeinsam mit den TN den ersten Beispielsatz.
2. Die TN lesen die weiteren Beispiele still und ergänzen sie in Partnerarbeit mithilfe der Lösungen aus D2. TN, die schneller fertig sind, überlegen sich anschließend, wie der Tagesablauf der Mutter aussehen könnte. Diesen schreiben sie nach demselben Muster auf.
3. Abschlusskontrolle im Plenum. Die schnelleren TN stellen zusätzlich den Tagesablauf der Mutter vor. Wenn nicht alle TN ihr Ergebnis präsentieren können, werden die Blätter im Kursraum aufgehängt.
4. Weisen Sie mithilfe des Grammatikspots auf die besonderen Formen von „essen" hin.

D4 **Erweiterung: Die Verbposition im Satz**

1. Fragen Sie noch einmal: „Was macht Robert am Morgen?" Die TN antworten wahrscheinlich wie in D3. Notieren Sie die Antwort an der Tafel und schreiben Sie die Variante mit Inversion direkt darunter. Es sollte deutlich werden, dass das Verb immer an Position 2 bleibt, die temporale Angabe aber mit dem Subjekt den Platz tauschen kann.

Was macht Robert am Morgen? *Robert* | *hört* | *am Morgen Musik.*
Am Morgen | *hört* | *Robert Musik.*

2. Die TN notieren in Stillarbeit die übrigen Beispiele mit Inversion. Gehen Sie herum und helfen Sie bei Schwierigkeiten.
3. Abschlusskontrolle im Plenum. *Lösung:* B Am Vormittag sieht Robert fern. C Am Mittag isst Robert Pizza. D Am Nachmittag ruft Robert Sofia an. E Am Abend gehen Robert und Sofia ins Kino. F In der Nacht gehen Robert und Sofia spazieren.

Arbeitsbuch 17–20: in Stillarbeit oder als Hausaufgabe: Die TN verdeutlichen sich mithilfe des visuellen Schemas die Optionen für die Satzstellung.

D5 **Aktivität im Kurs: Über den eigenen Tagesablauf berichten**

1. Klären Sie anhand eines Beispiels die Bedeutung von „jeden Tag", „jeden Morgen", „jeden Abend" usw. Sagen Sie: „Ich sehe am Montag, Dienstag, Mittwoch ... fern. Also: Ich sehe jeden Tag fern." Verweisen Sie auch auf den Infospot.
2. Nicht so geübte TN notieren zuerst einige Beispiele zu ihrem Tagesablauf und befragen sich dann gegenseitig. Ihre Antworten dürfen sie ablesen. Lernerfahrene TN führen mit ihrer Partnerin / ihrem Partner ein freies Gespräch. Gehen Sie herum und helfen Sie bei Schwierigkeiten.

LERN TAGEBUCH

Arbeitsbuch 21: Die TN sammeln alle trennbaren Verben und Verben mit Vokalwechsel, die sie kennen, und notieren jeweils den Infinitiv, die Formen für die 1., 2. und 3. Person Singular sowie einen Beispielsatz. Die TN werden hier angeleitet, sich Verben mit Sonderformen extra zu notieren. Da Wörter im Kontext leichter zu behalten sind, sollten sie sich angewöhnen, neue Wörter und Konjugationsformen immer mit einem Beispielsatz aufzuschreiben.

Tageszeiten

Wortfeld „Tageszeiten“; Verbposition im Satz
Lernziel: Die TN können Angaben zur Tageszeit verstehen und machen. Sie können über ihren Tagesablauf berichten.

PHONETIK **Arbeitsbuch 22–24:** im Kurs: Die korrekte Aussprache der Umlaute ä, ö, ü müssen Sie mit den TN nur üben, wenn es diese Laute in ihrer Sprache nicht gibt. Der Laut „ä“, der wie ein offenes „e“ gesprochen wird, macht erfahrungsgemäß keine Schwierigkeiten. Für „ö“ sollten die TN „eeeeee“ sagen und dabei allmählich die Lippen rund machen, bis „öööööööööö“ daraus wird. Für „ü“ sagen die TN zunächst „iiiiiiiiiiiii“ und runden allmählich die Lippen, bis „üüüüüüüüüü“ daraus wird. Wenn die TN gern pfeifen, können sie auch einen hohen Ton pfeifen, der immer mehr als „ü“ gesprochen wird. Spielen Sie Übung 22 vor. Die TN hören und sprechen nach. Sie wissen bereits, dass die Vokale im Deutschen unterschiedlich lang gesprochen werden. Das gilt auch für die Umlaute. Die TN hören Übung 22 noch einmal und markieren die Vokallänge. Bearbeiten Sie die Übungen 23 und 24 wie angegeben.

D6 **Schreiben: Mein Traumtag**

1. Schreiben Sie „Mein Tag“ und „Mein Traumtag“ an die Tafel und notieren Sie darunter als Beispiel, wann Sie normalerweise aufstehen und wann Sie an Ihrem Traumtag aufstehen, um den TN klarzumachen, was ein Traumtag ist.
2. Sammeln Sie mit den TN einige Aktivitäten für einen Traumtag, um Wortschatz vorzuentlasten und ungeübteren TN Hilfen für die anschließende Schreibaufgabe zu geben.
3. Die TN schreiben einen kurzen Text über ihren Traumtag und lesen ihn der Partnerin / dem Partner vor. Sammeln Sie die Texte zur Korrektur ein. Schnelle TN können zusätzlich einen Text über einen schlechten Tag schreiben. Wer Spaß am Schreiben hat, kann diese Aufgabe auch als freiwillige Hausaufgabe machen.
   Variante: Versammeln Sie ungeübte TN um sich an der Tafel. Die TN schreiben einen gemeinsamen Text „Mein Traumtag“, indem jeder einen Satz sagt und ihn an die Tafel schreibt. Fehler werden sofort korrigiert. Geübte TN schreiben in Stillarbeit ihren Text / ihre Texte.

Öffnungszeiten

Uhrzeit (offiziell)
Lernziel: Die TN können Öffnungszeiten auf Schildern und in automatischen Telefonansagen verstehen.

E1 **Leseverstehen: Öffnungszeiten**

1. Die TN sehen sich die Schilder an. Helfen Sie mit unbekannten Wörtern wie „Sprechstunde“. Deuten Sie dann auf Beispiel A und fragen Sie: „Wann ist die Arztpraxis geöffnet?“
2. Fordern Sie die TN dazu auf, in ihrem Buch die Öffnungszeiten der Beispiele B bis D in Stillarbeit zu markieren.
3. Gehen Sie herum und kontrollieren Sie individuell.

E2 **Hörverstehen: Ansagen auf dem Anrufbeantworter**

1. Fragen Sie: „Wo ist das?“ Spielen Sie die erste Ansage vor und verweisen Sie auf das passende Schild.
2. Die TN hören die anderen drei Ansagen und ordnen diese den Schildern zu.
3. Abschlusskontrolle im Plenum. *Lösung:* 2 C; 3 A; 4 D

E3 **Hörverstehen: Systematisierung der offiziellen Uhrzeit**

1. Die TN sehen das Schild der Touristeninformation an. Fragen Sie: „Wann ist die Touristeninformation geöffnet?“
2. Die TN hören den Text so oft wie nötig und ergänzen die Öffnungszeiten.
   Lösung: Mo–Fr: 9.00–12.30 Uhr, 14.00–16.30 Uhr; Sa: 8.00–12.00 Uhr
3. Verweisen Sie auf den Infospot und machen Sie deutlich, dass innerhalb der Familie, unter Freunden usw. die inoffizielle Uhrzeit verwendet wird, im Fernsehen oder Radio, am Flughafen oder Bahnhof, aber auch bei Ämtern, in Büros und z.B. bei Ärzten auf dem Anrufbeantworter die offizielle Uhrzeit.

E4 **Anwendungsaufgabe zur offiziellen und inoffiziellen Uhrzeit**

1. Legen Sie die Aufgabe als Folie auf. Lesen Sie mit den TN das Beispiel und ziehen Sie die Verbindung auf der Folie nach.
2. Ein TN verbindet auf der Folie die Uhrzeiten des nächsten Beispiels und gibt den Stift an einen anderen TN weiter.
   Lösung: b) zwanzig Uhr fünfzig – 20:50 – zehn vor neun; c) achtzehn Uhr dreißig – 18:30 – halb sieben; d) zweiundzwanzig Uhr vierzig – 22:40 – zwanzig vor elf; e) dreiundzwanzig Uhr fünfzehn – 23:15 – Viertel nach elf; f) zehn Uhr fünfunddreißig – 10:35 – fünf nach halb elf
3. *fakultativ:* Schreiben Sie analog weitere Uhrzeiten auf ein großes Blatt Papier und zerschneiden Sie es so, dass die inoffiziellen und die offiziellen Uhrzeiten sowie die Digitalanzeigen jeweils auf einem getrennten Papierstreifen stehen. Jede Kleingruppe von 3–4 TN erhält einen Kärtchensatz und soll den Uhrzeiten in Ziffern wie in der vorangegangenen Aufgabe beide Sprechweisen zuordnen.
4. Geben Sie schnellen TN zusätzlich einige weitere digitale Uhrzeiten auf Kärtchen sowie leere Papierstreifen. Sie sollen die entsprechenden offiziellen bzw. inoffiziellen Sprechweisen notieren und den Digitalanzeigen zuordnen. Abschlusskontrolle im Plenum. Die geübten TN präsentieren ihre zusätzlichen Kärtchenkombinationen. Alternativ oder zusätzlich können schnelle TN ein eigenes Schild mit Öffnungszeiten entwerfen.
5. *fakultativ:* Wenn die TN noch weiter üben möchten, verteilen Sie an Kleingruppen von drei TN die „Dominosteine“ der Kopiervorlage L5/E4.

Arbeitsbuch 25: in Stillarbeit oder als Hausaufgabe

PRÜFUNG **Arbeitsbuch 26:** Die TN hören mehrere kurze Gespräche zwischen zwei Personen. Zu jedem Gespräch lesen sie am besten vor dem ersten Hören die Frage. Nach dem Hören lesen die TN die drei möglichen Antworten und entscheiden sich für eine davon. Während des zweiten Hörens kontrollieren und korrigieren sie ggf. ihre Lösungen. Diese Vorgehensweise empfiehlt sich auch für die reale Prüfungssituation.

PHONETIK **Arbeitsbuch 27:** im Kurs: Erinnern Sie die TN ein weiteres Mal an die unterschiedliche Länge der Vokale. Spielen Sie Übung a) vor, die TN hören und markieren die Vokallänge. In Übung b) sortieren sie die Wörter nach Vokallänge. Dann betrachten sie die Schreibweise der Wörter und versuchen, die Tabelle in Übung c) selbstständig zu ergänzen. Abschlusskontrolle im Plenum. Spielen Sie Übung d) so oft wie nötig vor, die TN ergänzen die Lücken.
Hinweis: Übung 27 eignet sich auch gut als Hausaufgabe.

Einen Test zu Lektion 5 finden Sie auf den Seiten 146–147. Weisen Sie die TN auf die interaktiven Übungen auf ihrer Arbeitsbuch-CD hin. Die TN können mit diesen Übungen den Stoff der Lektion selbstständig wiederholen und sich ggf. auch auf den Test vorbereiten.

Zwischenspiel 5
Wann hast du denn mal Zeit, Vera?

Leseverstehen: Ein Tagesablauf

Materialien
1 Kopiervorlage „Zwischenspiel zu Lektion 5"
2 Plakate, dicke Stifte

1 **Leseverstehen: Ein Tagesablauf**

1. Die TN sehen sich zur Einstimmung die Fotos an. Fragen Sie: „Wer ist Vera?" Die TN lesen die Informationen über Vera im Kursbuch auf Seite 61.
2. Verteilen Sie die Kopiervorlage „Zwischenspiel zu Lektion 5". Die TN bearbeiten Übung 1 in Stillarbeit.
   Variante: Schneiden Sie für lernerfahrene TN die Antwortspalte weg. Die TN beantworten die Fragen in eigenen Worten.
3. Abschlusskontrolle im Plenum. Geübte TN vergleichen ihre Lösungen mit der Lösung der Übung.
   Lösung: a) Nein, sie ist geschieden. b) Tom ist vier und Luka ist zwei. c) In Stuttgart. d) Nein, sie ist klein. e) Ja, sie ist Verkäuferin. f) In Norddeutschland. g) In der Schweiz. h) Mal wieder ins Kino gehen.
4. Stellen Sie, wenn nötig, den TN exemplarisch ein paar Fragen zu Veras Tag.
5. Die TN sehen sich die Fotos nun genauer an und lesen die Bildunterschriften. Wenn nötig, markieren sie jeder für sich fünf Aktivitäten aus Veras Tag, zu der sie ihrer Partnerin / ihrem Partner eine Frage stellen möchten.
6. Die TN befragen sich paarweise. Gehen Sie herum und helfen Sie bei Schwierigkeiten.
7. Zur Wiederholung und Festigung des Lektionsstoffes schreiben die TN als Hausaufgabe Veras Tag auf (Kopiervorlage „Zwischenspiel zu Lektion 5", Übung 2).

2 **Einen Tagesplan erstellen**

1. Erzählen Sie, dass die Kinder übers Wochenende bei Veras Ex-Mann sind und Vera deshalb Zeit hat. Die TN sollen sich paarweise ein Wochenende für Vera ausdenken. Verteilen Sie dazu Plakate in DIN A3 und dicke Farbstifte.
2. Die TN überlegen zu zweit, was Vera an ihrem freien Wochenende alles tun könnte, und notieren ihre Ideen auf dem Plakat. Gehen Sie herum und achten Sie darauf, dass zumindest lernerfahrene TN nicht in ganzen Sätzen schreiben, sondern nur Stichpunkte notieren.
   Variante: Wenn Sie viele TN im Kurs haben, die mit freieren Aufgaben Schwierigkeiten haben, können Sie Kleingruppen von vier TN bilden. So können sich (sprech-)ängstliche TN ein bisschen verstecken.
3. Die Paare oder Gruppen hängen ihre Plakate im Kursraum auf und finden sich mit einem anderen Paar / einer anderen Gruppe zusammen. Die Paare/Gruppen stellen sich gegenseitig Veras Wochenende vor.

Fokus Alltag 5

Informationen zum Sprachkurs verstehen

Die TN können schriftliche Informationen zum Integrationskurs auf Aushängen und Informationsblättern verstehen, z.B. zu Zeit- und Raumangaben. Sie können sich mit einfachen Worten für früheres Gehen entschuldigen.

1 **Leseverstehen 1: Selektives Lesen**

1. Die TN arbeiten zu zweit und markieren die Kursbezeichnungen in Rot, die Wochentage in Blau, die Uhrzeiten in Gelb und die Raumangaben in Grün.
2. Versuchen Sie es einmal mit einer Selbstkontrolle: Die TN vergleichen ihre Markierungen mit den umsitzenden Kurskolleginnen und -kollegen und korrigieren falsche Markierungen ggf. selbstständig.

2 **Leseverstehen 2: Wesentliche Informationen verstehen**

1. Die TN lesen die Aussagen und kreuzen ihre Lösungen an. Gehen Sie herum und helfen Sie bei Schwierigkeiten.
2. Abschlusskontrolle im Plenum. *Lösung:* a) richtig; b) richtig; c) falsch; d) falsch; e) richtig

3 **Hörverstehen: Das Fernbleiben vom Unterricht entschuldigen**

1. Die TN lesen die Aussagen in der Aufgabe. Erklären Sie, wenn nötig, was eine Fahrschule ist.
2. Die TN hören die drei Gespräche.
3. Abschlusskontrolle im Plenum. *Lösung:* a) zur Fahrschule; b) zur Arbeitsagentur; c) zum Arzt

LANDESKUNDE Schreiben Sie „sich entschuldigen" an die Tafel und erklären Sie, dass die TN Ihnen Bescheid geben müssen, wenn sie früher gehen müssen oder nicht zum Unterricht kommen können. Möglicherweise ist eine solche Situation im Verlauf des Kurses schon vorgekommen und Sie können diese als Beispiel aufgreifen. Wichtig ist, dass die TN immer auch einen Grund für ihr Fernbleiben nennen. Erklären Sie, dass die TN sich selbstständig darum kümmern müssen, Versäumtes nachzuholen.

4 **Sprechen: Sich für das Fernbleiben vom Unterricht entschuldigen**

1. Schreiben Sie alle Redemittel an die Tafel und spielen Sie ggf. die Gespräche noch einmal vor. Die TN hören bewusst hin, wie die Kursteilnehmer in den Hörtexten sich entschuldigen.
2. Die TN wählen zu zweit eine Situation aus und sprechen zusammen. Gehen Sie herum und hören Sie in die Mini-Gespräche hinein.

PROJEKT

1. Bitten Sie die TN, im Sekretariat Prospekte oder Informationsmaterial über die Deutschkurse an Ihrer Institution zu besorgen.
2. Die TN markieren alle Angaben zu Kursen, Wochentagen, Uhrzeiten und Räumen mit den gleichen Farben wie in Übung 1. Sie vergleichen: Welche Kursangebote sind ähnlich? Gibt es darüber hinaus andere Kursangebote? Was für welche?
3. Die TN formulieren abschließend mündlich die Informationen zu den Kursen in eigenen Worten, z.B. „Der Elternkurs ist von Montag bis Freitag von acht bis elf Uhr in Raum 103."

Fokus Familie 5

Krippe, Kindergarten, Hort ...

Die TN kennen wesentliche Strukturen der Kinderbetreuung.

Materialien
1 Folie der Übung
Projekt: Telefonbücher, Stadtpläne

Da dieser Fokus möglicherweise nur für einen Teil der TN von Interesse ist, können die Übungen auch als Hausaufgabe gegeben werden.

1 **Leseverstehen 1: Arten der Kinderbetreuung**

1. *fakultativ:* Prüfen Sie das Vorwissen der TN zu diesem Kurs, indem Sie sie beispielsweise fragen, wo ihre Kinder während des Kurses sind. Schreiben Sie Antworten der TN wie „Kindergarten", „Schule", „zu Hause" an die Tafel und fragen Sie auch nach dem Alter der Kinder. Notieren Sie das Alter zu den passenden Begriffen.
2. Die TN lesen den Text und markieren den jeweiligen Namen der Institution und das Alter der dort betreuten Kinder.
3. Abschlusskontrolle im Plenum mithilfe der Folie. *Lösung* (von oben nach unten): Kindergarten, drei bis sechs Jahre alt; Hort, sechs bis 14 Jahre alt; Tagesmutter, acht Wochen bis drei Jahre alt
4. Fragen Sie: „Wo bekomme ich Informationen über die Kinderbetreuung?" (Antwort: Beim Amt für Kinder, Jugend und Familie.) Fragen Sie auch nach den Öffnungszeiten der Behörde.

2 **Leseverstehen 2: Die passende Kinderbetreuung finden**

1. Die TN lesen die Situationen und überlegen in Partnerarbeit, in welcher Institution das Kind betreut werden kann.
2. Abschlusskontrolle im Plenum. *Lösung:* A Hort; B Kinderkrippe, Tagesmutter; C Kindergarten

LANDES KUNDE

Informieren Sie die TN darüber, dass Kindergärten – und auch weiterführende Schulen – frei gewählt werden dürfen. Erklären Sie, dass viele Schulen eine Hausaufgabenbetreuung am Nachmittag anbieten (siehe auch Fokus Familie zu Lektion 7).

PROJEKT

1. Fragen Sie exemplarisch einige TN mit Kindern, wo der Kindergarten ihres Kindes (oder die Schule) liegt. Die TN können die Adresse an die Tafel schreiben.
2. Fragen Sie TN mit Schulkindern, wo das Kind am Nachmittag ist, und gehen Sie auf die Situation in Ihrer Stadt/Region ein: Gibt es an den Schulen eine Mittagsbetreuung? Gibt es Horte? Wo und mit wem machen die Kinder ihre Hausaufgaben?
3. Bringen Sie Telefonbücher und Stadtpläne mit in den Unterricht. Schreiben Sie Suchworte an die Tafel wie „Kindergarten" oder „Schulen". Die TN suchen in Kleingruppen im Telefonbuch nach Betreuungseinrichtungen und Schulen und notieren die Adressen und Telefonnummern. Sie vergleichen auf dem Stadtplan, ob die Einrichtungen für sie günstig erreichbar sind.
4. *fakultativ:* Wenn Sie die Möglichkeit haben, mit den TN rauszugehen, machen Sie gemeinsam einen Rundgang / eine Rundfahrt in der Umgebung der Sprachschule oder des Stadtviertels, in dem die meisten TN leben, und zeigen Sie, wo die Betreuungseinrichtungen zu finden sind.

FREIZEIT

Folge 6: *Grill-Cola*
Einstieg in das Thema: Freizeit

1 **Vor dem Hören: Die Geschichte situieren**

1. Zerschneiden Sie das Poster zur Foto-Hörgeschichte. Hängen Sie ein Foto nach dem anderen an eine Pinnwand und stellen Sie Fragen, z.B.: „Wer ist das?“, „Wo sind die Personen?“, „Was machen sie?“. Notieren Sie neuen Wortschatz, wie z.B. „der Park“, „das Picknick“, an der Tafel. Lassen Sie die TN nach Foto 5 Vermutungen anstellen, wie die Geschichte weitergehen könnte, bevor Sie die übrigen Fotos zeigen.
2. Die TN lesen die Fragen im Buch und kreuzen ihre Lösungen an.
3. Abschlusskontrolle im Plenum. *Lösung:* a) Ein Picknick. b) Im Park. c) Die Sonne scheint.

2 **Vor dem Hören: Schlüsselwörter verstehen**

1. Fragen Sie die TN: „Wo ist Kohle?“ und „Wo ist Cola?“ Zeigen Sie dabei willkürlich auf verschiedene Fotos. Die TN zeigen die entsprechenden Fotos.
2. Zeigen Sie auf Foto 4 und fragen Sie: „Was macht man mit Grillholzkohle?“ Bringen Sie ggf. Grillkohle mit in den Unterricht. *Lösung:* Kohle: Foto 4; Cola: Foto 6 und 8

3 **Beim ersten Hören**

1. Gehen Sie vor wie auf Seite 12 beschrieben.
2. Geben Sie den TN zusätzlich den Hörauftrag „Was ist das Problem?“ Die TN hören die CD so oft wie nötig. Am Ende sollten sie verstanden haben, dass die Familie die Kohle vergessen hat, Niko aber Cola versteht und statt Kohle Cola mitbringt.

4 **Nach dem ersten Hören: Den wesentlichen Inhalt verstehen**

1. Lesen Sie gemeinsam mit den TN die Fragen und die möglichen Antworten.
2. Die TN bearbeiten die Aufgabe in Stillarbeit.
3. Die TN hören die Foto-Hörgeschichte noch einmal und korrigieren dabei ihre Antworten bzw. kreuzen die noch fehlenden Antworten an.
4. Abschlusskontrolle im Plenum. *Lösung:* b) Salat; c) Apfelsaft; d) Cola; e) Kohle; f) Cola

TIPP In diesem Stadium können Sie die TN schon einmal zu einer schriftlichen Nacherzählung anregen. Deuten Sie noch einmal auf Foto 1 und fragen Sie: „Wann ist das?“ und „Was passiert hier?“ und warten Sie auf Vorschläge der TN. Finden Sie zusammen mit den TN ein paar Sätze, die das erste Foto beschreiben. Die TN schreiben die Geschichte als Hausaufgabe selbstständig weiter. Auf diese Weise üben die TN, sich schriftlich auszudrücken. Sie zeigen, dass sie Inhalte verstanden haben und diese wiedergeben können. Achten Sie bei der Korrektur in erster Linie auf den Inhalt. Der grammatikalisch richtige Ausdruck sollte im Hintergrund stehen.

Wie ist denn das **Wetter**? – Es regnet.

Wortfelder „Wetter und Klima", „Himmelsrichtungen"
Lernziel: Die TN können nach dem Wetter fragen und darüber sprechen.

Materialien
A1 Kopiervorlage L6/A1; leere Kärtchen
A3 Wetterkarte vergrößert auf Folie
A4 Plakat, leere Kärtchen

A1 Präsentation des Wortfelds „Wetter"

1. Zeigen Sie noch einmal auf einige Fotos der Foto-Hörgeschichte und fragen Sie: „Wie ist das Wetter?" Die Antwort „Die Sonne scheint." kennen die TN schon vom Hören bzw. von Aufgabe 1c) der Foto-Hörgeschichte.
2. Zeigen Sie im Buch auf Bild B und wiederholen Sie die Frage „Wie ist das Wetter?". Verweisen Sie auf die richtige Antwort, um die Aufgabenstellung deutlich zu machen.
3. Teilen Sie die TN je nach Kenntnisstand in Gruppen von jeweils drei TN ein. Ungeübtere TN erhalten pro Gruppe einen Kärtchensatz mit den Zeichnungen und Wetterangaben (Kopiervorlage L6/A1) und ordnen sie zu. Diese Arbeitsform kommt vor allem haptischen Lernertypen entgegen. Gehen Sie herum und helfen Sie bei Schwierigkeiten. Bereits geübte TN bearbeiten die Aufgabe im Buch in der Gruppe. Anschließend überlegen sie sich, welche weiteren Wetterangaben man machen kann (Es donnert, blitzt, ...), notieren diese ggf. mithilfe des Wörterbuchs auf den bereitgelegten leeren Kärtchen und malen zu jeder Wetterinformation ein entsprechendes Bild.
4. Abschlusskontrolle im Plenum. Die zweite Gruppe präsentiert außerdem ihre Wetterkärtchen im Plenum und bringt sie im Kursraum an, sodass auch die übrigen TN die neuen Redemittel notieren können.
   Lösung: A Es schneit; C Es ist windig. D Es regnet. E Die Sonne scheint. F Es sind nur 7 Grad. Es ist kalt.

A2 Anwendungsaufgabe zum Wortfeld „Wetter"

1. Die TN lesen die Zitate aus der Foto-Hörgeschichte. Sie hören den Ausschnitt und ordnen das Gespräch.
2. Abschlusskontrolle im Plenum.
3. Lesen Sie das Gespräch nun noch einmal mit den TN und weisen Sie auf den Infospot hin. Fragen Sie nach dem aktuellen Wetter am Kursort: „Wie ist das Wetter heute?"
   Hinweis: Sie können diese Frage an den folgenden Kurstagen immer wieder zu Unterrichtsbeginn stellen. So bleibt der Wortschatz präsent und die TN werden dafür sensibilisiert, dass Smalltalk über das Wetter in Deutschland üblich ist und man so häufig ein Gespräch beginnt.
   Lösung: 2 Nicht so schön. Es regnet. 3 Also kein Picknick heute. Sehr gut! 4 Es regnet gar nicht. Hier guck mal: Die Sonne scheint.

A3 Anwendungsaufgabe: „Wie ist das Wetter?"; Erweiterung: Die Himmelsrichtungen

1. Die TN sehen sich die Wetterkarte an. Fragen Sie: „Welche Länder sehen Sie auf der Karte?" Notieren Sie die Länder ggf. an der Tafel. Auf diese Weise werden bekannte Ländernamen aus Lektion 1 und Lektion 2 wiederholt und die Aufgabe wird vorentlastet.
2. Lesen Sie zusammen mit einem TN das Gespräch vor und deuten Sie dabei auf die Wettersymbole auf der Wetterkarte (Folie). Klären Sie das unbekannte Wort „bewölkt" durch Hinweise auf die Wettersymbole.
3. Verweisen Sie auch auf den Infospot und machen Sie die TN darauf aufmerksam, dass man bei Himmelsrichtungen auf die Frage „Wo?" die Präposition „im" benutzt.
4. Fragen Sie exemplarisch nach dem Wetter in ein paar anderen Ländern und/oder lassen Sie einige TN im Plenum fragen und antworten.
5. Die TN üben in Partnerarbeit weiter. Gehen Sie herum und helfen Sie bei Schwierigkeiten.

Arbeitsbuch 1: in Stillarbeit; **2:** als Hausaufgabe

A4 Aktivität im Kurs: Über das Wetter im Heimatland berichten

1. Teilen Sie den Kurs nach Nationalitäten oder auch Kontinenten in Gruppen ein. Die TN lesen die Beispiele im Buch.
2. Notieren Sie an der Tafel die Fragen „Wie ist das Wetter im Frühling?" usw. Die Gruppen notieren auf den Kärtchen die Temperaturangaben zu den jeweiligen Jahreszeiten.
3. Die TN finden sich in neuen Kleingruppen von 3–4 TN zusammen. Sie fragen und informieren sich gegenseitig über das Wetter in ihren Ländern.
4. Die TN entwerfen ein Klassenplakat mit den Informationen über das Wetter in ihren Ländern, das im Kurs aufgehängt wird.

Arbeitsbuch 3: als Hausaufgabe; **4:** im Kurs: Die TN erstellen sich eine Übersicht der bekannten lokalen und temporalen Präpositionen; **5–8:** als Hausaufgabe

Und wo ist der Salat? Hast du **den** Salat?

Der Akkusativ
Lernziel: Die TN können einfache Gespräche beim Einkauf oder am Imbiss führen.

B1 **Präsentation des Akkusativs (bestimmter Artikel)**

1. Schreiben Sie ein Assoziogramm zum Thema „Picknick“ an die Tafel und fragen Sie: „Was brauchen wir für ein Picknick?“ Die Vorschläge der TN notieren Sie mit, zunächst ohne Artikel. Diese ergänzen Sie anschließend mit den TN. Mit dem Assoziogramm wird der vorhandene Wortschatz zum Thema Lebensmittel aktiviert und der zugehörige Artikel bewusst gemacht.
2. Die TN hören und ergänzen das Gespräch.
3. Abschlusskontrolle im Plenum. *Lösung:* der; den; die
4. Lesen Sie zusammen mit einem TN noch einmal das Gespräch vor und betonen Sie dabei übertrieben den bestimmten Artikel. Schreiben Sie das Gespräch an die Tafel und unterstreichen Sie die bestimmten Artikel. Verwenden Sie dabei für den Nominativ und den Akkusativ unterschiedliche Farben. Verweisen Sie auf den Grammatikspot. Hier sehen die TN deutlich, dass sich nur der maskuline bestimmte Artikel in Nominativ und Akkusativ unterscheidet, die anderen Artikel dagegen gleich bleiben.

! Die Unterscheidung von Nominativ (Subjekt) und Akkusativ (Objekt) kann vor allem jenen TN Schwierigkeiten bereiten, deren Muttersprache diese Unterscheidung formal nicht macht. Ausführliche Erklärungen sind nur dann sinnvoll, wenn Sie sich an kognitive TN wenden. In diesem Fall können Sie Subjekt und Objekt jeweils farblich unterscheiden und auch die Fragen „Wer oder was?“ für das Subjekt und „Wen oder was?“ für das Objekt einführen. Ungeübte Lerner werden durch zu ausführliche Erläuterungen erfahrungsgemäß eher verwirrt. Es empfiehlt sich, den Akkusativ durch ständige Übung und Anwendung zu automatisieren.

TIPP

Führen Sie feste Farben oder Unterstreichungen (geringelte Linie, doppelt unterstrichen ...) für bestimmte Kategorien wie Subjekt, Akkusativ-Objekt, temporale und lokale Angaben ein. Diese sollten Sie bei Tafelschaubildern immer wieder einsetzen und auch die TN daran gewöhnen, sie für ihre Notizen zur Grammatik zu verwenden. Insbesondere wenn in der Muttersprache Ihrer TN keine formalen Unterschiede zwischen Subjekt und Objekten gemacht werden, kann es für die TN hilfreich sein, wenn sie sich durch (farbige) Markierungen die Funktion der Satzglieder immer wieder bewusst machen. Dies gilt z.B. auch für die besondere Verbstellung des Deutschen.

B2 **Variation: Anwendungsaufgabe zum Akkusativ (bestimmter Artikel)**

1. Gehen Sie vor wie auf Seite 14 beschrieben.
2. *fakultativ:* Die TN spielen zur weiteren Übung des Akkusativs Quartett (Kopiervorlage L6/B2). Notieren Sie vorab die für das Spiel notwendigen Fragen und Antworten an der Tafel:

Hast du den/das/die ...?	*Ja, hier bitte.*
	Nein, tut mir leid. Ich habe den/das/die ... nicht.

Machen Sie mit einem TN ein Beispiel, indem Sie fragen: „Hast du den Apfel?“ Der TN antwortet und gibt Ihnen ggf. seine Karte. Die TN spielen zu viert und fragen die Mitspieler nach den fehlenden Karten für ihr Quartett.

B3 **Aktivität im Kurs: Partnergespräch zum Akkusativ (unbestimmter Artikel)**

1. Die TN betrachten die Zeichnung und lesen die Speisekarte. Klären Sie, wenn nötig, unbekannte Wörter und fragen Sie nach dem Artikel der Wörter. Notieren Sie ggf. alle Wörter mit Artikel an der Tafel.
2. Zwei TN lesen das Gespräch vor. Machen Sie die TN auf den Grammatikspot aufmerksam. Analog zum bestimmten Artikel verändert ein maskulines Nomen auch beim unbestimmten Artikel seine Form, wenn es zum Objekt wird.
3. Die TN erfinden in Partnerarbeit eigene Gespräche. Gehen Sie herum und helfen Sie bei Schwierigkeiten.

Arbeitsbuch 9: als Hausaufgabe: Mit dieser Übung können die TN zu Hause nachprüfen, ob sie den Unterschied zwischen Nominativ (Subjekt) und Akkusativ (Objekt) verstanden haben. Vielleicht möchten Sie ja für die zukünftigen Markierungen von Subjekt und Objekt (vgl. Tipp zu B1) die Markierungen aus dem *Schritte plus*-Arbeitsbuch übernehmen?

PHONETIK **Arbeitsbuch 10:** im Kurs: Üben Sie mit den TN den Satzakzent. Die TN hören Übung a) und sprechen die Mini-Gespräche in Partnerarbeit. Lassen Sie ein paar TN auch exemplarisch im Plenum nachsprechen. Die TN sprechen mithilfe der angegebenen Wörter weitere Gespräche in Partnerarbeit. Wenn die TN mit dem Erkennen des Satzakzents und des Wortakzents noch Schwierigkeiten haben, sollten Sie sie die Mini-Gespräche zuerst schreiben und die Akzente markieren lassen, bevor die TN sie auch sprechen. Regen Sie die TN dazu an, die Übungen auch zu Hause noch einmal zu machen.

Arbeitsbuch 11–13: als Hausaufgabe; **14:** im Kurs

Und wo ist der Salat? Hast du **den** Salat?

Der Akkusativ

Lernziel: Die TN können einfache Gespräche beim Einkauf oder am Imbiss führen.

B4 **Aktivität im Kurs: Wer macht was?**

1. Machen Sie wie in B1 ein Assoziogramm an der Tafel, diesmal zu „Grillparty", und fragen Sie: „Was brauchen wir?"
2. Die TN finden sich zu Kleingruppen von 3–4 TN zusammen und schreiben mithilfe der Stichwörter an der Tafel eine Einkaufsliste. Das ist den TN schon aus Lektion 3 bekannt.
3. Lesen Sie mit den TN die Beispiele im Buch. Die TN entscheiden in ihrer Gruppe, wer was kauft.

TIPP Sollte das Wetter gerade passend sein, planen Sie doch wirklich einmal ein Grillfest mit Ihren TN. Die TN könnten die Lebensmittel selbst mitbringen, wobei jeder das kauft, was in der Gruppe beschlossen wurde.

C1 **Variation: Präsentation der Antwort mit *doch***

1. Machen Sie die TN auf die Zeichnungen aufmerksam, da hier die Varianten in Form von Zeichnungen gegeben sind. Die TN müssen also die passenden Wörter selbst finden.
   Variante: Wenn Sie sichergehen wollen, dass allen TN der benötigte Wortschatz präsent ist, klären Sie die Wörter vorab und fragen Sie die TN auch nach dem bestimmten Artikel.
2. Gehen Sie weiter vor wie auf Seite 14 beschrieben.
3. Verweisen Sie auf den Grammatikspot und stellen Sie den TN weitere Fragen, z.B. „Haben Sie das Kursbuch heute nicht dabei?" Betonen Sie dabei besonders die Negation und machen Sie ein verwundertes Gesicht, um zu verdeutlichen, dass negative Fragen häufig mit Erstaunen vorgebracht werden. TN, die dieses Prinzip aus ihrer Sprache kennen (z.B. Französisch), werden damit keine Schwierigkeiten haben.

Arbeitsbuch 15–16: als Hausaufgabe

C2 **Anwendungsaufgabe zu negativen Fragen**

1. Sammeln Sie mit den TN an der Tafel, was sie normalerweise für den Deutschunterricht brauchen und was sie darüber hinaus noch meistens dabeihaben.
2. Die TN lesen das Beispiel im Buch. Sie gehen im Kursraum umher und befragen verschiedene Partner nach den Begriffen an der Tafel. Spielen Sie selbst auch mit, so können Sie diskret kontrollieren, ob die TN auch ausschließlich negative Fragen formulieren, und Fehler korrigieren.

C3 **Erweiterung: Negative Fragen mit dem Negativartikel *kein***

1. Die TN haben bisher negative Fragen mit „nicht" gestellt. Das Prinzip gilt natürlich auch für den Negativartikel *kein*. Spielen Sie Gespräch a) vor. Die TN ergänzen die Lücken.
2. Abschlusskontrolle im Plenum. *Lösung:* a) einen, keinen, einen
3. Die TN ergänzen die Gespräche b) und c).
4. Spielen Sie die CD vor. Die TN kontrollieren sich selbstständig.
   Lösung: b) eine, Ja, eine, keine, Doch, eine; c) Ja, ein, kein, Doch, ein
5. Weisen Sie auf den Grammatikspot hin und notieren Sie die Frage, wenn nötig, auch noch einmal mit „einen" an die Tafel. Ergänzen Sie dazu die möglichen Antworten „Ja" und Nein".

C4 **Aktivität im Kurs: Partnerspiel**

1. Die TN lesen den „Notizzettel" im Buch. Sie schreiben fünf Interviewfragen auf einen Zettel. Gehen Sie herum und achten Sie darauf, dass die TN keine W-Fragen notieren.
2. Die TN lesen die Beispiel-Gespräche im Buch. Lassen Sie die TN diese auch vorlesen und achten Sie darauf, dass besonders die Rückfragen und die zweite Antwort betont werden.
3. Die TN stellen der Partnerin / dem Partner ihre Interviewfragen und tun dabei so, als ob sie nicht alles verstehen würden. Wer Lust hat, kann sein Interview auch im Plenum vortragen.

Arbeitsbuch 17–20: als Hausaufgabe

Freizeit und Hobbys

Wortfeld „Freizeitaktivitäten und Hobbys"
Lernziel: Die TN können über Freizeitaktivitäten sprechen. Sie können einfache (Kontakt-)Anzeigen verstehen und Angaben zu ihrer Person machen.

Materialien
D3 Kopiervorlage L6/D3
D4 Kopiervorlage L6/D4

D1 **Präsentation des Wortfelds „Freizeitaktivitäten und Hobbys"**

1. Die Bücher bleiben geschlossen. Schreiben Sie die Verben aus D1 an die Tafel. Fragen Sie die TN, welche Verben sie verstehen. Einige TN erklären den anderen TN die Aktivitäten pantomimisch.
2. Die TN öffnen ihr Buch und ordnen die Verben dem jeweils passenden Foto zu. Gehen Sie herum und helfen Sie bei Bedarf.
3. Abschlusskontrolle im Plenum. *Lösung:* C tanzen; D schwimmen; E Fahrrad fahren; F Freunde treffen; G grillen; H Briefe schreiben
4. Erweitern Sie das Wortfeld mit den TN nach Bedarf.

PHONETIK **Arbeitsbuch 21:** im Kurs: In unbetonten Silben ist das kurze „e" im Deutschen stumm. Führen Sie das den TN mit dieser Übung vor Augen: Die TN hören und sprechen nach.

D2 **Anwendungsaufgabe: Über Hobbys sprechen**

1. Die TN lesen in Partnerarbeit das Beispiel. Verweisen Sie auf die besonderen Formen von „lesen", „treffen", „fahren", „schlafen". Andere Verben mit Vokalwechsel wie „fernsehen" sind den TN bereits bekannt.
2. Fragen Sie einige TN exemplarisch nach ihren Hobbys. Die TN antworten mithilfe der Redemittel im Buch.
3. Die TN befragen sich gegenseitig nach ihren Hobbys.

D3 **Leseverstehen: Informationen zu Freizeitaktivitäten**

1. Bitten Sie die TN, jeweils einen Text zu lesen: Eher ungeübte TN lesen den Text von Emmanuel, bereits geübte TN den von Christian und die schnellsten TN den von Ratha. Alle TN markieren wesentliche Informationen zu den Personen in ihrem Text. Es sollte für alle klar werden, dass es sich um Anzeigentexte handelt und die Personen Brieffreunde suchen.
2. Die TN notieren die Informationen schriftlich.
3. Ein TN liest die Anzeige von Emmanuel vor und gibt die Informationen aus dem Text mündlich wieder. Mit den beiden anderen Anzeigen verfahren Sie ebenso.
4. Zum Abschluss des Themas Hobby und Freizeit können Sie mit Ihren TN Pantomime spielen. Kopieren Sie dazu die Vorlage L6/D3. Machen Sie zunächst selbst ein Beispiel, indem Sie mit den Händen Schwimmbewegungen machen. Die TN raten, um welche Aktivität es sich handelt. Zur Kontrolle zeigen Sie Ihre Bildkarte „schwimmen". Teilen Sie den Kurs in zwei Gruppen. Jeder TN erhält eine Bildkarte mit der Vorgabe, sie niemandem zu zeigen. Errät die eigene Gruppe das Verb, erhält sie einen Punkt. Errät niemand in der eigenen Gruppe die korrekte Bedeutung, darf die andere Gruppe raten. Für die richtige Lösung bekommt sie einen halben Punkt. Verrät sich der Spieler, indem er das Verb ausplaudert oder seine Karte zeigt, wird der Gruppe ein Punkt abgezogen. Die Gruppe mit den meisten Punkten gewinnt und erhält einen kleinen Preis. Notieren Sie den Punktestand an der Tafel mit! Das erhöht die Spannung und vermeidet Unstimmigkeiten am Ende.

Arbeitsbuch 22–24: in Stillarbeit oder als Hausaufgabe

D4 **Eine Kontaktanzeige schreiben**

1. Zerschneiden Sie die Kopiervorlage L6/D4 so, dass schwächere TN die Vorlage für einen Steckbrief erhalten, geübte TN die Vorlage für einen Zeitungsartikel und sehr schnelle TN die Vorlage für einen Brief. Die TN schreiben eine Anzeige in Stillarbeit für sich.
   Variante: Die TN formulieren ohne Hilfe der Kopiervorlage einen Anzeigentext. Sie entscheiden selbst, ob sie einen Brief (vgl. Ratha) oder einen Steckbrief (vgl. Emmanuel) schreiben möchten.
2. Einige TN präsentieren ihren Anzeigentext im Plenum. Korrigieren Sie während der Präsentation nach Möglichkeit nicht. Hier geht es vor allem um die Verwendung der neuen Redemittel. Zur Fehlerkorrektur können Sie die Texte einsammeln und am nächsten Kurstag zurückgeben.
3. TN, die besonders schnell mit ihrer Anzeige fertig sind, tauschen ihre Anzeige mit einem anderen TN, der ebenfalls schon fertig ist. Beide schreiben eine Antwort auf die Anzeige des anderen.

LERN TAGEBUCH **Arbeitsbuch 25:** Hier lernen die TN, sich die unregelmäßigen Formen der starken Verben übersichtlich zu notieren. Weisen Sie hierbei insbesondere auf die Markierung des Vokalwechsels hin. Zur besseren Unterscheidung der drei Typen von Vokalwechsel (e > i; e > ie; a > ä) empfiehlt es sich, unterschiedliche Farben zur Hervorhebung zu benutzen. Das Verb „arbeiten" ist zwar ein schwaches Verb, braucht aber in der 2. und 3. Person Singular ein zusätzliches -e wegen des Auslauts auf -t. Dadurch weicht es von der regelmäßigen Konjugation etwas ab und ist deshalb hier aufgenommen. Zusätzlich sollten sich die TN einen Beispielsatz notieren.

Arbeitsbuch 26: in Stillarbeit

PRÜFUNG **Arbeitsbuch 27:** im Kurs: Die Übung bereitet auf die Anforderungen des Prüfungsteils Lesen, Teil 1, der Prüfung *Start Deutsch 1* sowie des Prüfungsteils Lesen, Teil 3, des *Deutsch-Tests für Zuwanderer* vor.

Wetter

Lernziel: Die TN können den Wetterbericht im Radio, in Zeitungsmeldungen oder im Internet verstehen.

E1 **Hörverstehen: Wettermeldungen und Wettervorhersagen im Radio**

1. Die TN lesen die Fragen sowie die möglichen Antworten in Stillarbeit.
2. Die TN hören die Wettermeldungen (a und c) und die Wettervorhersage (b) aus dem Radio so oft wie nötig und kreuzen ihre Lösungen an.
3. Abschlusskontrolle im Plenum. *Lösung:* a) In Passau. b) Die Sonne scheint. c) 8 bis 12 Grad.

E2 **Leseverstehen 1: Wettermeldungen in der Zeitung oder im Internet**

1. Die TN finden sich in Kleingruppen zu 3–4 TN zusammen. Kopieren Sie die Texte einzeln auf DIN A4, sodass jede Gruppe nur einen Text vor sich hat. Die TN lesen den Text in der Gruppe gemeinsam und markieren alle Wörter, die sie kennen.
2. Stellen Sie zu den Texten Fragen: „Wie ist das Wetter heute?", „Wie ist das Wetter am Freitag?" usw. Die TN sollten mithilfe der ihnen bekannten Wörter über das Wetter Auskunft geben können, auch wenn sie die Texte nicht bis ins Detail verstanden haben. Betonen Sie, dass es nicht darauf ankommt, jedes einzelne Wort zu verstehen, und verzichten Sie daher auch auf die Erklärung unbekannter Wörter.

E3 **Leseverstehen 2: Kernaussagen verstehen**

1. Lesen Sie gemeinsam mit den TN das erste Beispiel und fragen Sie: „Ist das richtig oder falsch?" Warten Sie die Antwort der TN ab und fragen Sie dann: „Warum ist das richtig?", „Wo steht das?" Die TN zeigen auf Text A bzw. lesen den Satz „Am Freitag ist es sonnig." vor.
2. Ein TN liest den Satz „Der Wind ist stark." vor und findet in Text A die Formulierung „Es ist nicht mehr so windig."
3. Die TN lösen die übrigen Beispiele in Stillarbeit.
4. Abschlusskontrolle im Plenum. Lassen Sie sich dabei die Passagen vorlesen, die zeigen, warum eine Aussage richtig bzw. falsch ist. *Lösung:* A falsch; B falsch, richtig; C falsch, falsch; D richtig, richtig
5. Schnelle TN schreiben auf, wie das Wetter aktuell am Kursort ist und wie es am nächsten Tag wird. Natürlich dürfen sie auch etwas frei erfinden, wenn sie noch nichts über das Wetter in den kommenden Tagen gehört haben.

TIPP

Sie können die TN bitten, zu Hause Wetterberichte oder Wettervorhersagen aus der Zeitung bzw. aus dem Internet herauszusuchen und zu versuchen, diese ohne Wörterbuch zu verstehen. Die TN können ihre Texte in den Unterricht mitbringen und über das Wetter berichten. Es steigert die Motivation der TN, wenn sie feststellen, dass sie bereits authentische Texte verstehen können und dass es nicht immer notwendig ist, jede Einzelheit zu verstehen. Die TN können auch zu Hause einmal den Wetterbericht im Radio anhören und in der nächsten Unterrichtsstunde berichten, was sie verstanden haben.

Einen Test zu Lektion 6 finden Sie auf den Seiten 148–149. Weisen Sie die TN auf die interaktiven Übungen auf ihrer Arbeitsbuch-CD hin. Die TN können mit diesen Übungen den Stoff der Lektion selbstständig wiederholen und sich ggf. auch auf den Test vorbereiten. Wenn Sie mit den TN den Stoff von Lektion 5 und Lektion 6 wiederholen möchten, verteilen Sie die Kopiervorlagen „Wiederholung zu Lektion 5 und 6" (Seiten 132–134).

Zwischenspiel 6
Allein? ... Verein!

Hörverstehen: Ein einfaches Lied singen

Materialien
1 Kopiervorlage „Zwischenspiel zu Lektion 6"

1 **Leseverstehen: Was ist ein Verein?**

1. Die TN sehen sich das Foto an. Fragen Sie: „Was machen die Leute?" Sicher ist dem einen oder anderen das Wort „singen" schon bekannt.
2. Verteilen Sie die Kopiervorlage „Zwischenspiel zu Lektion 6". Die TN lesen den Text auf Seite 70 und lösen Übung 1 in Stillarbeit.
3. Abschlusskontrolle im Plenum. *Lösung:* richtig: Im Verein finde ich Freunde. Im Verein mache ich mein Hobby zusammen mit anderen.
4. Die TN bearbeiten Übung 2 der Kopiervorlage, um sich den Zusammenhang von Aktivitäten und bestimmten Vereinen bewusst zu machen.
5. Abschlusskontrolle im Plenum. Erläutern Sie, wenn nötig, dass im Sportverein viele verschiedene Sportarten angeboten werden, von Leichtathletik bis Handball und Turnen.
   Lösung: a) Musikverein; b) Fußballverein; c) Schachclub; d) Gesangsverein; e) Tanzclub; f) Sportverein
6. Bilden Sie mit TN, die keine über den Kurs hinausgehenden Deutschkenntnisse haben, einen Kreis. Fragen Sie: „Was meinen Sie? Für welche Hobbys gibt es auch Vereine?" Es genügt, wenn die TN ihnen bekannte Aktivitäten nennen. Helfen Sie mit den Namen für die Vereine, z.B. „schwimmen" = Schwimmverein, „lesen" = Bücherclub usw. Fortgeschrittenere TN bilden einen eigenen Kreis und sammeln – bei Bedarf auch mithilfe des Wörterbuchs – weitere Vereine. Sie erklären sich gegenseitig, was man in diesen Vereinen machen kann. Fünf Minuten genügen für diese Aufgabe, die TN sollen nur ein paar erste Ideen sammeln.
7. Die TN lesen das Beispiel der Aufgabe b) im Buch. Die TN sagen, was sie gern machen und welcher Verein daher interessant sein könnte.
   Variante: In Frauen- und Elternkursen kommt es vor, dass den TN ihr Bedürfnis nach individueller Freizeit oder Hobbys gar nicht bekannt ist. Forschen Sie nach den Vorlieben der TN, das kann auch Kochen oder einfach Nachbarinnen treffen sein. Viele Frauen können nicht Fahrrad fahren oder schwimmen, möchten es aber lernen. Das Thema „Verein" ist dann sekundär. Fragen Sie nach Kursen, die die TN gern machen würden, z.B. „Ich koche gern. Ein Kochkurs ist interessant." oder „Ich möchte schwimmen lernen. Ein Schwimmkurs ist interessant."
8. *fakultativ:* In Kursen mit TN, die Computerkenntnisse haben, können die TN als Hausaufgabe eine Internetrecherche durchführen und Adressen von Vereinen an ihrem Wohnort sammeln. Diese Adressen sollten sie in der folgenden Unterrichtsstunde präsentieren.

2 **Ein Lied singen**

1. Die TN hören das Lied mit geschlossenen Büchern, damit sie sich ganz auf das Zuhören und Verstehen konzentrieren können.
2. Fragen Sie, welche Wörter die TN gehört haben, und sammeln sie.
3. Die TN hören das Lied noch einmal und lesen mit. Wer Lust hat, singt mit.

TIPP
In vielen Kulturen „ziert" man sich nicht so wie bei uns, wenn es um das Singen vor Publikum geht. Im Gegenteil: Singen gehört für viele – wie auch Tanzen – dazu. Bitten Sie die TN doch einmal, ihre Lieblingslieder aus ihrer Heimat vorzusingen oder etwas vorzutanzen. Einige sind sicher bereit dazu und die anderen lassen sich zum Mitklatschen oder Mittanzen animieren. Weitere Tipps zum Umgang mit Liedern im Unterricht finden Sie in diesem Lehrerhandbuch auf Seite 31 (Lektion 1).

Fokus Beruf 6

Schriftliche Arbeitsaufträge verstehen

Die TN können das Wesentliche ganz einfacher schriftlicher Arbeitsaufträge verstehen, z.B. auf Laufzetteln oder Notizzetteln.

Da dieser Fokus möglicherweise nur für einen Teil der TN von Interesse ist, können die Übungen auch als Hausaufgabe gegeben werden, sofern die TN über die Arbeitsbuch-CD verfügen.

1 **Leseverstehen: Wesentliche Informationen verstehen**

1. Geben Sie ein bisschen Zeit, damit die TN sich den Laufzettel zunächst einmal ansehen und sich orientieren können.
2. Erklären Sie die Tätigkeiten mithilfe der Zeichnungen in Teil e) der Übung.
3. Ein TN liest Aufgabe a) vor. Die TN suchen die Antwort im Laufzettel und kreuzen ihre Lösung an. Fragen Sie sofort nach der korrekten Lösung. *Lösung:* SauberMax GmbH
4. Verfahren Sie mit den Aufgabenteilen b) bis e) genauso.
   Lösung: b) Dienstag; c) In der Städtischen Grundschule an der Eppsteinstraße; d) In den Klassenzimmern, Im Lehrerzimmer, Im Sekretariat, In den Fluren und Toiletten; e) Den Boden wischen, Die Toiletten und Waschbecken putzen, Die Papierkörbe leeren

2 **Hörverstehen: Wesentliche Informationen verstehen**

1. Die TN hören den Text so oft wie nötig und markieren auf dem Laufzettel, was Anja heute alles macht.
   Lösung: Papierkörbe leeren; In den Klassenzimmern und Toiletten die Waschbecken putzen; Die Toiletten putzen; Im Büro des Direktors staubsaugen.
2. Fragen Sie, welcher Tag „heute" für Anja ist. *Lösung:* Montag

PROJEKT

1. Bitten Sie berufstätige TN, schriftliche Arbeitsaufträge aus ihrer Firma mitzubringen, sofern vorhanden. Oder organisieren Sie selbst von Bekannten, die z.B. in einem Krankenhaus oder Pflegeheim arbeiten, solche Laufzettel.
2. Die TN stellen in Gruppen ihre Arbeitsaufträge vor und erklären, was genau sie machen müssen. Gehen Sie herum und helfen Sie mit Vokabeln aus.
   Variante: Wenn die TN keine eigenen Arbeitsaufträge mitbringen konnten, lesen sie gemeinsam die von Ihnen mitgebrachten Laufzettel. Stellen Sie mündlich Verständnisfragen dazu, so wie in Übung 1 des Arbeitsbuches.

Fokus Alltag 6

Anweisungen im Internet verstehen

Die TN können für sie wichtige und vertraute Suchbefehle in Suchmaschinen des Internets eingeben und einfache Anweisungen verstehen.

Materialien
1 Folie der Übung

1 **Leseverstehen: Anweisungen im Internet verstehen**

1. Die TN lesen zuerst die Situation. Stellen Sie Verständnisfragen dazu, z.B.: „Wo wohnt Monir? Wo wohnt sein Bruder?“ oder „Hat Monir ein Auto?“
2. Legen Sie eine Folie der Übung auf. Zeigen Sie auf das Eingabefeld „nach“ und fragen Sie: „Was schreibt Monir“? *Lösung:* Dortmund
3. Zeigen Sie auf die Tage und fragen Sie: „Was klickt Monir an?“ *Lösung:* Am Samstag, 10.10.
4. Gehen Sie bei Übung b) und c) genauso vor. Helfen Sie bei Wortschatzfragen. *Lösung:* b) Kontaktieren; c) Absenden

2 **Internetrecherche**

1. Bitten Sie die TN, als Hausaufgabe in eine Suchmaschine „mitfahren“ oder „Mitfahrservice“ einzugeben. Es gibt sehr viele Mitfahrdienste in Deutschland. Die TN nennen in der folgenden Unterrichtsstunde einige Internetadressen, die sie gefunden haben.
2. Fragen Sie die TN, ob sie jemanden mitnehmen oder bei einer anderen Person mitfahren würden.

1 **Vor dem Hören: Kerninformationen vorentlasten**

1. Die TN sehen sich in Gruppen zu je drei Personen die Fotos an und stellen Vermutungen darüber an, wer was sagt. In der Tabelle kreuzen sie die entsprechende Person an.
2. Vergleichen Sie die Ergebnisse im Plenum.

! Akzeptieren Sie zunächst auch andere Lösungsvorschläge der TN. Es geht hier um Hypothesen. Die TN können nach dem Hören ihre Lösungen überprüfen und ggf. korrigieren.
Lösung: Sara: Ich habe Fieber. Bruno: Sara ist krank. Bruno: Ich will die Lehrerin anrufen. Tina: Ihr schreibt heute ein Diktat. Sara: Ich will nicht in die Schule gehen.

3. Die TN sehen sich in ihrer Gruppe noch einmal die Fotos an und überlegen zu jedem Foto, was die einzelnen Personen noch sagen könnten. Die Zitate können ihnen dabei helfen, die Geschichte zu rekonstruieren.
4. *fakultativ:* Wenn die TN Lust haben, können sie ihre Geschichte im Plenum vorspielen.
Variante: Wenn Ihre TN bereits sehr viel Wortschatz ungesteuert erworben haben, können sie sich zuerst in Kleingruppen eine eigene Geschichte zu den Bildern ausdenken und im Anschluss Aufgabe 1 bearbeiten.

2 **Beim ersten Hören**

1. Die TN hören die Foto-Hörgeschichte so oft wie nötig und korrigieren während des Hörens selbstständig ihre Lösungen aus Aufgabe 1. Legen Sie zur Abschlusskontrolle eine Folie mit den Lösungen auf.
2. Die TN setzen sich wiederum in ihren Gruppen zusammen und versuchen, die tatsächliche Geschichte nachzuerzählen.
3. *fakultativ:* Wenn die TN Lust haben, können sie auch diese Geschichte mit verteilten Rollen im Plenum vorlesen oder vorspielen. Weitere Möglichkeiten zum Umgang mit der Foto-Hörgeschichte finden Sie ab Seite 12.

3 **Nach dem ersten Hören: Die Geschichte zusammenfassen**

1. Ein TN liest den Satz mit der Nummer Eins (Sara sagt: Ich habe Fieber.) vor. Fragen Sie: „Wie geht die Geschichte weiter?" oder „Was passiert dann?"
2. Lösen Sie zusammen mit den TN das nächste Beispiel. Verweisen Sie auf die Fotos, die den TN dabei helfen, die richtige Reihenfolge zu finden.
3. Die TN nummerieren die übrigen Sätze in Stillarbeit. Wer fertig ist, vergleicht sein Ergebnis mit der Partnerin / dem Partner.
4. Anschließend hören die TN die Foto-Hörgeschichte noch einmal, wenn nötig auch mehrfach, und korrigieren sich selbstständig.
Lösung: 2 Bruno will Frau Müller, die Lehrerin, anrufen. 3 Tina sagt: Sara, du hast kein Fieber! 4 Sara geht in die Schule. 5 Sara kommt nach Hause. Sie hat kein Diktat geschrieben.

Ich **kann** heute nicht in die Schule gehen.

Das Modalverb *können*

Lernziel: Die TN können über ihre Fähigkeiten sprechen.

Materialien
A1 sechs Kärtchen mit Personalpronomen *ich, du, ...*
A3 Tabelle auf Folie; Kopiervorlage L7/A3

A1 **Präsentation des Modalverbs *können***

1. Lesen Sie gemeinsam mit den TN Beispiel a).
2. Die TN lösen die übrigen Beispiele in Stillarbeit und überprüfen ihr Ergebnis mithilfe der CD.
   Lösung: b) Sara hat Fieber. – Sie kann heute nicht in die Schule gehen. c) Du hast kein Fieber. – Du kannst in die Schule gehen.
3. Lesen Sie die Sätze mit dem Modalverb *können* noch einmal vor und verweisen Sie auf den Grammatikspot, insbesondere auf den Vokalwechsel in den Singularformen sowie auf die fehlende Personalendung in der 1. und 3. Person Singular – einem Charakteristikum der Modalverben.
4. *fakultativ:* Üben Sie mit den TN die Formen von *können,* indem Sie in willkürlicher Reihenfolge Kärtchen mit den Personalpronomen zeigen. Die TN bilden jeweils die dazugehörige Form von *können*. Diese Übung kann später mit den anderen Modalverben wiederholt werden und eignet sich auch gut zum Warming-up zu Beginn einer Stunde.

A2 **Variation: Anwendungsaufgabe zum Modalverb *können*; Erweiterung: Die Satzklammer beim Modalverb**

1. Gehen Sie vor wie auf Seite 14 beschrieben.
2. Lassen Sie die TN die Varianten noch einmal wiederholen und notieren Sie einige Beispiele an der Tafel mit. Fragen Sie: „Wo steht ‚können' im Satz?", „Wo steht ‚einkaufen'"?

Position 2	Ende	Position 1	Ende
Ich **kann** nicht	**einkaufen.**	**Kannst** du im Supermarkt	**einkaufen?**
Ich **kann** nicht mit Jonas zum Arzt	**gehen.**	**Kannst** du mit Jonas zum Arzt	**gehen?**

3. Verweisen Sie auch auf den Grammatikspot. Machen Sie die TN auf die Satzklammer im Aussagesatz und in der Ja-/Nein-Frage aufmerksam. Verdeutlichen Sie anhand eines Beispiels an der Tafel, dass die Verbklammer beliebig erweitert werden kann, sich die Position von Modalverb und Infinitiv aber nicht ändert. Ergänzen Sie z.B. den Satz „Ich kann nicht einkaufen." schrittweise, bis Sie den komplexen Satz „Ich kann heute leider nicht im Supermarkt einkaufen." erhalten.

Arbeitsbuch 1–2: in Stillarbeit; **3–5:** in Stillarbeit oder als Hausaufgabe

PHONETIK **Arbeitsbuch 6–7:** im Kurs: Der Laut [ʃ] wird im Deutschen stimmlos gesprochen, im Gegensatz zu einigen anderen Sprachen, die auch oder nur die stimmhafte Variante kennen. Der Laut wird als „sch" verschriftlicht. Die TN kennen schon viele Wörter mit „sch", sammeln Sie mit ihnen einige an der Tafel (z.B. Waschmaschine, Fisch, Schule). Spielen Sie mit den TN Dampflokomotive: „Sch, sch, sch ..." Der Laut muss hart und mit Druck kommen. Die TN lesen auch ihre Wörter an der Tafel. Sie öffnen ihr Buch, hören die CD zu Übung 6 und sprechen nach. Dann markieren sie, wo sie überall „sch" hören. Kontrollieren Sie im Plenum und machen Sie die TN darauf aufmerksam, dass die Buchstabenkombinationen „sp" und „st" am Wort- oder Silbenanfang „schp" und „scht" ausgesprochen werden. Die TN hören Übung 7 und ergänzen „sch" bzw. „s".

TIPP Sie können die TN durchaus immer mal wieder auffordern, einige Sätze in ihre Muttersprache zu übersetzen (vgl. Arbeitsbuch Seite 152). Dieser kontrastive Vergleich hilft insbesondere kognitiven Lernern, sich neue Strukturen im Deutschen bewusst zu machen und dadurch besser einzuprägen. Dies gilt nicht nur für Gemeinsamkeiten mit der Muttersprache, sondern auch für Unterschiede.

A3/A4 **Aktivität im Kurs: Sich über persönliche Fähigkeiten austauschen**

1. Sehen Sie zusammen mit den TN die Tabelle auf der Folie an und fragen Sie: „Was können Sie gut?" Erweitern Sie die Tabelle auf Zuruf um ein paar weitere Aktivitäten.
2. Die TN finden sich in Gruppen von 5–6 TN zusammen und erstellen nach dem Muster im Buch eine eigene Liste. Gehen Sie herum und helfen Sie bei Wortschatzfragen.
3. Die TN befragen sich in der Gruppe, wie gut sie etwas können, und tragen die Antworten in der Tabelle ein.
   Variante: In Kursen mit weniger geübten TN können Sie als Strukturierungshilfe die Kopiervorlage L7/A3 nutzen.
4. Die Gruppen berichten im Plenum über die TN aus der Gruppe. Achten Sie darauf, dass jeder aus der Gruppe einmal spricht und eine andere Person vorstellt.

Ich **will** aber nicht in die Schule **gehen**.

Das Modalverb *wollen*

Lernziel: Die TN können über Absichten sprechen und ihren Willen äußern.

B1 **Präsentation des Modalverbs *wollen***

1. Erinnern Sie die TN an die Foto-Hörgeschichte. Die TN sehen die Fotos an und ordnen jedem Foto das passende Zitat zu.
2. Abschlusskontrolle im Plenum.
   Lösung: A Dann lernen wir beim Frühstück noch ein bisschen, ja? ...; B Ich will aber nicht in die Schule gehen. C Warum willst du Frau Müller anrufen?
3. Verweisen Sie auf den Grammatikspot, insbesondere auf den Vokalwechsel in den Singularformen sowie auf die fehlende Personalendung in der 1. und 3. Person Singular – einem Charakteristikum der Modalverben.
4. Üben Sie die Formen von *wollen* mit Kärtchen wie bei *können* (siehe Seite 84).

B2 **Anwendungsaufgabe zum Modalverb *wollen***

1. Die TN sehen sich die Zeichnung an. Fragen Sie „Wo ist das?" (In der Schule.)
2. Die TN beschreiben, was die Schüler gerade machen. Helfen Sie nicht mit Wortschatz, sondern greifen Sie auf das Vorwissen der TN zurück. Erst wenn die TN nichts mehr sagen können, lesen Sie gemeinsam mit den TN den nebenstehenden „Zettel" mit den Wahlkursen und erklären Sie unbekannte Wörter.
3. Weisen Sie auf den Grammatikspot hin und erklären Sie, dass das Phänomen der Satz- oder Verbklammer, das die TN schon bei *können* kennengelernt haben, auch für *wollen* gilt.
4. Die TN lesen das Beispiel und sprechen in Partnerarbeit darüber, welcher Kurs für wen passt.
5. Die TN vergleichen im Plenum, ob alle dieselben Kurse für die Schüler gewählt haben oder ob es Unterschiede gibt.

Arbeitsbuch 8–11: in Stillarbeit oder in Partnerarbeit

B3 **Aktivität im Kurs: Lebende Sätze**

1. Die TN sehen sich die Beispiele im Buch an und schreiben anschließend in Kleingruppen eigene Sätze auf große Papierstreifen. Bevor die TN die Sätze in einzelne Wörter zerschneiden, sollten Sie sie korrigieren. Erinnern Sie die TN daran, auch Satzzeichen zu notieren.
   Variante: Wenn die TN Anregungen brauchen oder Sie wenig Zeit im Kurs haben, verteilen Sie die Kopiervorlage L7/B3.
2. Mischen Sie alle Wortschnipsel und verteilen Sie an jeden TN einen Wortschnipsel. Die TN versuchen, ihre Partner zu finden und mit diesen den Satz wieder zusammenzusetzen; sie stellen sich dann in der richtigen Reihenfolge und mit dem korrekten Satzzeichen auf. Die entstandene Gruppe bildet einen „lebenden Satz". Haben Sie mehr TN als Wortkarten, können die übrigen TN als Co-Lehrer fungieren und die „lebenden Sätze" ggf. korrigieren und die korrekten Sätze dann abschließend an die Tafel schreiben.
3. *fakultativ:* Bitten Sie die TN anschließend, ihre Position so zu verändern, dass aus den Fragen Aussagesätze werden und umgekehrt. Durch dieses Umstellen wird noch einmal deutlich, dass sich zwar die Position des Modalverbs verändert, die des Infinitivs jedoch gleich bleibt.

Du **hast** gestern nichts **gelernt.**

Das Perfekt mit *haben*

Lernziel: Die TN können über Ereignisse und Tagesabläufe in der Vergangenheit sprechen.

Materialien
C3 Verbkärtchen, zwei leere Pappkartons, Papiertüten o. Ä.
C5 Kopiervorlage L7/C5

C1 **Präsentation des Perfekts mit *haben***

1. Die TN sehen sich noch einmal die Fotos aus der Foto-Hörgeschichte an und hören dazu vier Zitate.
2. Die TN ergänzen in Stillarbeit die Lücken. Einige TN erkennen vielleicht schon, zu welchem bereits bekannten Verb die Formen gehören. Notieren Sie in diesem Fall Infinitiv und Partizip II an der Tafel.
3. Abschlusskontrolle im Plenum. *Lösung:* gesehen – gelernt – geschrieben

C2 **Systematisierung: Bildung des Perfekts**

1. Lesen Sie zusammen mit den TN das angegebene Beispiel und fragen Sie noch einmal nach der zugehörigen Zeichnung. Fragen Sie: „Was passiert hier jetzt?" (Der Junge steht auf.) und „Was hat er gemacht?". Lösen Sie die Aufgabe mit den TN gemeinsam. *Lösung:* A Der Junge lernt Englisch. B Das Mädchen hat einen Brief geschrieben. C Das Mädchen schreibt einen Brief.
2. Anhand der Zeichnungen und Sätze soll deutlich werden, dass Ereignisse in der Gegenwart und der Vergangenheit durch verschiedene Formen ausgedrückt werden. Verweisen Sie auf die Kalenderblätter und die Bedeutung von „heute" und „gestern".

heute	gestern
Ich [lerne] Englisch.	Gestern [habe] ich Englisch [gelernt].

3. Notieren Sie auch die Beispiele des Grammatikspots an der Tafel und präsentieren Sie den TN das Präfix „ge-" als typisches Signal für die Vergangenheit. Machen Sie die TN darauf aufmerksam, dass sie, um über Vergangenes sprechen zu können, zwei „Teile" brauchen: eine Form von *haben* und das sogenannte Partizip II des Verbs.

C3 **Systematisierung: Partizip II**

1. Sicher ist den TN bereits in C2 aufgefallen, dass die Partizipien „gelern**t**" und „geschrieb**en**" unterschiedliche Endungen haben. Bringen Sie nach Möglichkeit zwei leere Pappkartons oder Papiertüten mit in den Unterricht und beschriften Sie sie mit den Endungen *-en* bzw. *-(e)t.* Schreiben Sie die im Buch angegebenen Partizipien sowie einige weitere zu regelmäßigen Verben, die den TN bereits bekannt sind, auf Kärtchen und verteilen Sie sie. Jeder TN darf eines in den richtigen Karton legen.
2. Ziehen Sie dann alle abgelegten Karten nacheinander aus den beiden Kartons und fragen Sie die TN, zu welchem Wort die Form gehört. Die Infinitive schreiben Sie auf Zuruf in zwei Spalten an die Tafel. Die TN bilden noch einmal mündlich das Partizip II dazu. Weisen Sie sie darauf hin, dass die regelmäßigen Verben das Partizip auf *-(e)t* bilden, unregelmäßige Verben in der Regel auf *-(en)*. Fordern Sie die TN auf, diese Partizipformen immer gleich mitzulernen.

-(e)t	-en
arbeiten	lesen
kaufen	essen
machen	schreiben
...	...

! Gehen Sie auf dieser Stufe noch nicht zu genau auf die Bildung des Perfekts ein. Es genügt, wenn sich die TN zunächst einige wichtige Verben als feste Form merken. Die Vergangenheitsformen werden in *Schritte plus 2* und *Schritte plus 3* vertieft.

Arbeitsbuch 12–13: in Stillarbeit; **15:** als Hausaufgabe

LERN TAGEBUCH **Arbeitsbuch 14:** Die TN sollten sich angewöhnen, analog zu dieser Übung unregelmäßige Verben nicht nur im Infinitiv, sondern auch in der 3. Person Singular Präsens und mit dem Partizip II und dem Hilfsverb zu notieren. Dadurch stehen ihnen immer alle notwendigen Sonderformen zur Verfügung und können mitgelernt werden. Beginnen Sie die Listen mit den TN zusammen, sie setzen diese dann in Partnerarbeit mit den Verben aus Übung 13 fort. Abschlusskontrolle im Plenum.

C4 **Anwendungsaufgabe zum Perfekt mit *haben***

1. Verweisen Sie auf den Grammatikspot und erinnern Sie die TN an die Verbklammer, die ihnen von den trennbaren Verben (Lektion 5) und den Modalverben *können/wollen* her bekannt ist.
2. Die TN lesen das Gespräch und befragen sich in Partnerarbeit. Ermuntern Sie die TN, weitere Beispiele zu finden.

C5 **Aktivität im Kurs: Über Ereignisse und Aktivitäten in der Vergangenheit sprechen**

1. Demonstrieren Sie die Aufgabe, indem Sie vier Aussagen über sich selbst an die Tafel schreiben. Zwei Aussagen sollten falsch sein. Lassen Sie die TN raten, welche Aussagen richtig und welche falsch sind.
2. Die TN überlegen sich vier Sätze über sich: zwei richtige und zwei falsche. TN, die noch Anregungen brauchen, können die Kopiervorlage L7/C5 ausfüllen. Sie ergänzen zwei Sätze so, dass die Aussagen richtig sind, und zwei so, dass die Aussagen falsch sind. Anschließend schreiben sie ihre Sätze auf ein Blatt Papier.
3. Die TN lassen eine Partnerin / einen Partner raten, welche Aussagen richtig und welche falsch sind.

Arbeitsbuch 16–17: als Hausaufgabe; **18:** im Kurs: Helfen Sie den TN, ihre Schreibfertigkeiten aufzubauen. Schreiben Sie für unsichere TN selbst fertige Sätze für den Brief und lassen Sie die Sätze so ordnen, dass ein sinnvoller Brief entsteht. So haben die TN einen Musterbrief, den sie dann selbstständig variieren können. Geübte TN bearbeiten die Übung wie im Buch angegeben. TN mit guten Vorkenntnissen können auch einen ganz freien Antwortbrief ohne die Hilfevorgaben schreiben.

Ich **bin** doch in die Schule **gegangen.**

Das Perfekt mit *sein*
Lernziel: Die TN können über Aktivitäten in der Vergangenheit erzählen.

D1 **Präsentation des Perfekts mit *sein***
1. Die TN hören die CD so oft wie nötig und ordnen anschließend die Fotos.
2. Abschlusskontrolle im Plenum. *Lösung:* 3 – 1 – 4

D2 **Systematisierung: Perfekt mit *sein***
1. Die Kursbücher sind geschlossen. Schreiben Sie die Sätze aus der Übung auf eine Folie. Fragen Sie: „Was passt zu Foto 1?"
2. Die TN schlagen ihr Buch auf und ordnen in Stillarbeit die anderen drei Zitate den Fotos aus D1 zu. Der schnellste TN kann die Lösungen auch auf der Folie eintragen.
3. Abschlusskontrolle mithilfe der Folie im Plenum. *Lösung:* 2 b; 3 a; 4 d
4. Lenken Sie die Aufmerksamkeit der TN jetzt auf den Grammatikspot. Stellen Sie sich zur Demonstration für alle sichtbar hin und markieren Sie Ihren Standort mit einem Band, Wollfaden o.ä. und sagen Sie: „Jetzt bin ich hier." Gehen Sie dann ein paar Schritte übertrieben vorwärtsschreitend durch den Raum und fragen Sie die TN währenddessen: „Was mache ich jetzt?" Die TN werden voraussichtlich sagen: „Sie gehen/laufen." Bleiben Sie dann an einer anderen Stelle stehen, markieren Sie Ihren Standort erneut und fragen Sie: „Jetzt bin ich hier. Was habe ich gemacht?" Geben Sie selbst ganz betont die Antwort: „Ich bin gegangen." Abschließend deuten Sie auf die zwei markierten Standorte. Wenn nötig, wiederholen Sie die Demonstration mit dem Verb „fahren". Den TN sollte klar werden, dass Verben, die mit einer Ortsveränderung verbunden sind, das Perfekt mit *sein* bilden.

! Es genügt, wenn sich die TN vorerst die Verben „gehen", „fahren" und „kommen" mit *sein* als feste Formel merken.

5. Verweisen Sie noch einmal auf die Satzklammer.

D3 **Variation: Anwendungsaufgabe zum Perfekt mit *haben* und *sein***
1. Die TN sehen sich die Zeichnung an. Fragen Sie: „Wo sind die Personen?", „Wer ist das?", Was machen/sagen sie?" Die TN stellen Vermutungen an.
2. Gehen Sie weiter vor wie auf Seite 14 beschrieben.

Arbeitsbuch 19: in Stillarbeit oder Partnerarbeit; **21–23:** als Hausaufgabe

LERN TAGEBUCH **Arbeitsbuch 20:** Die TN notieren sich nun auch die unregelmäßigen Verben mit *sein* in ihrem Lerntagebuch.

D4 **Aktivität im Kurs: Partnerinterview**
1. Die TN lesen die Beispiele für Fragen, um Anregungen zu bekommen. Sie schreiben zehn Interviewfragen. Gehen Sie herum und helfen Sie bei Grammatik- und Wortschatzfragen.
2. Die TN stellen ihre Fragen einer Partnerin / einem Partner und schreiben die Antworten mit. Paare, die die Aktivität schnell abschließen können, schreiben zusätzlich einen kurzen Text über das vergangene Wochenende.
3. *fakultativ:* Die TN stellen die Antworten der Partnerin / des Partners im Plenum vor. Bei großen Kursen bilden die TN zwei Plenen.

PROJEKT **Arbeitsbuch 24:**
1. Die TN sehen sich das Foto an. Fragen Sie: „Wer ist das?", „Wer hat das Foto gemacht?" TN, die schon länger in Deutschland leben, wissen vielleicht, dass Schulanfänger in Deutschland am ersten Schultag eine Schultüte bekommen.
2. Teilen Sie an alle TN die Kopiervorlage L7/D aus. Die TN bearbeiten diese allein oder in Gruppen. Gehen Sie herum und helfen Sie bei Schwierigkeiten. Korrigieren Sie die Fragen der TN in Aufgabe 4. Diese dienen den TN als Hilfe für die Interviews mit Passanten/Kindern.
3. Üben Sie mit den TN die Interviewsituation ggf. kurz ein.
4. Die TN führen die Interviews in Kleingruppen durch. Geben Sie ihnen dafür 30 Minuten Zeit. In der Zwischenzeit bereiten Sie im Kursraum für jede Gruppe ein Plakat vor, auf dem sie ihre Ergebnisse festhalten kann.
5. Nach der Interviewphase übertragen die Gruppen ihre Ergebnisse mit dicken Stiften auf die Plakate und präsentieren diese im Plenum.
6. Abschließend werden die Plakate im Kursraum aufgehängt.
   Variante: Wenn Sie wenig Zeit haben und die TN schon Kontakt zu Deutschen geknüpft haben, bitten Sie sie, als Hausaufgabe ihre deutschen Bekannten zu befragen und die Ergebnisse in der folgenden Stunde in Gruppen zusammenzutragen.

Kommunikation mit der Schule

Redemittel zum Thema Schule

Lernziel: Die TN können sich oder ihr Kind in der Schule / im Deutschkurs entschuldigen.

Materialien
E1 auf Folie
E4 Kopiervorlage L7/E4
Test zu Lektion 7; Wiederholung zu *Schritte plus 1*

E1 **Leseverstehen 1: Brief an die Eltern**

1. Kopieren Sie den Brief auf Folie. Decken Sie zunächst nur die Anrede auf und fragen Sie: „Was für ein Text ist das?" (Ein Brief.), „Wer hat den Brief geschrieben?", „Wer hat den Brief bekommen?" Die TN stellen Vermutungen an.
2. Die TN öffnen ihr Buch, lesen den Brief und markieren bekannte Wörter. Markieren Sie auf der Folie, was die TN verstanden haben.
3. Die TN versuchen, den Inhalt des Briefes mündlich wiederzugeben: „Der Lehrer hat einen Brief geschrieben."

! Es geht ausschließlich darum, das Wesentliche zu verstehen. Stellen Sie sicher, dass alle TN verstanden haben, dass es sich um einen Brief an die Eltern handelt, in dem es um einen Klassenausflug geht. Es ist nicht wichtig, dass die TN jedes einzelne Wort verstehen.

E2 **Leseverstehen 2: Kerninformationen verstehen**

1. Die TN lesen die Aufgabe still durch und lösen sie selbstständig. Wer fertig ist, vergleicht mit der Partnerin / dem Partner.
2. Abschlusskontrolle im Plenum.
   Lösung: Der Lehrer will mit den Kindern einen Ausflug machen; ... mit dem Fahrrad fahren.

E3 **Hörverstehen: Telefonat mit der Schule**

1. Die TN sehen sich die Fotos an und stellen Vermutungen an: „Wer telefoniert hier?", „Was sagen die Personen?"
2. Anschließend hören die TN das Telefongespräch so oft wie nötig und kreuzen jeweils an, ob die Aussage „richtig" oder „falsch" ist.
3. Abschlusskontrolle im Plenum. *Lösung:* a) richtig; b) falsch; c) richtig

LANDES KUNDE Erklären Sie, dass ein Kind bereits am ersten Krankheitstag und vor Unterrichtsbeginn krankgemeldet werden muss.

E4 **Aktivität im Kurs: Rollenspiel**

1. Geben Sie den TN Zeit, sich die Redemittel in Ruhe durchzulesen. Sie können dazu auch noch einmal das Telefongespräch aus E3 vorspielen. Darin kommen die wesentlichen Redemittel bereits vor.
2. Für ungeübte TN können Sie die Kopiervorlage L7/E4 der freien Dialogarbeit vorschalten. Auf der Vorlage sind die Gespräche zu den drei Situationen im Buch bereits vorstrukturiert. Die TN ergänzen die Lücken und lernen ihren Part auswendig. Dadurch werden die Redemittel automatisiert. Geübte TN können selbst eine Situation aus E4 auswählen und mithilfe der Redemittel ein freies Gespräch schreiben. Korrigieren Sie ggf. grammatikalische Fehler und fordern Sie die TN dann auf, ihr Gespräch zur besseren Memorierung der Redemittel auswendig zu lernen.
3. Einige Paare können ihre Gespräche schließlich im Plenum präsentieren, wenn sie möchten.

PRÜFUNG **Arbeitsbuch 25:** Mit dieser Übung können Sie die TN auf den Prüfungsteil Schreiben der Prüfungen *Start Deutsch* und *dtz* vorbereiten. In beiden Prüfungen muss ein kurzer offizieller Brief geschieben werden.

Einen Test zu Lektion 7 finden Sie auf den Seiten 150–151. Weisen Sie die TN auf die interaktiven Übungen auf ihrer Arbeitsbuch-CD hin. Die TN können mit diesen Übungen den Stoff der Lektion selbstständig wiederholen und sich ggf. auch auf den Test vorbereiten. Wenn Sie mit den TN den Stoff von *Schritte plus 1* wiederholen möchten, verteilen Sie das Wiederholungsspiel (Seite 135 f.). Die TN können jetzt auch ihren Kenntnisstand mit dem Fragebogen auf den Seiten 82–83 im Kursbuch überprüfen.

Zwischenspiel 7
Ich hab' schon wieder was gelernt!
Interjektionen

1 **Sprechen: Interjektionen**
1. Kopieren und vergrößern Sie vorab die Informationen und Fotos zu den einzelnen Interjektionen als Kärtchen. Wenn Sie Zugang zu einem Laminiergerät haben, sollten Sie die Karten laminieren. So können Sie sie immer wieder verwenden.
2. Die Bücher bleiben geschlossen. Präsentieren Sie jede Interjektion einzeln, machen Sie den Gesichtsausdruck nach und sagen Sie die jeweilige Interjektion mit deutlicher Betonung. Die TN sprechen nach.
Hinweis: Interjektionen sind kurze Ausrufe. Meistens drücken sie eine Emotion (Freude, Wut, Überraschung, Erstaunen, Zweifel usw.) aus und werden auch sehr emotional vorgebracht. Mimik, Gestik und Intonation sind deshalb sehr wichtig.
Variante: In Kursen mit überwiegend sprachlerngeübten TN können Sie die Schritte 1 und 2 weglassen. Die TN öffnen ihr Buch. Sie sehen sich die Fotos an und lesen die Texte. Sprechen Sie die Interjektionen vor, die TN üben diese in Partnerarbeit.

2 **Hörverstehen: Interjektionen verstehen**
1. Die TN hören die Gespräche.
2. Verteilen Sie die Kopiervorlage „Zwischenspiel zu Lektion 7". Die TN hören die Gespräche noch einmal und ergänzen sie auf der Kopiervorlage. Besonders schnelle TN versuchen, die Texte schon vor dem zweiten Hören auszufüllen. Das zweite Hören dient ihnen dann zur Selbstkontrolle.
3. Abschlusskontrolle im Plenum. *Lösung:* b) Brr; c) Oje; d) Oh Gott; e) Boah; f) Ach; g) Hey; h) Oh-oh; i) Hopp; j) Igitt; k) Pfui

3 **Anwendungsaufgabe zu den Interjektionen**
1. Die TN finden sich paarweise zusammen. Sie wählen drei Ausrufe aus, die ihnen besonders gut gefallen, und schreiben eigene Gespräche. Gehen Sie herum und helfen Sie bei Wortschatzfragen.
2. Die TN üben ihre Gespräche ein. Achten Sie darauf, dass die TN auch Mimik und Gestik einsetzen.
3. Die TN spielen ihre Gespräche auswendig im Kurs vor. Damit es bei großen Kursen nicht zu lange dauert, sollten die TN sich für das Vorspielen eines ihrer drei Gespräche heraussuchen.

TIPP

Es sollten immer alle TN die Möglichkeit bekommen, ihre Gespräche im Kurs vorzuspielen. Oft ist dafür in großen Gruppen keine Zeit oder es würde für alle zu langweilig, immer ähnlichen Dialogen zuzuhören. Verteilen Sie daher die Präsentationen auf mehrere Unterrichtstage, z.B. indem Sie immer die letzten zehn Minuten einer Stunde für Rollenspiele und freie Aktivitäten reservieren. Diese zehn Minuten sind zugleich eine ideale Wiederholung der letzten Unterrichtseinheiten bzw. eine Möglichkeit zur Rückblende.

LANDESKUNDE

Interjektionen kommen im mündlichen Sprachgebrauch häufig vor, sie sind stark automatisierte Reaktionen, die man auch in der Fremdsprache nicht so leicht ablegt. Dabei sind sie keineswegs international: Für „Igitt" wird z.B. im Englischen „Ugh" verwendet. Bei Schmerzen rufen Deutsche „Au", „Aua" oder „Autsch", Finnen dagegen „Ai" usw. Die TN vergleichen die Interjektionen im Buch mit der eigenen Sprache: Gibt es Unterschiede?
Wenn die TN Spaß an diesen Ausrufen haben, zeigen Sie ihnen weitere:

Ach ja?	„Das glaube ich nicht." / „Stimmt das wirklich?" / „Bist du sicher? Ich nicht."
Ach so. / Aha.	„Jetzt habe ich verstanden." / „Jetzt ist (mir) das klar."
Äh(m)	(Beim Sprechen eine Pause füllen) „Was will ich sagen?" / „Moment, ich weiß gerade nicht weiter."
Ah! / Mmmh!	„Das tut gut."
Hoppla	(Wenn man selbst/jemand anders oder etwas – fast – gefallen wäre oder ist) „Vorsicht, du fällst!" / „Ich bin erschrocken."
Hurra!	„Ich freue mich so." / „Das ist super."
Husch!	„Geh weg (, aber leise)!"
Oh!	„Das habe ich nicht gewusst." / „Das überrascht mich jetzt."
Na bitte. / Na also.	(Triumph) „Warum nicht gleich so!" / „Ich hab´s ja gewusst!" / „Siehst du!"
Na gut / Na schön.	„Ich habe keine Lust, aber ich mache es." / „Ich möchte nicht, aber okay."
Na ja.	„Ich weiß nicht so richtig." / „Das gefällt mir nicht so gut."
Na, na, na.	„Das tut/sagt man nicht!"

Fokus Beruf 7

Sich telefonisch krankmelden

Die TN können sich telefonisch beim Arbeitgeber krankmelden.

Sie können diesen Fokus alternativ zu Modul E (Kursbuch Seite 78) einsetzen, wenn im Kurs keine Eltern mit (Schul-)Kindern sind. In gemischten Kursen mit Eltern und berufstätigen TN/Eltern teilen Sie den Kurs nach Interessen auf: Während Sie mit den Eltern Modul E behandeln, bearbeitet die Gruppe „Berufstätige“ den Fokus eigenständig. Ideal ist es, wenn die Gruppe in einen leeren Kursraum ausweichen kann. Aber auch wenn das nicht möglich ist, sollte diese Zweiteilung funktionieren, wenn sich alle auf ihre Aufgabe konzentrieren. Bis in die 1960er-Jahre saßen auch bei uns auf dem Land bis zu vier Klassen in einem Raum, in anderen Ländern ist das bis heute so.

1 **Lese-/Hörverstehen: Eine telefonische Krankmeldung**

1. Die TN lesen das Gespräch und ordnen die Aussagen in Partnerarbeit zu: Wer sagt was?
2. Die TN vergleichen ihre Lösungen in der Gruppe und korrigieren sich ggf.
3. Die TN ordnen das Gespräch in Partnerarbeit.
4. Sie hören zur Kontrolle das Telefongespräch und korrigieren sich ggf. selbstständig.
   Lösung: 3 Guten Morgen, Frau Olbrich. 4 Ich kann heute leider nicht zur Arbeit kommen. Ich bin krank. 4 Oje. Sind Sie schon zum Arzt gegangen? 6 Nein, aber ich gehe jetzt gleich. 7 Na dann: Gute Besserung, Frau Olbrich. 8 Vielen Dank, Herr Amann, tschüs.

2 **Rollenspiel: Sich telefonisch krankmelden**

1. Die TN hören zwei Telefongespräche. Sie dienen den TN als Muster für ihre eigenen Gespräche im Anschluss.
2. Die TN spielen in Partnerarbeit mithilfe der Redemittel im Buch eigene Gespräche.
3. Lassen Sie einige Paare ihr Gespräch im Plenum vorspielen.

Infomationen zur Hausaufgabenbetreuung verstehen

Die TN wissen, wo sie Nachhilfeangebote finden

Da dieser Fokus möglicherweise nur für einen Teil der TN von Interesse ist, können die Übungen auch als Hausaufgabe gegeben werden.

1 **Leseverstehen 1: Lernschwierigkeiten**

1. Die TN lesen zuerst nur die Aussagen von Peter, Sabrina und Tibor. Finden Sie heraus, inwieweit die TN über Hausaufgabenbetreuung und Nachhilfeangebote informiert sind, indem Sie Fragen stellen, z.B.: „Kann Ihr Kind am Nachmittag in der Schule bleiben? Wo macht es seine Hausaufgaben? Wer hilft bei den Hausaufgaben oder bei Lernproblemen?"
2. Die TN lesen die Lernhilfsangebote und ordnen sie den Aussagen zu.
   Variante: Ungeübte TN suchen sich eine der drei Personen aus und suchen für sie den passenden Text. Geübte TN bearbeiten die ganze Aufgabe.
3. Abschlusskontrolle im Plenum. *Lösung:* Peter: B; Sabrina: A; Tibor: C

2 **Leseverstehen 2: Nachhilfeangebote**

1. Die TN lesen die Aussagen und die Texte noch einmal und markieren mit verschiedenen Farben, in welchem Fach die Lernprobleme bestehen, wo das Kind Nachhilfe bekommt und wie viel das kostet.
2. Die TN ordnen in der Tabelle zu.
3. Abschlusskontrolle im Plenum.
   Lösung: Frank: Mathematik, Lernfit, 30 Euro pro Stunde; Sabrina: Französisch, Johann-Gutenberg-Schule, 16 Euro pro Monat; Tibor: Deutsch, Lernhilfe, kostenlos

LANDES KUNDE

Die TN sollten wissen, wo sie Hinweise zu Nachhilfeangeboten finden können.

PROJEKT

1. Fragen Sie die TN, ob ihr Kind Nachhilfe bekommt. Vielleicht möchte ein TN etwas dazu erzählen (Bitte nicht insistieren, nur wenn jemand freiwillig etwas sagen möchte!). Fragen Sie in dem Fall, wie die Eltern auf das Nachhilfeangebot aufmerksam wurden.
2. Schreiben Sie einen Wortigel „Nachhilfe" an die Tafel. Die TN machen Vorschläge, wo man Nachhilfeangebote finden kann und wer Nachhilfe anbietet. Notieren Sie die Vorschläge.
   Lösungsvorschlag: Zeitung, Aushang in der Schule, Internet, sich bei anderen Eltern erkundigen, Nachhilfeinstitute, Lernhilfe-Vereine, ältere Schüler(innen)/Studenten, ehemalige Lehrer(innen)
3. Die TN erhalten den Auftrag, Nachhilfeangebote an den Schulen ihrer Kinder herauszufinden, und Nachhilfeinstitute am Wohnort zu finden. Sie sollen sich auch über die Kosten informieren.
4. In der folgenden Kursstunde bringen die TN ihre Informationen mit und stellen sie vor.

Uhrzeiten

06.30	09.00
13.00	15.30
17.30	19.30
20.00	22.00

Kopiervorlage L1/B3
Satzpuzzle

Hinweis: Zerschneiden Sie die Sätze in dem vorgegebenen Raster und legen Sie die Teile in einen Briefumschlag. Stellen Sie so viele Sets her, dass die TN in kleinen Gruppen je einen Briefumschlag erhalten. Sie legen die Sätze in der passenden Reihenfolge zusammen.

■ Guten
Tag. Mein Name
ist Sabine Zimmermann. Und
wie heißen
Sie? ● Ich bin
Martina Ewers. Und wer
sind Sie? ■ Ich
heiße Manolo.

Das ich/du/Sie-Spiel

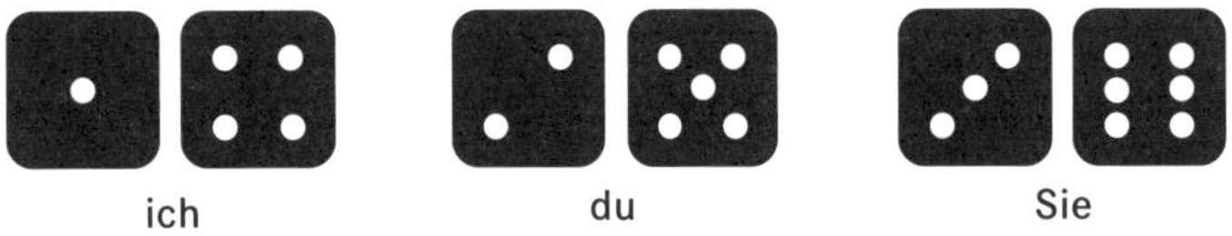

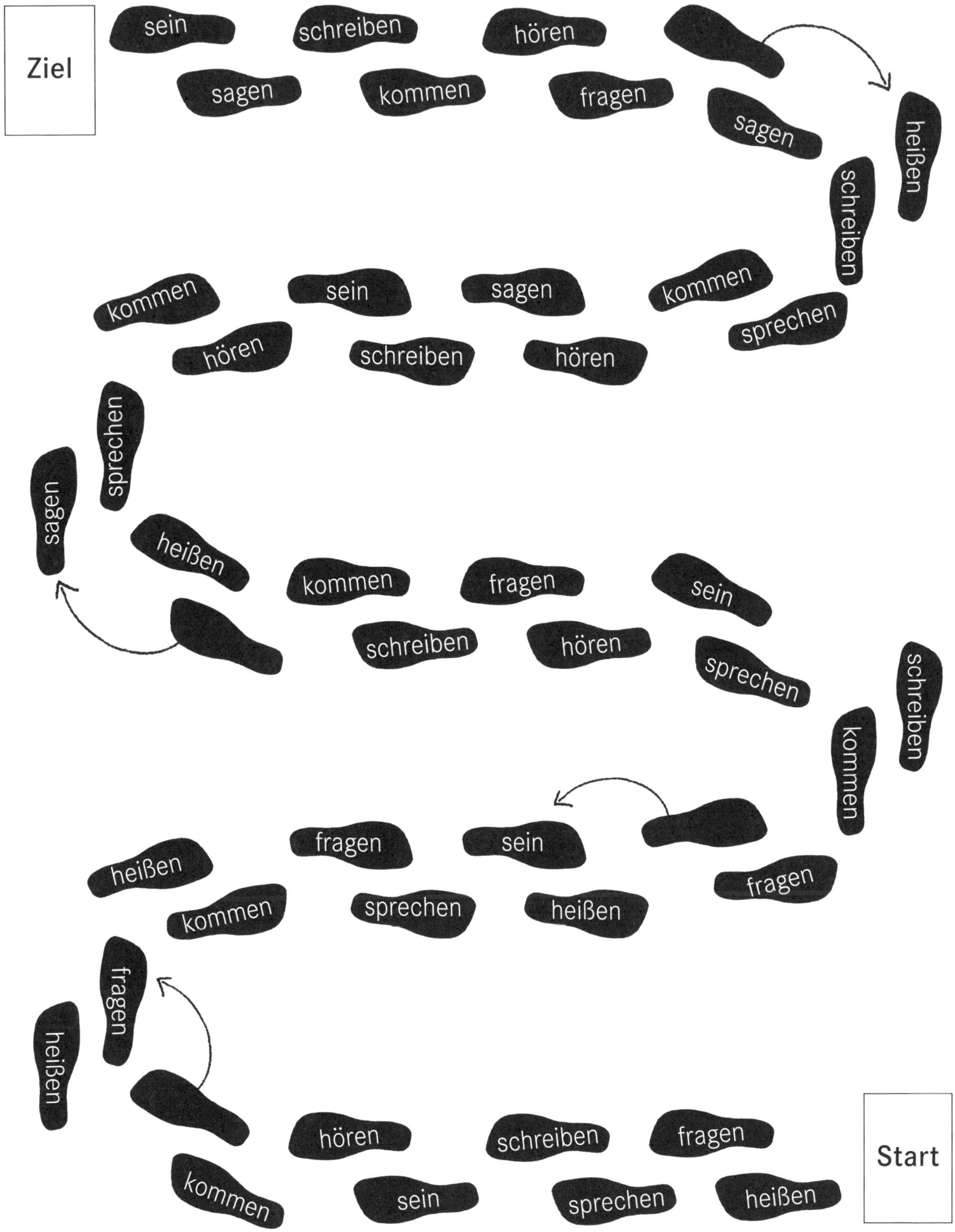

Kopiervorlage L1/D2
Alphabet-Bingo

Hinweis: Ziehen Sie vom Kontrollblatt mehrere Folien oder verwenden Sie verschiedenfarbige Folienstifte. Jeder TN erhält <u>ein</u> leeres Bingo-Blatt (siehe unten).

Kontrollblatt

a	b	c	d	e	f	g	h	i	j
k	l	m	n	o	p	q	r	s	t
u	v	w	x	y	z	ä	ö	ü	ß

Bingo-Blätter

Kopiervorlage „Zwischenspiel zu Lektion 1"

1 **Lesen Sie noch einmal und ergänzen Sie die Tabelle.**

	Vorname	Familienname	Land	Sprachen
a	*Wolfgang*			
b		*Sailer*		

2 **Schreiben Sie ein Gespräch zwischen Wolfgang und Jasmin.**

● *Hallo.*
▲ *Hallo. Guten Tag.*
● *Ich heiße Wolfgang. Wolfgang Almann. Wie heißt du?*
▲ ...

▲ Hallo Andreas.
● Hallo Michael.
Wie geht es dir?
▲ ...., und dir?
● ....

▲ Guten Tag, Frau Zöllner.
● ...., Frau Jäger.
Wie geht es ....?
▲ Na ja, ...
Und ....?
● ....

▲ Guten Morgen, Herr Kratz.
● ...., Fabian.
Wie geht ....?
▲ Ach, ...

▲ Guten ...., Herr Meindl.
● ...., Herr Junghans.
Wie ....?
▲ ...., danke. Und ....?
● Auch ....

Hinweis: Kopieren Sie die Vorlage für jede Gruppe auf farbiges Papier, schneiden Sie die Dominokarten aus und legen Sie jedes Set in einen Briefumschlag. Die TN legen passende „Dominosteine" aneinander.

Schwester	*mein*	*Sohn*	*mein*
Bruder	*meine*	*Tochter*	*mein*
Vater	*meine*	*Eltern*	*meine*
Mutter	*mein*	*Bruder*	*meine*
Schwester	*meine*	*Kinder*	*mein*
Sohn	*meine*	*Tochter*	*mein*
Kind	*meine*	*Eltern*	*meine*

Lina und Markus Ebner Österreich Kiel	Jutta und Franz Berger Deutschland Tunis
Hans und Anna Bauer Schweiz Dresden	Mariusz und Lidia Pleta Polen Krakau
Ayşe und Murat Üzgal Türkei Neuburg	Evangelia und Pavlos Triantari Griechenland Paris
Paolo und Fabiana Nannini Italien Bern	Draga und Zoran Stipancic Kroatien Leipzig

Kopiervorlage L2/D2

Hinweis: Sie können das Zahlenbingo immer wieder, auch bei höheren Zahlen, einsetzen. Denken Sie nur daran, vor dem Spiel den Zahlenbereich (z.B. von 0–50, von 50–100 oder von 100–150 etc.) festzulegen.

Kontrollblatt

0	1	2	3	4
5	6	7	8	9
10	11	12	13	14
15	16	17	18	19

Bingo-Blätter

1 **Schreiben Sie über Ihre Partnerin / Ihren Partner.**

Meine Partnerin / Mein Partner:

Familienname: ______________________

Vorname: ______________________

Heimatland: ______________________

Geburtsort: ______________________

Wohnort: ______________________

Adresse: ______________________

Telefonnummer: ______________________

Familienstand: ❑ ledig ❑ verwitwet

❑ verheiratet ❑ geschieden

Kinder: ____ Kind / ____ Kinder / kein Kind

Alter: ________

2 **Zeichnen Sie Ihre Partnerin / Ihren Partner.**

1 **Wer ist wer? Ergänzen Sie die Namen.**

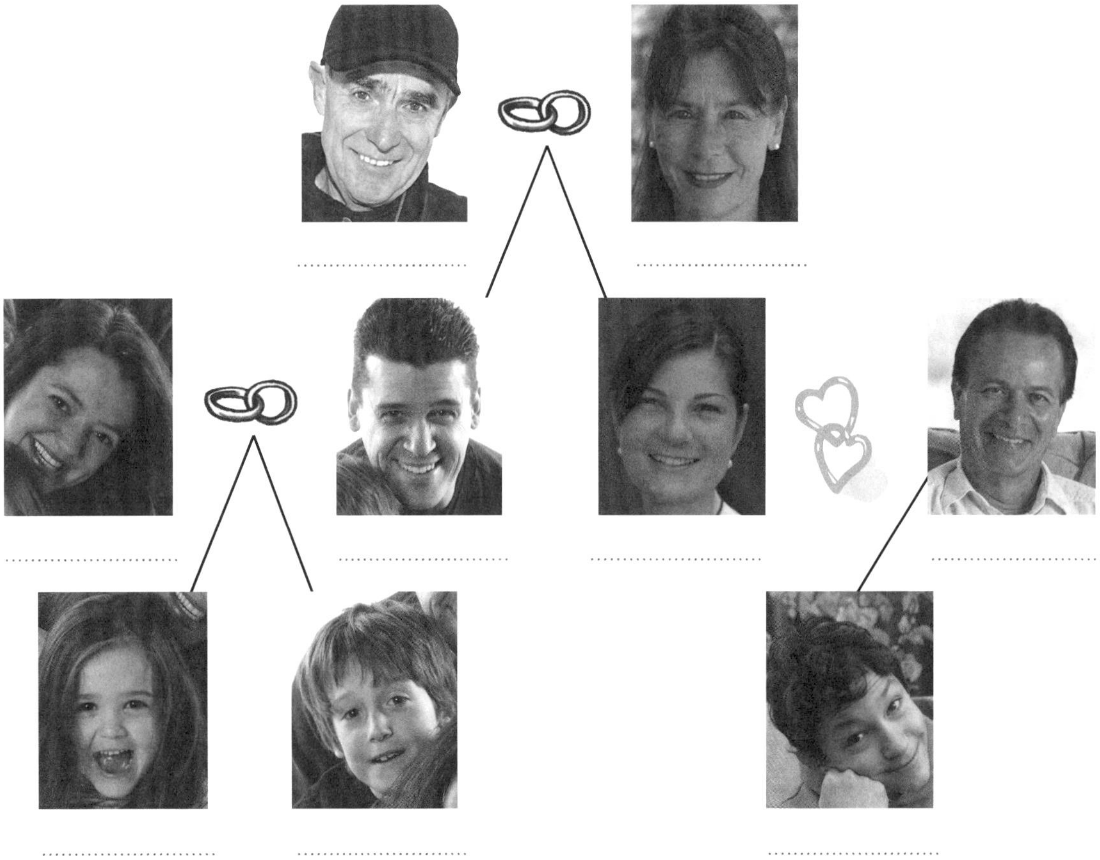

2 **Hören Sie und ergänzen Sie.**

1 Hallo. .... Birgül Albrecht.
....
Aber .... in Frankfurt ....
Mein Mann .... Frankfurt.
.... Köln.
....:
Jasmin ist acht und Stefan ist vier.

2 Grüß Gott! .... Markus Dengelbauer.
...., geschieden und ....
.... neun.

3 ....! .... Andrea Albrecht.
...., aber .... Linz.
.... Markus.

Einkaufszettel 1

Reis
Salz
Milch

Kärtchen zu Einkaufszettel 1

Fleisch
Fisch
Obst

Einkaufszettel 2

Fleisch
Fisch
Tee

Kärtchen zu Einkaufszettel 2

Salz
Käse
Wein

Einkaufszettel 3

Wein
Obst
Käse

Kärtchen zu Einkaufszettel 3

Milch
Reis
Tee

a ein Fisch viele *Fische* ....

der Fisch [fiʃ]; -[e]s, -e: 1. (Zoo) ein Tier mit Flossen, Kiemen und Schuppen, das im Wasser lebt

b ein Joghurt viele ....

der oder das Joghurt, auch: Jogurt ['jo:gʊrt]; -[s], -[s]: Lebensmittel aus Milch

c ein Brot viele ....

das Brot [bro:t]; -[e]s, -e: Lebensmittel aus Mehl, Wasser, Salz und Hefe

d ein Kuchen viele ....

der Kuchen ['ku:xn̩]; -[s], -: süßes Gebäck aus Mehl, Butter, Zucker, Eiern und anderen Zutaten

e ein Saft viele ....

der Saft [zaft]; -[e]s; Säfte ['zɛftə]: Getränk aus Obst oder Gemüse

Kopiervorlage „Zwischenspiel zu Lektion 3“

Nicht nur Hefeteig ist international. Auch viele andere Lebensmittel und Wörter sind international. Ergänzen Sie und vergleichen Sie mit Ihrer Partnerin / Ihrem Partner. Wie heißen die Wörter in ihrer / seiner Sprache?

Deutsch	Meine Sprache	Andere Sprache(n)
Apfel	....	....
Banane	....	....
Bier	....	....
Brot	....	....
Fisch	....	....
Joghurt	....	....
Käse	....	....
Milch	....	....
Orange	....	....
Reis	....	....
Salat	....	....
Salz	....	....
Tee	....	....
Tomate	....	....
Wasser	....	....
Wein	....	....

Ordnen Sie zu.

groß • ~~billig~~ • neu • ~~teuer~~ • breit • schmal • klein • schön • hell • dunkel • alt • hässlich

Das Haus ist

billig. ....

Das Haus ist

teuer. ....

Das Auto ist

....

Das Auto ist

....

Das Zimmer ist

....

Das Zimmer ist

....

Die Straße ist

....

Die Straße ist

....

Das Auto ist

....

Das Auto ist

....

Der Tag ist

....

Die Nacht ist

....

Kopiervorlage L4/C2
Fünf gewinnt

Hinweis: Ziehen Sie eine Folie vom Spielfeld unten und legen Sie zwei verschiedene Arten von Spielfiguren bereit (z.B. runde Chips und Spielfiguren oder Geldmünzen ...). Teilen Sie Ihren Kurs in zwei Teams. Jedes Team bekommt eine Sorte Spielfiguren. Team A beginnt je nach Aufgabenstellung (z.B. Wiederholung des Wortschatzes): *Das ist ein Zimmer*. (Spielstein auf „Zimmer".) Team B folgt: *Das ist ein Bett* (Spielstein auf „Bett") usw. Jedes Team versucht, fünf Steine fortlaufend entweder horizontal, vertikal oder diagonal zu setzen. Wer zuerst fünf Steine in einer Reihe hat, hat gewonnen. Man kann das Spiel ruhig wiederholen, es ergeben sich immer neue Konstellationen, sodass es nicht langweilig wird. Dieses Spiel können Sie auch mit mehreren Gruppen spielen, z.B. indem Sie das Plenum in je drei Gruppen aufteilen: Gruppe A wiederholt den Wortschatz, Gruppe B wiederholt die Artikel, Gruppe C wiederholt die Pluralformen der Nomen. Jede Gruppe wird wieder in je zwei Teams unterteilt, die gegeneinander spielen.

A

Spiel 1 Sie suchen eine 3-Zimmer-Wohnung, ca. 75 Quadratmeter groß, aber nur bis 800 € pro Monat. Sie hätten gerne Balkon und Garage. Informieren Sie sich.

Ich suche ...
Ich hätte gerne ...
Wie groß ist die Wohnung?
Ich möchte nur bis ... Euro Miete bezahlen.
Die Wohnung ist zu groß/klein.
Die Wohnung gefällt mir (nicht).

Spiel 2 Sie vermieten Wohnungen. Eine Kundin / Ein Kunde kommt und möchte Informationen: *Sie/Er sucht eine 2-Zimmer-Wohnung mit ca. 50 m².* *Sie/Er möchte ca. 550 € bezahlen. Sie/Er braucht eine große Küche, Garage und Balkon.* Sie haben diese Wohnungsangebote:

Ich habe hier eine Wohnung mit Balkon.
Wie viele Zimmer möchten/brauchen Sie?
Die Wohnung hat ... Quadratmeter.
Die Wohnung kostet ...
Die Wohnung hat eine große Küche ...

2-Zi-Wohnung: ruhige Lage, 55 qm, Balkon, Garage; Wohnküche, 560 €, Nebenkosten 40 €, 2 Monatsmieten Kaution, ab 1.12.	**Ferienwohnung** mit 2 Zimmern, 50 qm, Balkon, Angebot für 14 Tage: 500 Euro
2-Zi-Wohnung im Stadtzentrum, 49 qm, kl. Küche, große Garage, Preis: 520 € plus Nebenkosten, frei ab sofort	**Günstig!** Kleine 3-Zi-Wohnung mit Balkon, großer Küche, eigener Garage für nur 550 Euro plus Nebenkosten 50 Euro!

B

Spiel 1 Sie vermieten Wohnungen. Eine Kundin / Ein Kunde kommt und möchte Informationen: *Sie/Er sucht eine 3-Zimmer-Wohnung mit ca. 75 Quadratmetern. Sie/Er möchte bis 800 € bezahlen. Sie/Er hätte gerne Balkon und Garage.* Sie haben diese Wohnungsangebote:

Ich habe hier eine Wohnung mit Balkon.
Wie viele Zimmer möchten/brauchen Sie?
Die Wohnung hat ... Quadratmeter.
Der Balkon ist ...
Die Wohnung hat eine Einbauküche ...
Die Wohnung kostet ...

3-Zi-Wohnung, 85 qm, zentral, Küche, Bad, WC extra, 850 € Warmmiete
Helle **3-Zimmer-Wohnung**, 74 qm, zentral, EBK, kl. Balkon, Garage, 750 € + NK/KT
Südpark, **3-ZW**, kl. Balk., gr. TG, 70 qm, 800 € KM, Nebenkosten 160 €

Spiel 2 Sie suchen eine 2-Zimmer-Wohnung mit ca. 50 m². Kosten: ca. 500 € + Nebenkosten. Sie brauchen eine große Küche, Garage und Balkon. Informieren Sie sich.

Ich suche ...
Ich hätte gerne ...
Wie groß ist die Wohnung?
Ich möchte nur bis ... Euro Miete bezahlen.
Die Wohnung ist zu groß/klein.
Die Wohnung gefällt mir (nicht).

Kopiervorlage „Zwischenspiel zu Lektion 4“

1 **Richtig oder falsch? Lesen Sie die Texte und kreuzen Sie an.**

	richtig	falsch
Skizze		
a Andrea Keller wohnt am Rindermarkt 7.	☐	☐
b Dort (in Hausnummer 7) ist auch ein Elektrogeschäft.	☐	☐
Sonderangebote		
c Elektro Scherer ist ein Geschäft.	☐	☐
d Elektro Scherer verkauft Möbel.	☐	☐
Anzeige		
e Die Wohnung hat eine Küche.	☐	☐
f Die Wohnung ist von privat.	☐	☐
E-Mail		
g Ilse Weiß wohnt in einer 3-Zimmer-Wohnung.	☐	☐
h Herr Demircan wohnt in München.	☐	☐

2 **Hören Sie die Nachricht. Was ist falsch? Streichen Sie durch.**

a Herr Dürr ist zu Hause.
Herr Dürr ist nicht zu Hause.

b Herr Dürr arbeitet bei der DILEDA-Versicherung.
Herr Niemann arbeitet bei der DILEDA-Versicherung.

c Die DILEDA-Versicherung hat eine neue Adresse.
Die DILEDA-Versicherung hat keine neue Adresse.

d Die DILEDA-Versicherung hat die Hausnummer 2.
Die DILEDA-Versicherung hat die Hausnummer 12.

e Die Versicherung ist im zweiten Stock.
Die Versicherung ist im vierten Stock.

f Das Haus ist weiß.
Das Haus ist grau.

3 **Zeichnen Sie Ihr Haus und die Nachbarhäuser. Wie wohnen Sie? Sprechen Sie mit Ihrer Partnerin / Ihrem Partner.**

Hinweis: Kopieren Sie die Vorlage und kleben Sie diese auf festen farbigen Karton. Schneiden Sie das Ziffernblatt und die Zeiger aus und machen Sie sowohl in das Ziffernblatt als auch in die beiden Zeiger ein Loch. Befestigen Sie die Zeiger mit einer Klammer, wie man sie zum Verschließen von gepolsterten Briefen benutzt. Fertig!

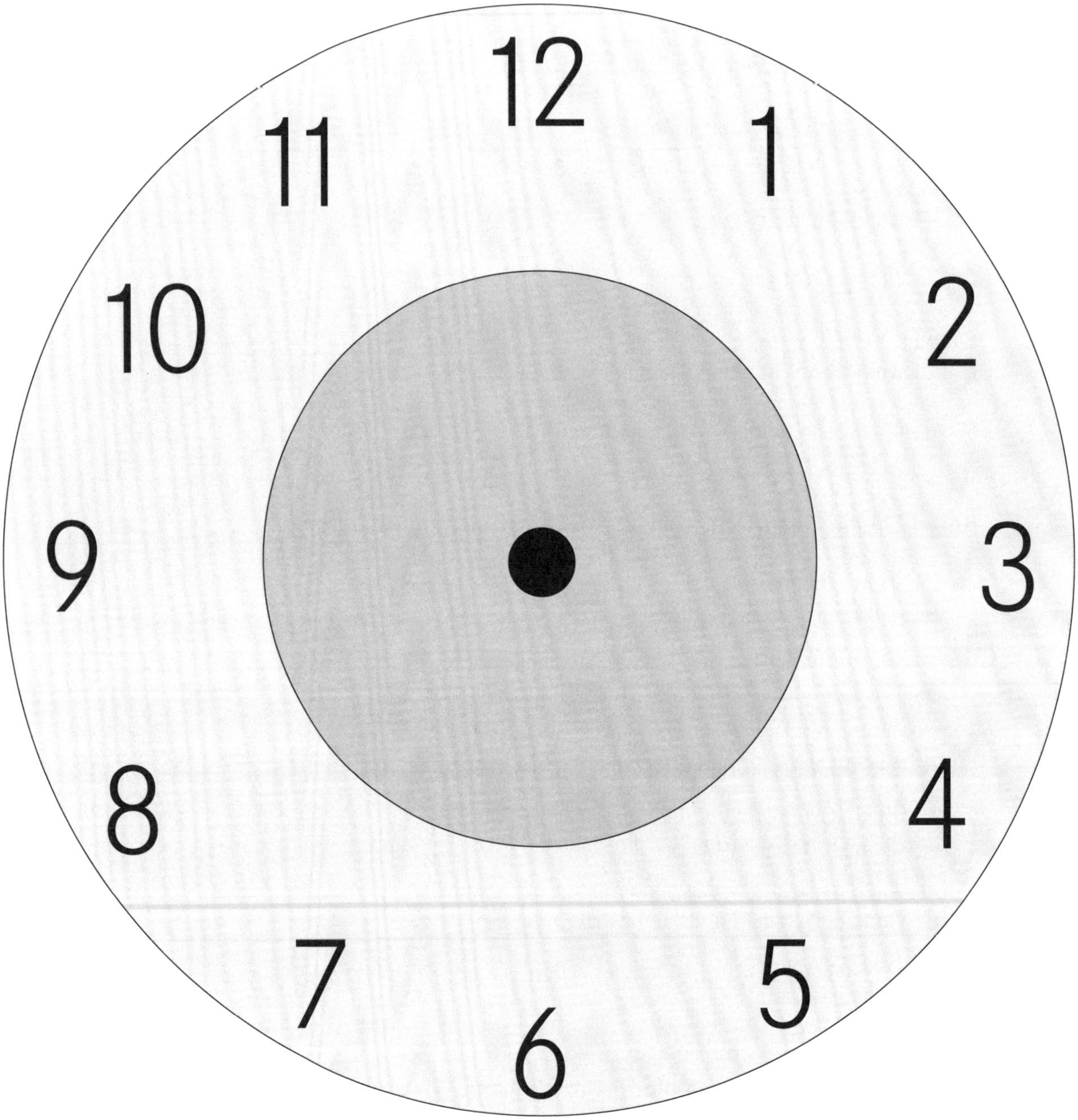

Kopiervorlage L5/A5

Hinweis: Kopieren Sie die Vorlage für jeden TN oder zerschneiden Sie sie in einzelne Kärtchen und verteilen Sie diese. Die TN zeichnen selbstständig die Zeiger ein und fragen ihre Partnerin / ihren Partner nach der Uhrzeit. Diese(r) antwortet.

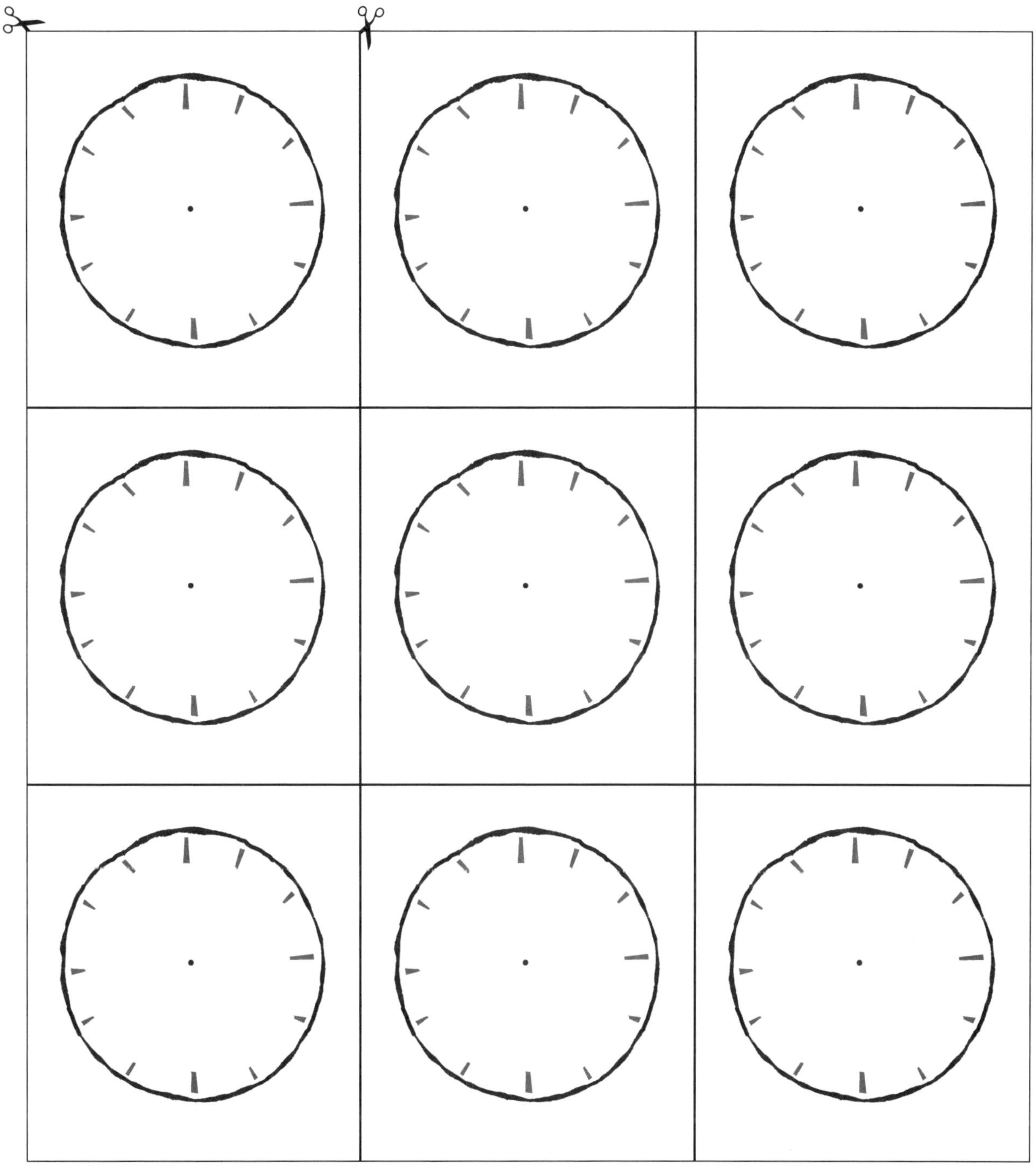

Kopiervorlage L5/B1

Hinweis: Kopieren Sie die Zeichnungen und die Sätze für Kleingruppen von 3–4 TN und schneiden Sie die Zeichnungen und die Sätze einzeln aus. Stecken Sie für jede Gruppe die Zeichnungen und die Puzzlesätze in einen Briefumschlag. Die Gruppen leeren sie auf den Tisch und bilden zu jeder Zeichnung aus den Puzzleteilen einen passenden Satz.

Sara	ruft	Niko	an.
Bruno	steht	sehr früh	auf.
Tina	kauft	im Supermarkt	ein.
Tina	räumt	die Küche	auf.
Bruno	sieht	fern.	
Tina	kocht	das Mittagessen.	

Kopiervorlage L5/B3

Hinweis: Kopieren Sie die Tabelle für jeden TN und teilen Sie sie aus. In einem ersten Schritt kreuzt jeder TN an, was er selbst gern bzw. nicht gern tut. Anschließend fragt sie/er seine Partnerin / seinen Partner und macht mit einer anderen Farbe entsprechende Kreuzchen in die Tabelle.

Aktivitäten	**Was machst du ...?**			
	sehr gern	**gern**	**nicht gern**	**gar nicht gern**
früh aufstehen				
die Wohnung aufräumen				
fernsehen				
kochen				
Fußball spielen				
arbeiten				
meine Eltern anrufen				
Freunde anrufen				
(im Supermarkt) einkaufen				
in den Deutschkurs gehen				
Deutsch sprechen				
die Hausaufgaben machen				

Arbeiten Sie mit Ihrer Partnerin / Ihrem Partner zusammen. Sie sind A, Ihre Partnerin / Ihr Partner ist B. Sie möchten gemeinsam einkaufen gehen. Suchen Sie einen Termin von zwei Stunden.

Hast du am Montag um 11 Uhr Zeit?

Nein, tut mir leid. Am Montag arbeite ich bis 14 Uhr.

Und am Dienstag ...?

A

Mo	Di	Mi	Do	Fr	Sa
8-14 Uhr	8-14 Uhr	8-14 Uhr	8-14 Uhr	Eltern	Eltern
arbeiten	arbeiten	arbeiten	arbeiten	kommen	kommen
	17 Uhr	16-18 Uhr	15-16 Uhr		
	mit Jana ins	Französisch-	aufräumen		
	Kino!	kurs			

B

Mo	Di	Mi	Do	Fr	Sa
9 Uhr					aufräumen
zum Arzt				13-14 Uhr	
gehen!				essen mit	
	14-19.30 Uhr	14-19.30 Uhr	16-17.00 Uhr	Peter	
16-17.00 Uhr	Deutschkurs	Deutschkurs	zum Zahnarzt		
Deutschkurs			gehen		

Domino

Hinweis: Kopieren Sie die Vorlage für jede Kleingruppe einmal auf festen farbigen Karton und zerschneiden Sie die „Dominosteine“.

zehn nach zwölf	7.04	kurz nach sieben	10.13
zehn Uhr dreizehn	10.30	zehn Uhr dreißig	17.20
zwanzig nach fünf	22.15	Viertel nach zehn	23.57
kurz vor zwölf	12.02	kurz nach zwölf	16.10
sechzehn Uhr zehn	3.45	Viertel vor vier	11.13
elf Uhr dreizehn	14.30	halb drei	9.35
fünf nach halb zehn	8.59	acht Uhr neunundfünfzig	6.43
sechs Uhr dreiundvierzig	15.15	Viertel nach drei	4.27
kurz vor halb fünf	18.33	achtzehn Uhr dreiunddreißig	0.45
Viertel vor eins	21.29	einundzwanzig Uhr neunundzwanzig	13.48
dreizehn Uhr achtundvierzig	19.30	halb acht	11.02
kurz nach elf	8.30	halb neun	0.10

1 **Lesen Sie die Informationen über Vera. Was passt zusammen? Ordnen Sie zu.**

a Ist Vera verheiratet?	In Stuttgart.
b Wie alt sind Veras Söhne?	Ja, sie ist Verkäuferin.
c Wo wohnt sie?	Mal wieder ins Kino gehen.
d Ist die Wohnung groß?	Nein, sie ist geschieden.
e Arbeitet Vera?	In der Schweiz.
f Wo wohnen Veras Eltern?	Tom ist vier und Luka ist zwei.
g Wo wohnt ihr Ex-Mann?	Nein, sie ist klein.
h Was möchte Vera?	In Norddeutschland.

2 **Schreiben Sie.**

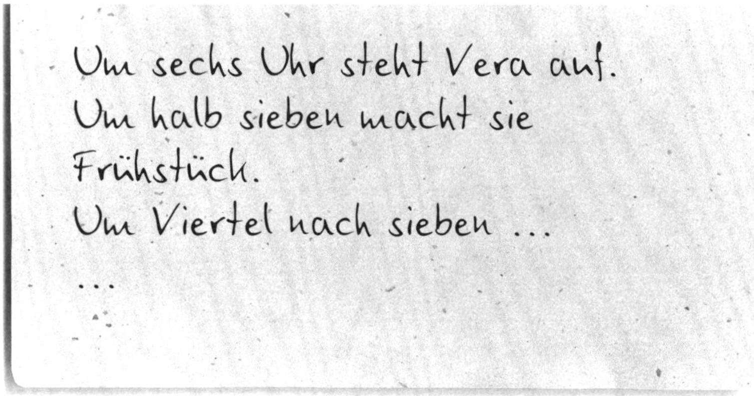

Es regnet.
Es sind 25 Grad. Es ist warm.
Die Sonne scheint.
Es ist windig.
Es sind nur 7 Grad. Es ist kalt.
Es schneit.

Kopiervorlage L6/B2
Quartett

Hinweis: Kopieren Sie die Vorlage mehrfach auf festen farbigen Karton, schneiden Sie die Kärtchen aus und geben Sie jeder Gruppe einen kompletten Spielsatz.

der Apfel

die Banane
die Orange
die Tomate

die Banane

die Orange
die Tomate
der Apfel

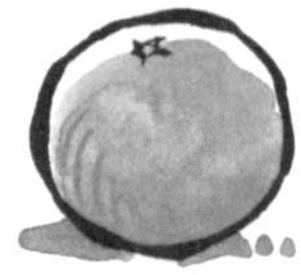

die Orange

die Tomate
der Apfel
die Banane

die Tomate

der Apfel
die Banane
die Orange

die Cola

das Mineralwasser
der Apfelsaft
der Wein

das Mineral-wasser

der Apfelsaft
der Wein
die Cola

der Apfelsaft

der Wein
die Cola
das Mineralwasser

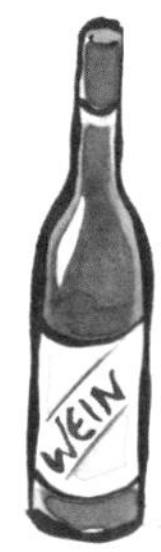

der Wein

die Cola
das Mineralwasser
der Apfelsaft

der Herd

die Waschmaschine
der Fernseher
der Kühlschrank

die Waschmaschine

der Fernseher
der Kühlschrank
der Herd

der Fernseher

der Kühlschrank
der Herd
die Waschmaschine

der Kühlschrank

der Herd
die Waschmaschine
der Fernseher

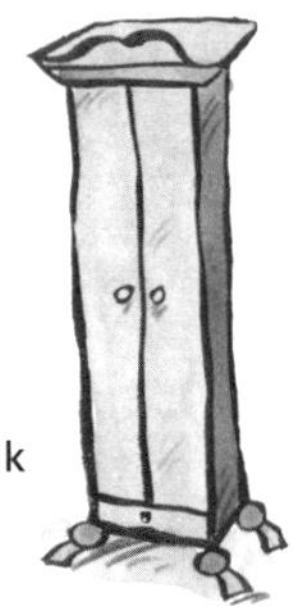

der Schrank

das Sofa
der Tisch
das Bett

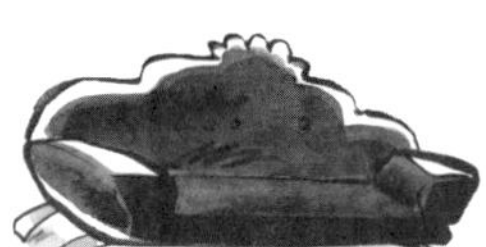

das Sofa

der Tisch
das Bett
der Schrank

der Tisch

das Bett
der Schrank
das Sofa

das Bett

der Schrank
das Sofa
der Tisch

Kopiervorlage L6/D3

Verbpantomime

Hinweis: Kopieren Sie die Kopiervorlage auf bunten Karton oder festes Papier und schneiden Sie die Wort-Bild-Karten aus.

Auto  fahren	 lesen	Briefe  schreiben	Fußball  spielen
 fernsehen	 kochen	Musik  hören	 tanzen
 schwimmen	 schlafen	Sport  machen	Fahrrad  fahren

Vorlage A: Steckbrief

Name: ....

Alter: ....

Land: ....

Hobbys: ....

Mein Lieblingsfilm: ....

Mein Lieblingsbuch: ....

Vorlage B: Zeitungsartikel

Ich s............................ Brieffreunde aus aller Welt.
Ich heiße ....
Ich k........................... aus ....
Meine Hobbys s......................... ....
....
Mein Lieblingsfilm i......................... ....
Ich les........... sehr gerne ....
Ich hör........... gerne ....
Und ....
Chiffre: 5833769 A

Vorlage C: Brief

Hallo!

Ich h...................... ....
Ich .... *Jahre alt und* .... *aus* ....
In der Freizeit ....
Mein Lieblingsfilm ....
Ich .... *sehr gern.*
Bitte schreibt mir!

.... *(Name)*

Kopiervorlage „Zwischenspiel zu Lektion 6"

1 **Was ist richtig? Kreuzen Sie an.**

- ☐ Im Verein bin ich allein.
- ☐ Im Verein finde ich Freunde.
- ☐ Im Verein mache ich mein Hobby zusammen mit anderen.
- ☐ In der Freizeit möchten alle Leute im Verein arbeiten.

2 **Welches Hobby passt zu welchem Verein? Ordnen Sie zu.**

a Gitarre spielen	Schachclub
b Fußball spielen	Gesangsverein
c Schach spielen	Musikverein
d singen	Sportverein
e Tango tanzen	Fußballverein
f tanzen, Fußball spielen, Fitness ...	Tanzclub

3 **Internetrecherche: Wo gibt es in Ihrer Stadt Vereine?**

Sie möchten einen Sportverein, Schwimmverein ... in Ihrer Stadt finden. Geben Sie den Verein und Ihren Wohnort in eine Internet-Suchmaschine ein. Notieren Sie die Adressen.

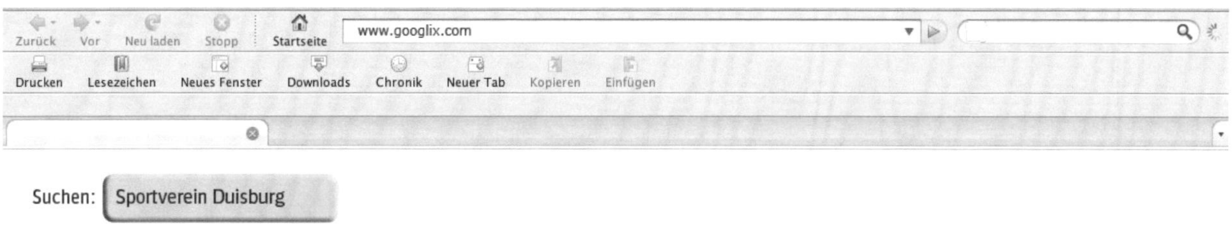

Hinweis: Kopieren Sie die Vorlage auf Folie sowie als Arbeitsblatt für jeden TN. Alle überlegen gemeinsam, nach welchen Fähigkeiten man noch fragen kann, und ergänzen die Tabelle (Folie/Arbeitsblatt). Stellen Sie 2–3 TN die erste Frage und notieren Sie die Namen auf der Folie im entsprechenden Kästchen. Die TN gehen dann mit dem Arbeitsblatt im Kursraum herum, fragen sich gegenseitig und notieren die Namen – pro Aktivität maximal zwei. Abschließend werden die Ergebnisse im Plenum gesammelt.

Aktivitäten	Können Sie / Kannst du gut ...? Ja, ich kann sehr gut / gut	Können Sie / Kannst du gut ...? Nein, ich kann nicht so gut / gar nicht ... .
Fußball spielen	– –	– –
singen	– –	– –
reiten	– –	– –
kochen	– –	– –
jonglieren	– –	– –
einen Handstand machen	– –	– –
...		

Hinweis: Vergrößern Sie die Vorlage auf farbiges DIN-A3-Papier und zerschneiden Sie es in Kärtchen. Jeder TN erhält ein Wortkärtchen. Die TN finden gemeinsam die richtige Satzstruktur und stellen sich mit ihrer Gruppe entsprechend auf.

Ich	will	jetzt	nach	Hause	gehen	.

Wer	kann	gut	Türkisch	sprechen	?

Wir	können	jetzt	die	Uhrzeit	auf
Deutsch	verstehen	.			

Sara	will	heute	nicht	in
die Schule	gehen	.		

Niko	will	hier	sehr	gut	Deutsch
lernen	.				

Antworten Sie.

Ich kann leider nicht ....
Im Sommer / Winter fahre ich nach .... in Urlaub.
Mein Lieblingshobby ist ....
Ich kann sehr gut .... tanzen.
Ich habe früher als .... gearbeitet.
Ich habe noch nie .... gegessen.
Ich habe .... Jahr / Jahre in .... gelebt.
Ich möchte gern .... kaufen.
Ich bin schon mal .... Kilometer gelaufen.

Kopiervorlage L7/D
Projekt

1 **Haben Sie schon einmal Kinder am 1. Schultag in Deutschland gesehen? Machen Sie Notizen.**

2 **Wie ist das in Ihrem Land? Wie ist der 1. Schultag? Was machen die Kinder? Was bekommen die Kinder?**

In meinem Land gehen die Kinder mit .... Jahren in die Schule.

Die Schule beginnt jedes Jahr im ....

Die Kinder tragen .... Schuluniform.

Die Mädchen ....

Die Jungen ....

Die Kinder bekommen am ersten Schultag ....

Sie gehen zusammen mit .... in die Schule.

Dort ....

3 **Was ist in der Schultüte? Was denken Sie? Sammeln Sie Ideen.**

....

....

....

....

....

4 **Was wollen Sie von den Leuten/Kindern zu Schulbeginn in Deutschland wissen? Schreiben Sie.**

....

....

....

....

....

....

Hinweis: Kopieren Sie die Vorlage nur für ungeübte TN und zerschneiden Sie sie so oft, dass Sie jedem Lernpaar ein Dialogmuster geben können. Die TN bearbeiten dieses in Partnerarbeit.

Gespräch 1

▲ ...., Sekretariat, ... am Apparat.

● Guten Morgen, Mein Name ist ....
Meine Tochter / Mein Sohn geht in die Klasse ....
Sie/Er kann heute nicht in die Schule kommen.
Sie/Er ist krank.

▲ Oh, das tut mir leid.
Ich sage es der Lehrerin / dem Lehrer.
Gute Besserung!

Gespräch 2

▲ ...., Sekretariat, ... am Apparat.

● Guten Morgen. Mein Name ist ....
Ich kann heute nicht zum Deutschkurs kommen.
Ich bin krank.
Ich gehe zum Arzt.

▲ Oh, das tut mir leid.
Ich sage es der Lehrerin / dem Lehrer.
Gute Besserung!

Gespräch 3

▲ ...., Sekretariat, ... am Apparat.

● Guten Morgen. Mein Name ist ....
Ich kann heute nicht zum Deutschkurs kommen.
Mein Kind ist krank.

▲ Oh, das tut mir leid.
Ich sage es der Lehrerin / dem Lehrer.
Gute Besserung!

1 **Hören Sie die Texte. Lesen Sie die Texte dann und ergänzen Sie.**

Ach • Boah • Brr • Hey • Hopp • Igitt • Oh Gott • Oh - oh • Oje • Pfui • ~~Ui~~

a *Ui* .... !

■ Das habe ich heute gekauft.

▲ *Ui* .... ! Das ist ja toll!

b .... !

■ .... ! Ist das kalt!

c .... !

■ Du, ich kann heute leider nicht kommen. Ich bin krank.

▲ .... ! Das ist aber schade!

d ....!

■ Ein Kuchen und eine Tasse Kaffee. Das macht 7 Euro 90.

▲ Sieben-neunzig? Moment! Mein Geld! .... ! Ich habe kein Geld dabei!

e ....!

■ Äh ... Was kostet denn die Dose Cola?

▲ Zwei Euro fünfzig!

■ .... ! Ist das teuer!

f .... !

■ Du siehst müde aus.

▲ Ich kann seit Wochen nicht richtig schlafen.

■ .... !? Was ist denn los?

g .... !

1 ■ Hmm! ... Lecker!

▲ .... ! Das ist meine Schokolade!

2 ■ Und was machen wir jetzt?

● .... ! Ich weiß was!

h .... !

■ Hast du heute noch mal Deutsch gelernt?

▲ Nö, warum?

■ Du schreibst doch morgen einen Test, oder?

▲ .... ! Nein! Der Test!

i .... !

■ Du, es ist schon nach acht Uhr ... !

▲ Ja ... ja ...

■ .... jetzt! Du gehst sofort ins Bett!

j ....!

■ Wie findest du den Salat?

▲ .... ! Der schmeckt ja schrecklich!

k .... !

■ Martin! Wie siehst du denn aus!?

▲ Ich habe Kartoffelsalat gegessen.

■ .... ! Geh ins Bad und wasch dir die Hände!

Rollenspiel

Hinweis: Bilden Sie zwei Gruppen. Jede Gruppe bekommt ein Set Karten und spielt völlig autonom dieses Spiel. Verteilen Sie eine Karte pro TN, evtl. auch Klebeband und Stift, sodass die TN sich als Hilfestellung Namensschilder machen können. Die TN sollen sich in ihren Familien zusammenfinden. Sie fragen: Wie heißt du? Wer bist du? Hast du Kinder? ... . Später stellen sie sich und ihre Familie der anderen Gruppe vor. Jeder TN sagt: Ich bin ..., Das sind ..., Das ist mein Bruder ... . Sollte das zu lange dauern, dann kann ein ausgewählter TN „seine Familie" vorstellen.

SET I

Ich bin **Berta**. Meine Tochter ist Erika, mein Mann ist Peter. Mein Sohn heißt Egon. Er lebt in Italien.	Ich bin **Erika**. Meine Mutter ist Berta, mein Vater ist Peter. Ich habe zwei Kinder, einen Sohn und eine Tochter.
Ich heiße **Peter**. Meine Frau heißt Berta. Meine Kinder sind Erika und Egon. Egon lebt in Italien.	Ich bin **Egon**. Ich lebe in Italien. Meine Eltern sind Berta und Peter.
Ich heiße **Ruth**. Ich bin Bertas Schwester. Ich habe keine Kinder.	Ich bin **Fabian**. Meine Mutter ist Erika. Mein Vater heißt Martin. Ich komme aus München.
Ich bin **Sabine**. Ich bin Erikas Tochter. Ich habe keine Kinder.	Mein Name ist **Martin**. Ich bin Erikas Mann. Ich habe eine Schwester.
Ich bin **Adam**. Ich komme aus Polen. Meine Frau heißt Ilka.	Mein Name ist **Ilka**. Mein Bruder ist Martin. Mein Mann heißt Adam.

SET II

Ich bin **Anna**. Mein Mann ist Alexander, meine Tochter heißt Natascha. Mein Sohn heißt Julian. Er lebt in Australien.	Ich bin **Natascha**. Meine Mutter ist Anna, mein Vater ist Alexander. Ich habe drei Kinder: Georg, Greta und Daniela.
Ich heiße **Alexander**. Meine Frau heißt Anna. Meine Kinder sind Natascha und Julian. Julian lebt in Australien.	Ich bin **Julian**. Ich lebe in Australien. Meine Eltern sind Anna und Alexander.
Ich heiße **Daniela**. Mein Bruder ist Georg, meine Schwester ist Greta. Ich habe keine Kinder.	Ich bin **Georg**. Meine Mutter ist Natascha. Mein Vater heißt Peter. Ich komme aus München.
Ich bin **Greta**. Ich bin Nataschas Tochter. Ich habe keine Kinder.	Mein Name ist **Peter**. Ich bin Nataschas Mann. Ich habe eine Schwester, Gunda.
Ich bin **Luis**. Ich komme aus Kolumbien. Meine Frau heißt Gunda.	Mein Name ist **Gunda**. Mein Bruder ist Peter. Mein Mann heißt Luis und kommt aus Kolumbien.

A 

1. Zählen Sie von 20 bis 30.
2. Sagen Sie Ihre Telefonnummer.
3. Sprechen Sie: Das ist ... Kartoffel. Das ist ... Apfel.
4. Die Küche gefällt mir. ... ist sehr groß.
5. der Tisch – die Tische, das Waschbecken – ..., die Badewanne – ...
6. Apfel: ein Apfel, der Apfel, die Äpfel; Brötchen: ...
7. Ihr Einkaufszettel: Was kaufen Sie heute im Supermarkt? Sprechen Sie.
8. groß – klein, schön – ..., alt – ...
9. Nennen Sie drei Elektrogeräte.
10. ● ... der Tisch? ■ Ungefähr einen Meter lang.
11. Wie ... Ihnen die Wohnung? (gefällt/gefallen)
12. ● ... der Balkon? ■ Dort.
13. ■ Kann ich Ihnen helfen? ● Ja, ich ...
14. TG = Tiefgarage, EBK = ...
15. ● Sonst noch etwas? ■ Nein, ...
16. Wie ist Ihre Wohnung? Sprechen Sie: Meine Wohnung ist groß/klein ...
17. Was ist im Klassenzimmer? Suchen Sie drei Möbel.
18. Machen Sie einen Satz: Das – zu – ist – Schlafzimmer – klein
19. Das Zimmer für die Kinder heißt Kinderzimmer, die Flasche mit Wein heißt ...
20. ● Der Flur ist sehr schmal. ■ Was? Der Flur ist doch ... Er ist ...

Wiederholung zu Lektion 3 und Lektion 4

Spiel

B 

1. Zählen Sie: 1111 – 2222 – 3333 - ...
2. Wie viel ist das? 1,99 € + 7,65 € + 1,50 € = ...
3. ein Liter Milch, 200 ... Käse, zwei ... Joghurt, ein ... Kartoffeln
4. Dort ist das Bad. ... ist sehr hell.
5. der Stuhl – die Stühle, ... – die Toiletten, ... – die Sofas
6. Ich möchte bitte zwei ... (Banane), sechs ... (Ei) und ein Pfund ... (Tomate).
7. Ihr Einkaufszettel: Was kaufen Sie heute im Supermarkt? Sprechen Sie.
8. groß – klein, billig – ..., breit – ...
9. Nennen Sie drei Farben.
10. ● Wie breit ist das Sofa denn? ■ ...
11. Wie ... Ihnen die Betten? (gefällt/gefallen)
12. ich möchte, du ..., er/sie ..., wir ..., ihr ..., sie/Sie ...
13. ● Wie viel Rindfleisch möchten Sie? ● ...
14. KT = Kaution, NK = ...
15. ● ...? ■ 3 Euro.
16. Wie ist Ihr Bad? Sprechen Sie: Mein Bad ist groß/klein ...
17. Wie viele Stühle sind im Klassenzimmer?
18. Machen Sie einen Satz: nicht – die – schön – Küche – ist
19. schlafen + das Zimmer = das Schlafzimmer, waschen + die Maschine = ...
20. ● ...? ■ Nein, wir brauchen keine Milch.

Verbspirale

Hinweis:

Spieldauer: ca. 30 – 45 Minuten

1. Sie brauchen pro Kleingruppe von 3–4 TN je ein „Spielbrett“, einen Zahlenwürfel, einen Pronomenwürfel (siehe Seite 134), für jeden TN eine eigene Spielfigur und evtl. Süßigkeiten für die jeweiligen Gruppensieger. Die TN würfeln einmal reihum. Wer die höchste Zahl wirft, beginnt.

2. **Spielverlauf**: Die Augenzahl bestimmt, wie viele Felder der TN auf dem Spielbrett vorrücken darf, das gewürfelte Pronomen entscheidet über die Konjugation des Verbs. Noch nicht so geübte TN konzentrieren sich auf die Konjugation der Verben, geübtere TN bilden kurze Sätze mit der jeweiligen Verbform. Während des Spiels korrigieren sich die TN in der Gruppe gegenseitig.
   Ist die Verbform bzw. der Satz korrekt, darf der Spieler ein Feld vorrücken, hat er einen Fehler gemacht, muss er ein Feld zurück. Weiß der nächste Spieler im Uhrzeigersinn die richtige Lösung, darf dieser ein Feld vorrücken. Wurde die Spielfigur gesetzt, ist der nächste Spieler an der Reihe. Gewonnen hat, wer als Erster das Ziel erreicht. Die anderen Spieler würfeln weiter, bis alle die gesamte Strecke zurückgelegt haben oder die Spielzeit um ist. Der Gewinner jeder Gruppe erhält ggf. einen kleinen Preis. Gehen Sie herum und helfen Sie bei Schwierigkeiten.

TIPP Sind die Spielregeln einmal klar, können Sie das Spiel in angemessenen Abständen für neue Verbformen (z.B. Perfekt, Passiv ...) einsetzen.

Wiederholung zu Lektion 5 und Lektion 6

Verbspirale

Start	1 spr**e**chen	2 wohnen	3 sein	4 hören	5 haben	6 buch-stabieren
29 aufräumen	30 aufstehen	31 Frühstück machen	32 frühstücken	33 arbeiten	34 anrufen	7 singen
28 zeichnen	51 Picknick machen	52 in die Disco gehen	53 Karten spielen	54 schl**a**fen	35 f**a**hren	8 l**e**sen
27 gef**a**llen	50 Fahrrad f**a**hren	65 arbeiten	66 spr**e**chen	55 tanzen	36 einkaufen	9 schreiben
26 ankreuzen	49 Sprachen lernen	64 aufstehen	Ziel	56 schwimmen	37 kochen	10 heißen
25 kennen	48 zum Deutschkurs gehen	63 heißen		57 Auto f**a**hren	38 erns**e**hen	11 aufstehen
24 brauchen	47 zur Schule gehen	62 schl**a**fen		58 Freunde tr**e**ffen	39 Fußball spielen	12 haben
23 verstehen	46 Haus-aufgaben machen	61 ferns**e**hen	60 Briefe schreiben	59 grillen	40 Pizza **e**ssen	13 kommen
22 leben	45 spazieren gehen	44 Musik hören	43 ins Bett gehen	42 einkaufen	41 ins Kino gehen	14 ans**e**hen
21 zeigen	20 suchen	19 sagen	18 markieren	17 kosten	16 ergänzen	15 fragen

Hinweis: Kopieren Sie die Vorlage mehrfach auf Karton oder festes Papier und schneiden Sie sie entlang der Außenränder aus. Knicken Sie die Vorlage dann so, dass die sechs Felder einen Würfel bilden und kleben Sie den Würfel an den Papierlaschen zusammen.

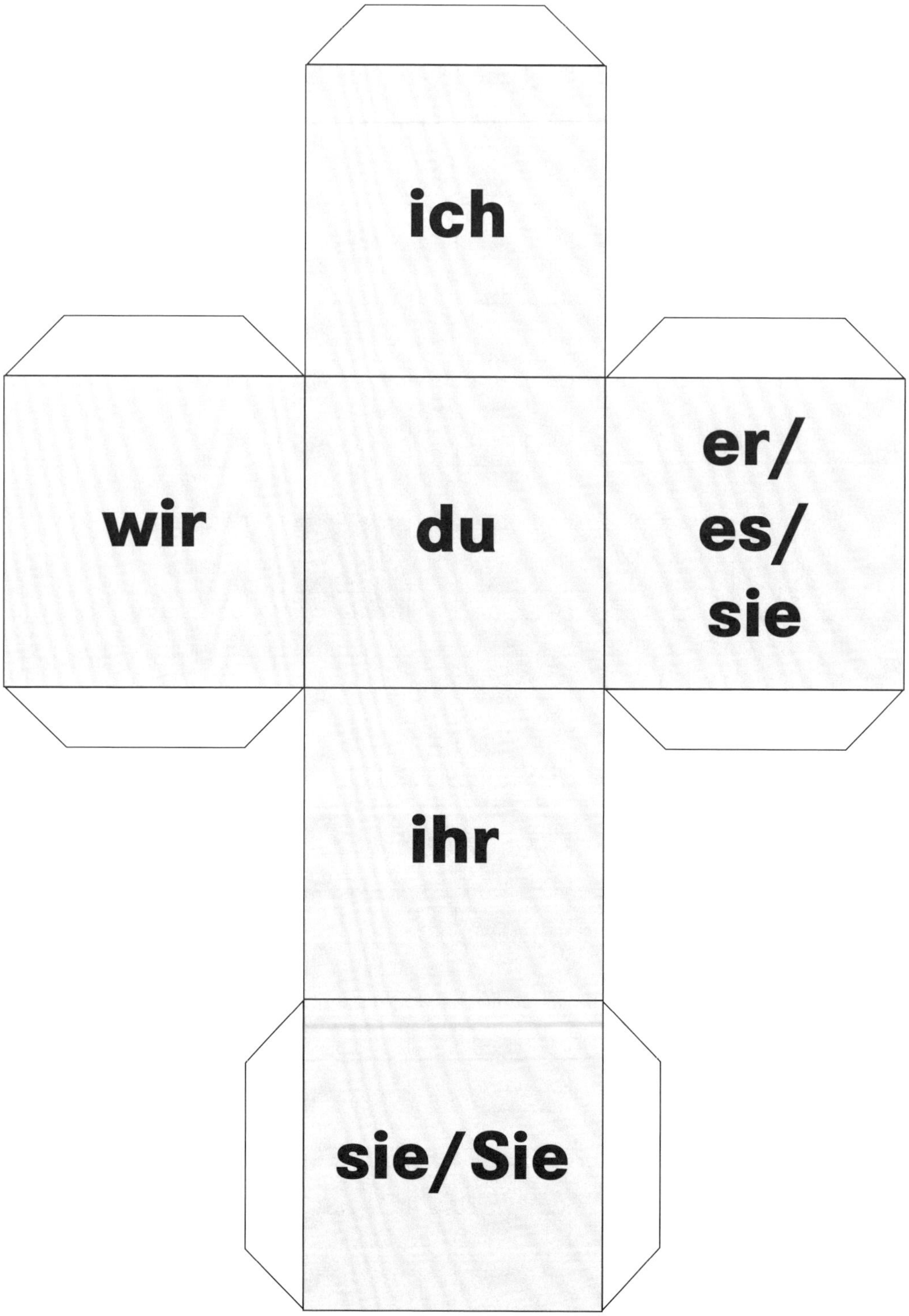

Wiederholungsspiel zu *Schritte plus 1*
Würfelspiel

Hinweis: Sie brauchen für jeden Spieler eine Spielfigur sowie pro Gruppe einen Würfel und ein Spielbrett.

1. Kopieren Sie die Kopiervorlage für jede Kleingruppe von 3–4 TN auf ein DIN-A3-Papier oder auf farbigen Karton.

2. Die TN finden sich so zu Kleingruppen zusammen, dass geübtere und ungeübte TN in den Gruppen vertreten sind und sich gegenseitig helfen können. Greifen Sie ggf. bei der Gruppenbildung ein.

3. Die TN setzen ihre Figur auf den Startpunkt. Der erste Spieler würfelt und rückt mit seiner Figur entsprechend der gewürfelten Zahl vor. Befindet er sich auf einem Feld mit einer Frage, versucht er diese möglichst in ganzen Sätzen zu beantworten. Sind seine Mitspieler mit der Antwort einverstanden bzw. ist sie grammatikalisch korrekt, darf er noch ein Feld vorrücken. Ist seine Antwort nicht zufriedenstellend bzw. grammatikalisch falsch, muss er ein Feld zurückgehen. Die Symbole auf den Feldern, die dann berührt werden, dürfen ignoriert werden.

4. Ereignisfelder: Pausenfelder signalisieren, dass der Spieler die nächste Runde aussetzen muss. Dies gilt nicht, wenn er erst nach einer korrekt bzw. falsch beantworteten Frage auf ein Pausenfeld kommt. Würfelt ein Spieler und setzt seine Spielfigur auf ein Feld, von dem eine Leiter nach oben führt, darf er in die nächste Reihe vorrücken und muss dort die entsprechende Frage beantworten. Weiter wie oben beschrieben. Bei Feldern, von denen eine Leiter hinabführt, gilt umgekehrt, dass der Spieler sofort in die untere Reihe absteigt und dann die Frage des entsprechenden Feldes beantworten muss.

5. Es dürfen auch mehrere Spielfiguren auf demselben Feld stehen, rauswerfen gilt nicht!

6. Wer zuerst das Ziel erreicht, hat gewonnen!

   Variante: Die TN können auch paarweise zusammenspielen und sich bei den Fragen beraten. Dann spielen pro Spielbrett zwei Paare gegeneinander.

Ziel

Was haben Sie gestern gemacht?

Haben Sie eine große Wohnung?

Was sagen Sie?
der Schrank – die Schränke
der Stuhl – die ....

Was sprechen Sie?

Pause

Buchstabieren Sie Ihren Namen.

Wie ist Ihre Adresse?

Machen Sie ein Wort:
das Obst – der Kuchen = der Obstkuchen; die Küche – der Schrank = ...

Was ist das Gegenteil von *teuer*?

Wann machen Sie die Hausaufgaben?

Sind Sie verheiratet?

Was sagen Sie?
das Sofa – die Sofas
der Tisch – die ....

Pause

Haben Sie einen Bruder oder eine Schwester? Erzählen Sie etwas über ihn/sie.

Was sind Ihre Hobbys?

Trinken Sie nicht gern Kaffee?

Hat Ihre Wohnung einen Balkon?

Nennen Sie drei Möbelstücke:
a) ....
b) ....
c) ....

Wie ist das Wetter heute?

Start

Können Sie gut schwimmen?

Was wollen Sie am Wochenende machen?

Machen Sie ein Wort:
das Obst – der Kuchen = der Obstkuchen; die Kinder – das Zimmer = ...

Woher kommen Sie?

Gehen Sie gern ins Kino? Was ist Ihr Lieblingsfilm?

Pause

Was können Sie gut kochen?

Haben Sie Kinder? Wie heißen sie?

Was haben Sie gestern Nachmittag gemacht?

Lesen Sie die Zahlen und ergänzen Sie: 4 – 8 – 12 – ...

Trinken Sie gern Wein?

Pause

Zählen Sie von 50 bis 60.

Wo leben Ihre Eltern?

Nennen Sie drei Lebensmittel:
a) ....
b) ....
c) ....

Was ist Ihre Lieblingsmusik?

Pause

Wie ist Ihre Telefonnummer?

Wie geht es Ihnen heute?

Was machen Sie am Wochenende?

Können Sie gut Auto fahren?

Wie spät ist es jetzt?

Nennen Sie drei Getränke:
a) ....
b) ....
c) ....

Woher kommen Ihre Mitspieler?

Lesen Sie die Zahlen und ergänzen Sie: 3 – 33 – 333 – ...

Wann beginnt der Deutschunterricht?

Lesen Sie gern? Was lesen Sie gern?

Test zu Lektion 1

Name: ....

1 **Ordnen Sie zu.**

Guten Morgen. • ~~Guten Tag.~~ • Hallo. • Tschüs. • Auf Wiedersehen. • Guten Abend. • Gute Nacht.

a *Guten Tag.* ....

b ....

c ....

d ....

e ....

Punkte ..... / 6

2 **Was ist richtig? Unterstreichen Sie.**

Beispiel: Wer bist / ist / bin das? (ist is underlined)

a Ich ist / bist / bin Lara.

b Wie heiße / heißt / heißen du?

c Was sprechen / sprichst / spreche du?

d Ich sprichst / sprechen / spreche Spanisch.

e Du kommen / kommst / komme aus Kroatien.

f Woher kommst / kommen / kommst Sie?

g Mein Name bist / ist / sind Frank.

h Wer ist / sind / bist du?

Punkte ..... / 8

3 Ordnen Sie zu.

a Woher kommst du?	Ich heiße Martin Müller.
b Wer ist das?	Ich spreche Polnisch.
c Wie heißen Sie?	Ich bin Klaus.
d Wer bist du?	Ich komme aus Russland.
e Woher kommen Sie?	Das ist Sara.
f Was sprichst du?	Ich komme aus der Schweiz.

Punkte ..... / 5

4 Was sagen die Personen? Ergänzen Sie das Gespräch.

■ Firma CompuDesign, Annette Huber, ...

▲ Guten Tag. .... Marteleira. Ist Herr Hofer da?

■ Entschuldigung, Frau ... .?

▲ Marteleira. ....: M-A-R-T-E-L-E-I-R-A

■ Ach ja. Ja, Frau Marteleira. Es tut mir leid, Herr Hofer ist nicht da.

▲ Ja, gut. Danke. ....

■ Auf Wiederhören.

Punkte ..... / 5

5 Wie nennt man die Wörter? Schreiben Sie.

....

....

Land ....

....

CompuDesign

Martin Hofer
IT-Spezialist / Software-Entwickler

Ludwig-Erhard-Str. 10
D-20459 Hamburg
Tel.: 040 / 324 28 92
Fax: 040 / 324 28 99
E-Mail: hofer@compudesign.de

Punkte ..... / 6

Insgesamt: .... / 30

Bewertungsschlüssel	
30–27 Punkte	sehr gut
26–23 Punkte	gut
22–19 Punkte	befriedigend
18–15 Punkte	ausreichend
14–0 Punkte	nicht bestanden

Test zu Lektion 2

Name: ....

1 **Ergänzen Sie.**

Beispiel: Hallo Paul, *wo* .... wohnst du?

a .... geht es Ihnen?

b Woher .... Paolo?

c Wer .... das?

d .... sind Sie geboren?

e .... ist Ihre Telefonnummer?

f Wie alt .... Ihre Kinder?

Punkte ..... / 3

2 ***Sie* oder *Er*? Unterstreichen Sie.**

Beispiel: Das ist Vanessa.	Sie/Er	kommt aus Frankreich.
a Das ist Niko.	Sie/Er	wohnt in München.
b Das sind Kevin und Uta.	Sie/Er	leben in der Schweiz.
c Das sind meine Eltern.	Sie/Er	kommen aus Spanien.
d Das ist Anna.	Sie/Er	wohnt in Süddeutschland.
e Das ist mein Mann.	Sie/Er	kommt aus Tunesien.

Punkte ..... / 5

3 **Ergänzen Sie *mein* – *meine*.**

Beispiel: Das ist *mein* .... Sohn Michael.

a Das ist .... Tochter Anna.

b .... Bruder heißt Markus.

c Ich habe zwei Kinder. .... Kinder sind acht und zehn Jahre alt.

d .... Eltern heißen Andreas und Isabel.

e Das ist Barbara, sie ist .... Schwester.

f .... Mann wohnt in Berlin.

Punkte ..... / 3

4 **Machen Sie Sätze. Achtung: Es gibt mehrere Lösungen.**

~~Ich~~ Sie Du Er Ihr Wir	~~lebe~~ seid wohnt haben kommt sprichst
~~in~~ aus drei Kinder. geschieden.	Berlin. Türkisch. ~~Deutschland~~. Frankreich.

Beispiel: Ich lebe in Deutschland.

a ……………………………………………

b ……………………………………………

c ……………………………………………

d ……………………………………………

e ……………………………………………

Punkte ….. / 5

5 **Ergänzen Sie.**

Beispiel: Das ist Sara. Sie ist acht Jahre alt.

a Das ist Sara. Sie ist acht Jahre alt. Sie ……………… in München. Sie ……………… zwei Hasen.
Bruno und Tina ……………… die Eltern von Sara. Sie haben einen Obst- und Gemüseladen.
Sie ……………… in Deutschland. Brunos Mutter ……………… aus Italien.

b Wir ……………… Bruno und Tina. Wir ……………… aus Deutschland und ……………… in München.
Wir ……………… eine Tochter.

c Niko fragt die Hasen: „Und wer ……………… ihr? Wie ……………… ihr?“

d Das ist Niko. Er ……………… aus der Ukraine. Er ……………… in München. Er ……………… keine Kinder.

Punkte ….. / 14

Insgesamt: ………… / 30

Bewertungsschlüssel	
30–27 Punkte	sehr gut
26–23 Punkte	gut
22–19 Punkte	befriedigend
18–15 Punkte	ausreichend
14–0 Punkte	nicht bestanden

Test zu Lektion 3

Name: ....

1 **Welches Wort passt nicht? Streichen Sie das Wort durch.**

Beispiel: Fleisch, Wurst, ~~Reis~~, Fisch

a Banane, Kartoffel, Apfel, Orange
b Joghurt, Milch, Butter, Salz
c Saft, Bier, Cola, Wasser
d Kaffee, Brot, Kuchen, Brötchen
e Käse, Fisch, Schokolade, Wein
f Pfund, Liter, Dose, Gramm

Punkte ..... / 6

2 **Was passt? Ergänzen Sie den Einkaufszettel.**

1 *Kilo* .... Kartoffeln

2 .... Joghurt

200 .... Käse

1 .... Salz

3 .... Mineralwasser

1 .... Öl

Punkte ..... / 5

3 **Ergänzen Sie.**

Beispiel:	eine Banane	viele *Bananen* ....
a	ein Apfel	viele ....
b	ein Saft	viele ....
c	ein Ei	viele ....
d	ein Brötchen	viele ....
e	ein Foto	viele ....
f	eine Frage	viele ....
g	ein Mann	viele ....
h	eine Schwester	viele ....
i	ein Kind	viele ....
j	eine Großmutter	viele ....

Punkte ...... / 10

4 **Schreiben Sie die Fragen.**

Beispiel:

■ Özdemir? *Ist das ein Vorname*……?
● Nein, das ist ein Familienname.

c

● ………………………………………?
■ Ein Apfel.

a

● ……………………………………… Hans?
■ Nein. Er ist Boris.

d

● Guten Tag, Herr Müller.
………………………………………?
■ Nicht so gut.

b

● Ich heiße Antonia. Und ………………………………………?
■ Margit.

e

● ……………………………………… Englisch?
■ Nein. Nur Chinesisch und ein bisschen Deutsch.

Punkte ….. / 5

5 **Im Obst- und Gemüseladen. Ergänzen Sie das Gespräch.**

■ Kann ich Ihnen helfen?
● Ich brauche Bananen. ………………………………………?

■ Ja, natürlich. ………………………………………?
● Ein Kilo, bitte.

■ Gern. Sonst noch was?
● Ja, ich brauche auch Orangen. ………………………………………?

■ Ein Kilo kostet 1,99 Euro.
● Gut. Ich möchte zwei Kilo, bitte.

■ Ja, gern. Sonst noch was?
● Nein, danke. ………………………………………

Punkte ….. / 4

Insgesamt: …………. / 30

Bewertungsschlüssel	
30–27 Punkte	sehr gut
26–23 Punkte	gut
22–19 Punkte	befriedigend
18–15 Punkte	ausreichend
14–0 Punkte	nicht bestanden

Test zu Lektion 4

Name: ....

1 **Ergänzen Sie.**

der Balkon • ~~die Wohnung~~ • die Toilette • das Wohnzimmer • das Bad • die Küche • das Schlafzimmer

Beispiel: Hier sind Zimmer: *die Wohnung*..........................

a Dort ist mein Bett: *das* ....

b Dort sind ein Waschbecken, eine Dusche und eine Badewanne: ....

c Dort ist kein Schrank, kein Bett, kein Fernseher, aber vielleicht ein Stuhl und ein Tisch: ....

d Dort sind der Kühlschrank und der Herd: ....

e Nicht das Bad, aber im Bad: ....

f Dort sind der Fernseher, ein Sofa und ein Tisch: ....

Punkte ..... / 6

2 **Wie heißt das Gegenteil? Kreuzen Sie an.**

Beispiel: Das Haus ist neu.	Das Haus ist	☐ teuer	☒ alt	☐ dunkel.
a Das Haus ist billig.	Das Haus ist	☐ schmal	☐ alt	☐ teuer.
b Die Wohnung ist groß.	Die Wohnung ist	☐ breit	☐ schmal	☐ klein.
c Das Kinderzimmer ist schön.	Das Kinderzimmer ist	☐ hässlich	☐ klein	☐ hell.
d Der Balkon ist hell.	Der Balkon ist	☐ neu	☐ dunkel	☐ schön.
e Der Flur ist breit.	Der Flur ist	☐ schmal	☐ alt	☐ klein.

Punkte ..... / 5

3 **Wie heißen diese Möbel? Schreiben Sie.**

Beispiel:

Das *ist ein Fernseher*.................................. *Er ist*...................................... klein.

a Das .... schön.

b Das .... groß.

c Das .... hässlich.

d Das .... klein.

e Das .... neu.

f Das .... schmal.

g Das .... alt.

Punkte ..... / 14

4 Schreiben Sie die Fragen.

Beispiel: *Sie verkaufen doch einen Schrank, richtig?* Ja, stimmt.

a ....? Ungefähr zwei Meter hoch und einen Meter breit.

b ....? Er kostet 60 Euro.

c ....? Ungefähr ein Jahr alt.

d ....? In der Müllerstraße 113.

e ....? Ja, ich bin da.

Punkte ..... / 5

Insgesamt: .... / 30

Bewertungsschlüssel	
30–27 Punkte	sehr gut
26–23 Punkte	gut
22–19 Punkte	befriedigend
18–15 Punkte	ausreichend
14–0 Punkte	nicht bestanden

Test zu Lektion 5

Name: ....

1 **Wie spät ist es? Schreiben Sie.**

Beispiel: Es ist zehn nach neun ....

a Es ist ....

b Es ist ....

c Es ist ....

d Es ist ....

e Es ist ....

f Es ist ....

Punkte ..... / 6

2 **Was machen die Personen? Schreiben Sie.**

Beispiel: Robert steht .... um 7.20 Uhr auf ....

a Sara ....

Timo ....

b Bruno ....

am Abend ....

c Tina .... im

Supermarkt ....

d Robert und Sofia

....

e Tina .... die

Küche ....

f Robert ....

am Morgen ....

Punkte ..... / 6

3 **Ergänzen Sie *um – von ... bis – am* und *in der.***

Beispiel: Von ...... Montag bis .... Freitag geht Sara zur Schule.

a .... Wochenende schläft Sara lange.

b .... Sonntag frühstückt sie erst .... halb elf.

c Dann spielt sie .... elf .... eins mit Schnuffi und Poppel.

d .... halb drei kommt Niko zu Besuch.

e Niko isst .... Abend bei Familie Schneider.

f Er geht .... halb zehn nach Hause.

g .... Nacht sieht Niko lange fern.

Punkte ..... / 9

4 **Bilden Sie Sätze.**

Beispiel: Wochenende – Daniel – am – lange – schlafen

Am Wochenende schläft Daniel lange. ....

a frühstücken – um – ~~Daniel~~ – 7:00 Uhr – jeden Morgen

Daniel ....

b Daniel – ~~um~~ – essen – oft Spaghetti – 13:30 Uhr

Um ....

c Sport – ~~jeden Nachmittag~~ – machen – Daniel

Jeden Nachmittag ....

d am Abend – fernsehen – viel – ~~Daniel~~

Daniel ....

e ~~jeden Tag~~ – Englisch – lernen – Daniel

Jeden Tag ....

Punkte ..... / 10

Insgesamt: .... / 30

Bewertungsschlüssel	
30–27 Punkte	sehr gut
26–23 Punkte	gut
22–19 Punkte	befriedigend
18–15 Punkte	ausreichend
14–0 Punkte	nicht bestanden

Test zu Lektion 6

Name: ....

1 **Antworten Sie.**

Beispiel:

Regnet es? *Nein, es regnet nicht. Es schneit.*

a Ist es bewölkt? ....

b Schneit es? ....

c Ist es kalt? ....

d Scheint die Sonne? ....

e Ist es warm? ....

Punkte ..... / 5

2 **Ergänzen Sie.**

Der • Das • ~~den~~ • Der • die • der • Den • den • Das • ~~Der~~ • das • den

Beispiel: ■ Entschuldigung, wo finde ich *den* .... Käse?
● *Der* .... Käse ist gleich hier.

a ■ Entschuldigen Sie, wo finde ich .... Wein?
● .... Wein ist gleich hier.
■ Und Mineralwasser?
● .... Wasser ist gleich dort.
■ Und wo ist .... Apfelsaft?
● .... Apfelsaft finden Sie dort.

b ■ Entschuldigung, wo finde ich .... Zucker?
● .... Zucker ist gleich hier.
■ Und wo ist .... Salz?
● .... Salz haben wir dort drüben!
■ Ach ja, haben Sie auch Bananen?
● Ja, ... Bananen sind gleich hier.

Punkte ..... / 10

3 Was passt? Tragen Sie die richtige Kombination in die Tabelle ein.

A Trinken Sie keinen Tee?
B Möchten Sie ein Glas Wein?
C Essen Sie gern Kuchen?
D Trinken Sie keinen Wein?
E Essen Sie keinen Kuchen?
F Möchten Sie einen Tee?
G Essen Sie kein Fleisch?
H Essen Sie gern Fleisch?

a Doch, ich esse Fleisch.
b Doch, ich esse gern Kuchen.
c Nein, ich trinke keinen Tee.
d Ja, ich esse gern Fleisch.
e Doch, ich trinke gern Wein.
f Ja, ich möchte einen Wein.
g Nein, ich möchte keinen Tee.
h Ja, ich esse gern Kuchen.

A	B	C	D	E	F	G	H
c							

Punkte ..... / 7

4 Korrigieren Sie die Sätze.

~~schreiben~~ • lesen • fahren • machen • schlafen • grillen • tanzen • treffen

Beispiel: Peter ~~trifft~~ einen Brief. Peter *schreibt* .... einen Brief.

a Stefan grillt gern Bücher. Stefan .... gern Bücher.

b Martin trifft mit Freunden ein Picknick. Martin .... mit Freunden ein Picknick.

c Familie Mayer schreibt Würstchen. Familie Mayer .... Würstchen.

d Sabine und Karsten fahren gerne Tango.
Sabine und Karsten .... gern Tango.

Punkte ..... / 8

Insgesamt: .... / 30

Bewertungsschlüssel	
30–27 Punkte	sehr gut
26–23 Punkte	gut
22–19 Punkte	befriedigend
18–15 Punkte	ausreichend
14–0 Punkte	nicht bestanden

Test zu Lektion 7

Name: ....

1 **Ergänzen Sie *können* oder *wollen* in der richtigen Form.**

Beispiel: Sabine ist krank. Sie *kann* .... heute nicht zur Schule gehen.

a Thomas hat gestern viel gearbeitet. Heute arbeitet er nicht. Er .... lange schlafen.

b Frau Bachmann hört gern Musik. Sie .... am Wochenende ins Konzert gehen.

c Oh, bitte nicht! Wir .... heute kein Diktat schreiben.

d Die Lehrerin ist nicht da. Sie .... heute keinen Unterricht machen.

e Du hast Fieber. Du .... heute nicht zur Arbeit gehen.

f Hast du heute Abend Zeit? .... wir zusammen ins Kino gehen?

g Du lernst schon lange Spanisch. .... du schon spanische Bücher lesen?

h Ich gehe jetzt einkaufen. Was .... du heute Abend essen?

i Susanne und Werner haben kein Geld. Sie .... kein Auto kaufen.

j Marion und Svetlana sind gute Freundinnen. Sie .... zusammen eine Wohnung suchen.

Punkte ..... / 10

2 **Ergänzen Sie *sein* oder *haben*.**

Beispiel: Heute Morgen *habe* .... ich viel Kaffee *getrunken* .... (trinken).

Gestern .... ich viel .... (machen). Zuerst .... ich in die Schule .... (gehen). Dort .... wir viel .... (schreiben) und viel .... (lesen). Am Nachmittag .... ich zu Karin .... (fahren). Um 16 Uhr .... auch Niko .... (kommen) und wir .... im Park .... (spazieren gehen). Dort .... wir Freunde .... (treffen). Am Abend .... wir alle zusammen .... (essen), Musik .... (hören) und auch ein bisschen .... (tanzen).
Das .... viel Spaß .... (machen). Heute Morgen .... ich dann lange .... (schlafen).

Punkte ..... / 13

3 **Richtig oder falsch? Lesen Sie den Text und kreuzen Sie an.**

Liebe Eltern der Klasse 4a,

am Dienstag, den 27.6., möchte ich mit der Klasse einen Ausflug machen. Ich möchte mit den Kindern an den Staffelsee fahren.
Das Besondere: Wir wollen nicht mit dem Bus fahren, sondern mit dem Zug.
Am See gibt es ein kleines Schwimmbad. Dort können die Kinder schwimmen und Fußball spielen. Am Nachmittag wollen wir ein Picknick machen und grillen. Die Kinder brauchen Schwimmsachen, ein Handtuch und Fleisch zum Grillen. Getränke kaufen wir dort.
Hoffentlich regnet es nicht!

Mit freundlichen Grüßen
Stefanie Bauer
Klassenlehrerin 4a

		richtig	falsch
a	Die Lehrerin heißt Frau Bauer.	☒	☐
b	Die Lehrerin will mit den Kindern am Freitag an einen See fahren.	☐	☐
c	Die Klasse fährt mit dem Zug.	☐	☐
d	Am See ist ein Schwimmbad.	☐	☐
e	Die Kinder können dort Fußball spielen.	☐	☐
f	Frau Bauer möchte mit den Kindern ein Picknick machen.	☐	☐
g	Die Kinder bringen die Getränke mit.	☐	☐
h	Am Dienstag regnet es.	☐	☐

Punkte ..... / 7

Insgesamt: .... / 30

Bewertungsschlüssel	
30–27 Punkte	sehr gut
26–23 Punkte	gut
22–19 Punkte	befriedigend
18–15 Punkte	ausreichend
14–0 Punkte	nicht bestanden

Lektion 1 Guten Tag. Mein Name ist ...

Folge 1: *Nikolaj Miron*

Nikolaj: Hm ...

Nikolaj: Hm ... Hans Müller ... Rosenheimer Straße 118 ... Hm ...

Nikolaj: Guten Tag!

Sara: Hallo!
Nikolaj: Äh, Hans Müller?
Sara: Papa! Papa!

Nikolaj: Ah!
Sara: Das ist Schnuffi. Und das ist Poppel. Ich bin Sara. Und wie heißen Sie?
Nikolaj: Ich heiße Nikolaj.

Bruno: Guten Tag!
Sara: Das ist Nikolaj.
Nikolaj: Mein Name ist Nikolaj Miron. Ich komme aus der Ukraine.

Bruno: Ja? Bitte?
Nikolaj: Hans Müller? Rosenheimer Straße 118?
Bruno: Ach so! Nein, ich bin nicht Herr Müller. Ich heiße Schneider, Bruno Schneider.

Bruno: Dort ist die Rosenheimer Straße 118!
Nikolaj: Ah! Danke! Vielen Dank!

Sara: Tschüs, Nikolaj!
Nikolaj: Auf Wiedersehen, Sara!

Schritt A A1

Nikolaj: Guten Tag.
Sara: Hallo.
Nikolaj: Auf Wiedersehen.
Sara: Tschüs.

Schritt A A2

vgl. Kursbuch Seite 10

Schritt B B2

vgl. Kursbuch Seite 11

Schritt C C1

vgl. Kursbuch Seite 12

Schritt C C4

Reporter: Hallo! Ich bin Lars von Radio „Multi-Kulti". Und wie heißt du?
Junge: Ali.
Reporter: Woher kommst du, Ali?
Junge: Aus der Türkei.
Reporter: Du sprichst aber gut Deutsch! Und du? Wer bist du?
Mädchen: Ich bin Renan. Ich spreche auch Deutsch und Türkisch.

Reporter: Woher kommen Sie, Herr Taylor?
Mann: Aus den USA, aus Chicago.
Reporter: Sie sprechen aber gut Deutsch.
Mann: Nein, nein. Nur ein bisschen.

Schritt D D1

vgl. Kursbuch Seite 14

Schritt D D3

A ... B ... C ... Okay?
A wie Akkordeon
B wie Baby
C wie Cent
D wie Dynamit
E wie Elefant
F wie Flöte
G wie Gitarre
H wie Hallo
I wie Insekt
J wie Jaguar
K wie Kamera
L wie Lokomotive
M wie Mikrofon
N wie Natur
O wie Ozean
P wie Polizei
Q wie Quartett
R wie Radio
S wie Saxophon
T wie Telefon
U wie Uhu
V wie Volksmusik
W wie Wolfgang Amadeus
X wie Xylophon
und ... jetzt ... Ypsilon
Z wie Zirkus: „Meine Damen und Herren, das war das ABC."

Schritt D D5

vgl. Kursbuch Seite 15

Zwischenspiel 1 *Deutsch-Training*

Mann: Hallo.
Frau: Hallo.
Mann: Guten Tag.
Frau: Guten Tag.
Mann: So, und jetzt alle, ... zwei ...drei ... und
Frau und Mann: Hallo. Hallo. Guten Tag. Guten Tag. ...

Mann: Ich heiße Wolfgang. Ich heiße Wolfgang. Ich heiße Wolfgang Altmann. Jetzt alle.
Frau und Mann: Ich heiße Wolfgang. Ich heiße Wolfgang. Ich heiße Wolfgang Altmann. ...

Frau: Ich komme aus Österreich. Ich spreche Deutsch und Englisch.
Mann: Jetzt alle:
Frau und Mann: Ich komme aus Österreich. Ich spreche Deutsch und Englisch.

Frau: Tschüs.
Mann: Tschüs.
Frau: Auf Wiedersehen.
Mann: Auf Wiedersehen.
Frau: Jetzt alle.
Mann: zwei, drei ... und ...
Frau und Mann: Tschüs. Tschüs. Auf Wiedersehen. Auf Wiedersehen.

Lektion 2 Meine Familie

Folge 2: *Pipsi und Schnofferl*

Nikolaj: Äh, guten Tag!
Tina: Hallo!
Nikolaj: Entschuldigung ...
Tina: Ja, bitte?
Nikolaj: Wo ist denn Sara? Und wo ist Bruno?

Tina: Wie bitte? Wer sind Sie denn?
Nikolaj: Oh, Entschuldigung! Mein Name ist ...
Tina: Moment mal! Bruno! Bruno!

Bruno: Hey! Das ist doch Herr, äh ...
Nikolaj: Miron. Nikolaj Miron.
Bruno: Ja, richtig! Na, wie geht's, Herr Miron?
Nikolaj: Danke, sehr gut!
Tina: Ach so! Ihr kennt euch!?

Bruno: Ja. Das ist meine Frau.
Nikolaj: Guten Tag.
Tina: Hallo.
Bruno: Und das ist Herr Miron. Er kommt aus Russland. Er wohnt hier in der Rosenheimer Straße.
Nikolaj: Nein, nein, ich komme nicht aus Russland. Ich komme aus der Ukraine. Meine Mutter und mein Bruder leben in Kiew. Aber jetzt wohne ich hier in München.

Tina: Ah, da kommt Sara! Hallo!
Sara: Hallo!
Bruno: Na, mein Kind? Wie geht's?
Sara: Gut! Hallo, Nikolaj!
Nikolaj: Hallo, Sara!

Nikolaj: Guck mal, Sara: hier ist Futter.
Sara: Futter?
Nikolaj: Ja. Für Pipsi und Schnofferl.
Sara: Pipsi? Schnofferl? Oh Mann, Nikolaj!
Nikolaj: Was ist denn?

Sara: Sie heißen Schnuffi und Poppel, verstehst du?
Nikolaj: Oh, Entschuldigung! Hier bitte! Guten Appetit, Schnuffi und Poppel. Richtig?
Sara: Ja, das ist richtig.

Schritt A A1

1 Tina: Wie geht's?
Nikolaj: Super.

2 Bruno: Wie geht's?
Nikolaj: Danke, sehr gut.

3 Sara: Wie geht's?
Nikolaj: Gut, danke.

4 Mann: Wie geht's?
Nikolaj: Na ja, es geht.

5 Frau: Wie geht's?
Nikolaj: Ach, nicht so gut.

Schritt A A2

vgl. Kursbuch Seite 22

Schritt B B1

A Bruno: Das ist Tina, meine Frau.
Und das da ist meine Tochter Sara.

B Sara: Das sind meine Eltern.
Mein Vater heißt Bruno, meine Mutter heißt Tina.

C Nikolaj: Das hier ist mein Bruder.

Schritt B B2

A Rebecca: Ach, hallo Simon. Wie geht's?
Simon: Hallo, Rebecca.
Rebecca: Simon, das ist meine Familie: Das ist mein Mann Holger ...
Simon: Hallo!
Holger: Hallo!
Rebecca: ... und das sind meine Kinder: mein Sohn Manuel und meine Tochter Lea.
Manuel: Hi!
Lea: Hallo!
Simon: Freut mich.

B Jens: Hallo, Herr Bauer.
Herr Bauer: Hallo, Jens.
Jens: Das sind meine Geschwister.
Das ist mein kleiner Bruder Markus.
Herr Bauer: Hallo. Und du bist also Jens kleine Schwester.
Marlene: Ja, ich heiße Marlene.
Herr Bauer: Ah, ja. Und das sind sicher deine Großeltern.
Jens: Genau. Das sind Oma und Opa.
Herr Bauer: Ja, dann kenne ich ja nun fast deine ganze Familie.

Schritt C C1

A Nikolaj: Ich komme aus der Ukraine. Ich wohne in München, in der Rosenheimer Straße. Meine Mutter und mein Bruder leben in Kiew.

B Sara: Ich bin Sara. Ich habe zwei Hasen, sie heißen Schnuffi und Poppel.

C Bruno: Ich lebe in München. Meine Mutter kommt aus Italien. Meine Eltern wohnen nicht in München, sie leben in Nürnberg.

Schritt C C3
vgl. Kursbuch Seite 24
Schritt D D1
vgl. Kursbuch Seite 25

Schritt D D2
a Die gewünschte Rufnummer lautet: 13 16 20. Die Vorwahl lautet ...

b Die gewünschte Rufnummer lautet: 19 16 10. Die Vorwahl lautet ...

c Die gewünschte Rufnummer lautet: 19 15 12. Die Vorwahl lautet ...

Schritt D D3
vgl. Kursbuch Seite 25

Schritt E E2/E3
a Hallo! Mein Name ist Hanne Winkler. Ich bin zwanzig und komme aus Stuttgart. Seit zwei Jahren lebe ich in Hamburg. Hamburg ist in Norddeutschland. Ich bin verheiratet. Mein Mann heißt Sven. Wir haben noch keine Kinder.

b Guten Tag! Ich heiße Ashraf Shabaro. Ich komme aus Syrien und lebe seit 20 Jahren hier in Berlin. Meine Mutter lebt in Syrien, mein Vater ist schon lange tot. Meine Frau ist Deutsche. Sie heißt Karin. Wir haben drei Kinder. Sie sind siebzehn, dreizehn und zehn Jahre alt und sprechen Arabisch und Deutsch.

c Servus! Ich heiße Thomas Gierl. Ich bin ledig und habe keine Kinder. Ich komme aus Innsbruck, aber ich wohne jetzt in Wien. Wien ist die Hauptstadt von Österreich. Wien ist super, hier ist immer was los.

d Grüezi! Ich heiße Margrit Ehrler und lebe in der Schweiz. Mein Mann und ich, wir sind in Zürich geboren und wohnen auch hier. Wir haben einen Sohn. Er heißt Jakob und ist zwölf Jahre alt. Und wir haben eine Tochter. Sie heißt Lisa und ist noch ein Baby.

Zwischenspiel 2 *Das ist meine Familie*
1 Birgül: Hallo. Ich heiße Birgül Albrecht.
Meine Familie kommt aus der Türkei.
Aber ich bin in Frankfurt geboren.
Mein Mann ist auch aus Frankfurt.
Wir leben jetzt in Köln.
Wir haben zwei Kinder:
Yasmin ist acht und Stefan ist vier.

2 Markus: Grüß Gott! Ich heiße Markus Dengelbauer.
Ich bin 35 Jahre alt, geschieden und habe einen Sohn. Mein Sohn ist neun.

3 Andrea: Hallo! Ich heiße Andrea Albrecht.
Ich bin in Frankfurt geboren, aber ich lebe jetzt in Linz. Mein Freund heißt Markus.

Lektion 3 Einkauf
Folge 3: *Kennen Sie fan-fit?*

Nikolaj: Hm ... das ist doch keine Sahne, oder? Nein, das ist ein Joghurt. Wo ist denn hier die Sahne?

Nikolaj: Fleisch, saure Sahne, Brot, Wasser, hm ... ich habe alles, nur kein Salz.

Verkäuferin: Hallo! Kennen Sie schon *fan-fit*?
Nikolaj: Nein. Was ist das?
Verkäuferin: *fan-fit* ist ein neues Getränk für Sportler.
Nikolaj: Ich möchte eigentlich ...
Verkäuferin: Hier, probieren Sie doch einfach mal! Das ist *fan-fit*-Apfel.

Verkäuferin: Und das ist *fan-fit*-Banane ...
Nikolaj: Ich brauche ...
Verkäuferin: Eine Flasche *fan-fit* kostet 2 Euro, vier Flaschen kosten nur 7 Euro 10 und zwölf Flaschen nur 23 Euro 50!

Nikolaj: Äh, haben Sie auch Salz? Ich brauche nämlich Salz.
Verkäuferin: Äh, was? Salz? Ich, äh ...
Nikolaj: Ach ja! Da ist es ja!

Nikolaj: Vielen Dank! Und auf Wiedersehen!

Verkäuferin: Hallo! Kennen Sie schon *fan-fit*? Hier, probieren Sie doch einfach mal! Das ist *fan-fit*-Apfel.

Schritt A A2
vgl. Kursbuch Seite 32

Schritt B B1
A Nikolaj: Das ist doch keine Sahne, oder?
Nein, das ist ein Joghurt.

B Nikolaj: Ist das eine Tomate?
Sara: Nein, das ist keine Tomate. Das ist ein Apfel.

Schritt B B2
vgl. Kursbuch Seite 33

Schritt C C1
Eine Flasche *fan-fit* kostet 2 Euro. Vier Flaschen kosten nur 7 Euro 10.
Kennen Sie die neue Apfelsorte aus Südafrika? Ein Apfel kostet 10 Cent, 12 Äpfel kosten nur einen Euro. Probieren Sie und nehmen Sie gleich ein paar leckere Äpfel mit nach Hause.

Möchten Sie die Neuheit probieren? Brötchen aus Kartoffelmehl. Sechs Stück für 1 Euro 10. Sie essen lieber Brot? Dann nehmen Sie Brot aus Kartoffelmehl für nur 2 Euro 20.

Schritt D D1
vgl. Kursbuch Seite 35

Schritt D D2

a
Kunde: Grüß Gott!
Fräulein: Guten Tag! ... Bitte schön?
Kunde: Eine Semmel ...
Fräulein: Wie bitte?
Kunde: Eine Semmel möcht' ich.
Fräulein: Sie meinen: ein Brötchen?
Kunde: Jaja ...
Fräulein: Hier bitte ...
Kunde: Danke.
Fräulein: Sonst noch etwas?
Kunde: Nein. ... Nur eine Semmel.
Fräulein: 35 Cent, bitte ... Danke schön!
Kunde: Auf Wiederschaun!
Fräulein: Auf Wiedersehen!

b
Kunde: Na, was ist? Haben wir jetzt alles?
Kundin: Nein. Wir brauchen noch Eier.
Kunde: Eier? Hm. Hier bitte! Hier hast du Eier!
Kundin: Nee, nee! Das sind ja Bio-Eier!
Kunde: Na und? Eier sind Eier ...
Kundin: Nee, die sind zu teuer!
Kunde: Zu teuer?
Kundin: Was kosten die denn?
Kunde: Einen Euro sechsundsiebzig.
Kundin: Na ja ... das geht ...
Kunde: Na? Haben wir jetzt alles? ...
Kundin: Ja, ja, ja ...

c
Mann: Fiiisch! Frischer Fiiiisch! Hier! Kommen Sie, Herrschaften! Heute Sonderpreis! 100 Gramm nur einsfünfzig! Fiiisch!
Frau: Hallo?
Mann: Kann ich Ihnen helfen, junge Frau?
Frau: Haben Sie Eier?
Mann: Eier? Ich hab‘ doch keine Eier! Ich hab' nur Fiiisch!
Frau: Schade ...
Mann: Frischer Fiiisch! Heute Sonderpreis! 100 Gramm für nur einen Euro und fünfzig! Fiisch! Ganz friiisch!

Schritt E E1

Verkäuferin: Guten Tag. Bitte schön?
Kundin: Ein Kilo Kartoffeln, bitte.
Verkäuferin: Ja, gern. Sonst noch etwas?
Kundin: Ja, ich brauche ein Pfund Äpfel.
Verkäuferin: Tut mir leid. Wir haben keine Äpfel mehr.
Kundin: Haben Sie Bananen?
Verkäuferin: Ja. Möchten Sie Bananen?
Kundin: Ja, bitte. Was kostet ein Kilo?
Verkäuferin: 1 Euro 69.
Kundin: Gut. Dann ein Kilo.
Verkäuferin: Sonst noch etwas?
Kundin: Nein, danke. Das ist alles.
Verkäuferin: Das macht dann 2 Euro 38.

Lektion 4 Meine Wohnung

Folge 4: *Sara hat Hunger*

Nikolaj: Hallo! Guten Abend!
Bruno, Tina: Hallo!
Sara: Mmm, hier riecht's aber gut! Ich hab solchen Hunger!
Nikolaj: Das ist prima, Sara! Der Borschtsch ist schon fertig.
Sara: Der was?
Bruno: Hier, bitte! Wein aus Italien.
Nikolaj: Oh, vielen Dank, Herr Schneider!

Nikolaj: Na? Wie gefällt Ihnen die Wohnung?
Tina: Ganz gut. Und was meinst du, Bruno?
Bruno: Das Zimmer ist aber nicht groß.
Nikolaj: Stimmt, es ist sehr klein. Aber ich habe nicht viele Möbel.
Sara: Papa!

Sara: Papa, ich hab Hunger. Und ich habe Durst.
Bruno: Ja, gleich, Sara!

Tina: Entschuldigung, Herr Miron. Wo ist denn das Bad?
Nikolaj: Das Bad ist dort. Aber Vorsicht! Es ist auch sehr klein.
Sara: Papa!
Bruno: Ja! Gleich!

Bruno: Was kostet denn die Wohnung?
Nikolaj: Sie ist nicht billig: 650 Euro im Monat.
Bruno: Boah, das ist aber teuer!
Nikolaj: Na ja.

Nikolaj: Also, Prost, Frau Schneider! Prost, Herr Schneider!
Bruno, Tina: Prost.
Tina: Ach was, ist es nicht besser, wir sagen „Du“?
Nikolaj: Ja, gerne!
Bruno: Gute Idee!
Tina: Also, ich heiße Tina.
Bruno: Und ich Bruno.
Nikolaj: Ich bin Nikolaj. Prost!
Tina: Sagt mal, wo ist eigentlich Sara?

Bruno, Tina: Sara! Hhhh!

Sara: Hmm, ich weiß immer noch nicht, was Borschtsch ist. Aber es schmeckt total gut!

Schritt A A2

vgl. Kursbuch Seite 42

Schritt B B1

Niko: Na? Wie gefällt Ihnen die Wohnung?
Tina: Ganz gut. Und was meinst du, Bruno?
Bruno: Das Zimmer ist nicht groß.
Niko: Stimmt. Es ist sehr klein.

Schritt B B3

vgl. Kursbuch Seite 43

Schritt D D1
vgl. Kursbuch Seite 45

Schritt D D2
a 100
b 2055
c 340
d 6973
e 88000
f 600000

Schritt E E1/E2
Herr Welker: Welker. Hallo?
Frau Baumann: Äh, hallo? Hier ist Baumann. Sie verkaufen doch einen Schreibtisch, richtig?
Herr Welker: Stimmt.
Frau Baumann: Gut, dann habe ich zwei Fragen: Welche Farbe hat der Tisch und wie lang ist er?
Herr Welker: Also, der Tisch ist dunkelblau und ungefähr zwei Meter lang.
Frau Baumann: Ungefähr? Wie lang ist er denn genau?
Herr Welker: Er ist genau zwei Meter und zweiundzwanzig Zentimeter lang.
Frau Baumann: Aha! Ich möchte den Tisch gern sehen. Sind Sie denn heute zu Hause?
Herr Welker: Ja, ich bin da.
Frau Baumann: Wo wohnen Sie denn?
Herr Welker: In der Paul-Heyse-Straße 41. Die geht vom Mittleren Ring ...

Zwischenspiel 4 *Die Adresse ist ...*
Anrufbeantworter: Hallo! Hier ist Walter Dürr. Ich bin nicht zu Hause. Sprechen Sie bitte jetzt.
Herr Niemann: Hallo, Herr Dürr. Hhm... Hier ist Klaus Niemann von der DILEDA-Versicherung. Sie kommen ja morgen zu mir. Aber Sie haben die neue Adresse noch nicht, oder? Die Adresse ist Rindermarkt 12. Das Haus ist grau. Die DILEDA-Versicherung ist im vierten Stock. Also dann, bis morgen! Auf Wiederhören!

Lektion 5 Mein Tag

Folge 5: *Nur ein Spiel!*
Sara: Bitte Mama! Nur ein Spiel!

Tina: Nein, Sara, heute nicht mehr. Es ist schon neun Uhr.
Sara: Ach, bitte.

Tina: Nein, Sara, ich bin so müde! Schau mal, jeden Morgen mache ich das Frühstück, dann bringe ich dich zur Schule, ich kaufe im Supermarkt ein, ich koche, ich putze, ich räume die Wohnung auf, helfe im Laden, ...
Sara: Och!

Sara: Spielst du mit mir, Papa?
Bruno: Nein.
Sara: Och! Warum denn nicht?

Bruno: Ich bin auch zu müde, mein Schatz! Schau, ich stehe von Montag bis Freitag jeden Tag um 5 Uhr auf und fahre zur Großmarkthalle. Von 7 Uhr morgens bis 7 Uhr abends arbeite ich im Laden. Und dann mache ich auch noch die Kasse. Wir spielen am Sonntag, okay?

Sara: Na und? Ich bin auch müde.

Sara: Ich gehe jeden Vormittag in die Schule, jeden Nachmittag mache ich Hausaufgaben und zwei Mal in der Woche gehe ich auch noch zum Tanzkurs.

Sara: Aber ich bin nicht so wie Mama und Papa! Ich spiele mit euch!

Schritt A A1
vgl. Kursbuch Seite 52

Schritt A A2/A3
1 Oh Gott, schon zwanzig nach sieben!

2 ● Mensch, wo bleibst du denn? Immer kommst du zu spät. Es ist schon zehn vor vier. Um halb vier wolltest du da sein!
■ Ja, ich weiß. Tut mir leid.

3 ● Oh, ist es schon zwölf?
■ Nein, erst fünf vor zwölf. Schnell, hol den Champagner. Es ist gleich so weit!

4 ● Mann, ist das langweilig!
■ Es ist schon fünf vor halb eins. Nur noch fünf Minuten.

Schritt B B2
(Sie hören Geräusche zu: aufstehen, Frühstück machen, arbeiten, einkaufen, kochen, aufräumen und fernsehen)

Schritt C C1
A Bruno: Ich stehe von Montag bis Freitag um 5 Uhr auf.
B Tina: Ich stehe am Samstag um 10 Uhr auf.
C Sara: Ich stehe am Sonntag erst um halb zwölf auf.

Schritt C C2
vgl. Kursbuch Seite 54

Schritt C C3
■ Sprachschule Lingua, guten Tag.
● Guten Tag. Mein Name ist Shalabi. Ich möchte einen Deutschkurs machen.
■ Ja, gern. Wann haben Sie denn Zeit? Der Intensivkurs zum Beispiel ist jeden Tag von 9 bis 12 Uhr.
● Nein, das geht nicht. Da arbeite ich. Haben Sie auch einen Kurs am Abend?
■ Ja, am Montag- und Mittwochabend von 6 bis halb 8.
● Oh ja, das passt gut. Kann ich zum Test vorbeikommen?

Schritt C C5

Valentina: Ja? Hier ist Valentina ...
Anna: Hi, Tina, hier ist Anna ...
Valentina: Hallo!
Anna: Du, ich möchte mal wieder skaten gehen.
Valentina: Skaten?! Oh ja! Das möcht' ich auch.
Anna: Na prima! Hast du heute Nachmittag Zeit?
Valentina: N-nn! Da mach' ich Hausaufgaben.
Anna: Ach so? Und morgen Nachmittag?
Valentina: Da mach' ich auch Hausaufgaben.
Anna: Mann! Und am Donnerstag?
Valentina: Am Donnerstag hab' ich Zeit. Von Viertel nach vier bis sechs?
Anna: Okay! Dann also tschüs, bis Donnerstag!
Valentina: Tschüs, Anna!

Schritt D D2

Robert: Ja, hallo?
Mutter: Robert? Bist du's? Hier ist Mama. Sag, Robert, wann kommst du morgen?
Robert: Ach Mama, ich komme nicht. Ich habe keine Zeit. Morgen arbeite ich den ganzen Tag. Am Abend kaufe ich noch ein und habe Englischkurs. Ich schaffe es wirklich nicht, morgen vorbeizukommen ...

Schritt E E2

1 Hallo, liebe Fitnessfreunde! Unser Studio ist von Montag bis Freitag von 9 Uhr 30 bis 23 Uhr geöffnet, am Samstag von 9 bis 16 Uhr und am Sonntag von 9 bis 12 Uhr 30. In dieser Zeit können Sie uns auch telefonisch erreichen. Also, bis dann!

2 Bad Reichenhall. Sie rufen außerhalb unserer Öffnungszeiten an. Sie erreichen uns von Montag bis Mittwoch von 8 bis 16 Uhr, am Donnerstag von 7 Uhr 30 bis 18 Uhr und am Freitag von 8 bis 13 Uhr 30. Vielen Dank für Ihren Anruf. Guten Tag. Das ist das Arbeitsamt Bad Reichenhall ...

3 Guten Tag. Sie haben die Nummer der Praxis Dr. Annette Krönke gewählt. Unsere Sprechzeiten sind von Montag bis Donnerstag, 8 Uhr 30 bis 16 Uhr 30 und am Freitag von 9 bis 12 Uhr. In dringenden Fällen wenden Sie sich bitte an Herrn Dr. Weber, Telefon 069/448810.

4 Liebe Kundinnen, unser Salon ist vom 01. August bis zum 08. August wegen Betriebsurlaub geschlossen. Sie erreichen uns wieder ab dem 09. August zu den gewohnten Geschäftszeiten, von Dienstag bis Freitag, 9 bis 18 Uhr 30 und Samstag, 8 bis 13 Uhr. Vielen Dank, dass Sie uns die Treue halten und auf Wiederhören.

Schritt E E3

Guten Tag. Hier ist die Touristeninformation der Stadt Hamburg. Unser Büro ist zur Zeit leider nicht besetzt. Sie erreichen uns von Montag bis Freitag von 9 Uhr bis 12 Uhr 30 und von 14 Uhr bis 16 Uhr 30. Am Samstag sind wir von 8 bis 12 Uhr für Sie da. Wir freuen uns auf Ihren Besuch.

Lektion 6 Freizeit

Folge 6: *Grill-Cola*

Tina: Wie ist denn das Wetter?
Bruno: Äh, nicht so schön. Es regnet.

Tina: Also kein Picknick heute! Sehr gut!
Bruno: Doch! Natürlich machen wir das Picknick!
Tina: Nein, Bruno! Bei Regen gehe ich nicht raus!
Bruno: Ätsch! Es regnet gar nicht! Hier, guck mal: Die Sonne scheint. Ein tolles Wetter ist heute! Ein richtiges Super-Picknick-Wetter!
Tina: Witzbold!

Bruno: Hast du den Fisch, Tina?
Tina: Ja.
Bruno: Und wo ist der Salat? Hast du den Salat?
Tina: Ja! Den hab ich auch.
Bruno: Aber das Brot? Du hast das Brot nicht dabei!
Tina: Doch! Da ist es. Und du? Hast du die Getränke?
Bruno: Ich? Natürlich! Ich habe alles.

Sara: Hast du auch Cola dabei, Papa?
Bruno: Nein. Es gibt Wasser und Apfelsaft.
Sara: Och! Ich will Cola haben!
Tina: Du bekommst aber keine Cola, Sara!
Sara: Och, Mann!
Bruno: Ruhe jetzt!

Bruno: Äh, und noch was, Niko: Bring bitte Kohle mit! Ja, ja, ich weiß: Heute ist Sonntag. Die Geschäfte sind zu. Aber die Tankstellen sind geöffnet. Ja? ... Super! ... Danke, Niko!

Niko: Hallo!
Bruno, Tina, Sara: Hallo, Niko! Da kommst du ja endlich!
Bruno: Hast du ...?
Niko: Na klar! Hier, bitte!
Sara: Ui toll! Cola!
Bruno: Nein, nein! Doch nicht COLA! KOHLE! Verstehst du? Kohle für den Grill!

Niko: So. Eine Viertelstunde noch, dann grillen wir.
Tina: Siehst du, Bruno? Es geht auch ohne Kohle.

Sara: Aber nicht ohne Cola!

Schritt A A2

Tina: Wie ist denn das Wetter?
Bruno: Nicht so schön. Es regnet.
Tina: Also kein Picknick heute! Sehr gut!
Bruno: Es regnet gar nicht! Hier, guck mal: Die Sonne scheint.

Schritt B B1

vgl. Kursbuch Seite 65

Schritt B B2

vgl. Kursbuch Seite 65

Schritt C C1

vgl. Kursbuch Seite 66

Schritt C C3

a Oma: Hallo, Markus. Du, was möchtest du zum Geburtstag? Einen Fußball?
Junge: Ja, ich möchte gern einen Fußball. Super!
Oma: Ach, du möchtest keinen Fuball?
Junge: Doch! Ich möchte sehr gern einen Fußball.

b Oma: Ein super Picknickwetter!
Frau: Ja, stimmt.
Oma: Möchten Sie eine Cola?
Frau: Ja, ich trinke gern eine Cola.
Oma: Ach, Sie möchten keine Cola.
Frau: Doch! Ich möchte eine Cola.

c Opa: Na, Kinder, möchtet ihr ein Eis?
Junge: Ja, wir möchten gern ein Eis.
Opa: Oh, ihr möchtet kein Eis?
Junge: Doch! Wir möchten ein Eis.

Schritt E E1

a Schönen guten Morgen nach Weiden! Bewölkt bei 10 Grad, Hof meldet ebenfalls bewölkt, 11 Grad, und Passau Regen, 9 Grad.

b Auf der B381 ereignete sich am Morgen ein schwerer Unfall. Drei Personen wurden verletzt. Das Wetter: Der Regen lässt allmählich nach und die Temperaturen steigen auf 18 Grad. Morgen scheint dann überall die Sonne und am Donnerstag wird es so richtig warm mit Temperaturen um 24 Grad. Das waren die Nachrichten.

c Das Wetter heute in Sachsen: viel Regen, viele Wolken und Wind. Temperaturen 8 bis 12 Grad. A 9 Nürnberg – Berlin, zwischen Eisenberg und Naumburg drei Kilometer Stau nach einem Unfall ...

Zwischenspiel 6 *Allein? ... Verein!*

Du möchtest keinen Kaffee? – Nein.
Du möchtest keine Milch? O Mann.
Ich möchte auch keinen Tomatensaft.
Ja, was möchtest du denn dann?

Ich möchte singen.
Du bist nicht allein.
Wir alle singen gern
im Verein.

Wir machen keine Pizza. Nein.
Wir kochen auch kein Ei. O Mann!
Wir backen keinen Kuchen.
Ja, was machen wir denn dann?

Wir singen ein Lied.
Wir sind nicht allein.
Wir alle singen gern
im Verein.

Lektion 7 Kinder und Schule

Folge 7: *Fieber? So so!*

Bruno: Sara! Sara! Das Frühstück ist fertig. Na, wie hast du geschlafen?
Sara: Ganz schlecht, Papa! Mir geht's gar nicht gut. Ich kann heute nicht in die Schule gehen.

Bruno: Was hast du denn, mein Schatz?
Sara: Ich glaube, ich habe Fieber. Und mein Bauch tut weh!
Bruno: Oje! Du Arme! Hast du gestern was Schlechtes gegessen?
Sara: Hm, vielleicht. Kannst du in der Schule anrufen, Papa?
Bruno: Klar! Mach ich gleich! Wie heißt deine Lehrerin?
Sara: Sie heißt Frau Müller.
Bruno: Ach, richtig.

Tina: Was machst du da? Kann ich dir helfen?
Bruno: Ich will Saras Lehrerin anrufen. Hast du den Zettel mit der Telefonnummer gesehen?
Tina: Warum willst du Frau Müller anrufen?
Bruno: Sara ist krank. Sie kann heute nicht in die Schule gehen.
Tina: Aha!
Bruno: Was heißt: Aha?
Tina: Aha heißt: Ich habe verstanden.
Bruno: Ach, klär du das. Ich gehe jetzt in den Laden.

Tina: Du hast kein Fieber. Du kannst in die Schule gehen.
Sara: Ich will aber nicht in die Schule gehen.

Tina: Du hast 36,3.
Sara: Trotzdem!

Tina: Ihr schreibt heute ein Diktat, stimmt's? Ich hab dir das gestern fünf Mal gesagt. Trotzdem hast du gestern nichts gelernt. Pass auf! Du ziehst dich jetzt ganz schnell an und dann lernen wir beim Frühstück noch ein bisschen, ja? Wollen wir es so machen?
Sara: Hm-hm.
Tina: Dann komm jetzt! Wir schaffen das schon.

Tina: Also dann tschüs, Sara. Mach's gut.
Sara: Tschüs, Mama.

Sara: Hallo!
Tina, Bruno: Hallo, Schatz!
Bruno: Na, geht's dir wieder gut?
Sara: Ja, du Papa, ich bin doch in die Schule gegangen.
Bruno: Das weiß ich schon.
Tina: Und? Habt ihr das Diktat geschrieben?
Sara: Stellt euch vor: Wir schreiben das Diktat erst morgen. Frau Müller ist krank. Sie ist heute zu Hause geblieben.

Schritt A A1

a Sara: Mir geht's gar nicht gut. Ich kann heute nicht in die Schule gehen.

b Bruno: Sara hat Fieber. Sie kann heute nicht in die Schule gehen.

c Tina: Du hast kein Fieber. Du kannst in die Schule gehen.

Schritt A A2
vgl. Kursbuch Seite 74

Schritt C C1
A Bruno: Na, wie hast du geschlafen?

B Bruno: Hast du den Zettel mit der Telefonnummer gesehen?

C Tina: Du hast kein Fieber. Du hast gestern nichts gelernt.

D Tina: Habt ihr das Diktat geschrieben?

Schritt D D1
Bruno: Hallo, Sara!
Sara: Oh, hallo Papa!
Bruno: Erzähl mal: Was hast du heute Schönes gemacht?
Sara: Na ja, am Morgen bin ich in die Schule gegangen, wie immer. Danach bin ich mit Mama in den Supermarkt gefahren und wir haben gaaanz viel eingekauft. Am Nachmittag bin ich mit Niko spazieren gegangen und dann ist Katja gekommen und wir haben gespielt.
Bruno: Na, das hört sich ja gut an. Das war bestimmt ein schöner Tag.

Schritt D D3
vgl. Kursbuch Seite 77

Schritt E E3
Sekretärin: Johann-Gutenberg-Schule, Sekretariat, Behrens.
Frau Kerner: Guten Morgen, Frau Behrens. Mein Name ist Kerner. Ich bin die Mutter von Sebastian.
Sekretärin: Ah, guten Morgen, Frau Kerner.
Frau Kerner: Mein Sohn geht in die Klasse 3c. Er kann heute nicht in die Schule kommen. Er ist krank. Deshalb kann er auch leider nicht zum Spadener See mitfahren.
Sekretärin: Oh, das tut mir leid. Ich sage es seiner Lehrerin. Und gute Besserung!
Frau Kerner: Vielen Dank. Auf Wiederhören.
Sekretärin: Wiederhören.

Zwischenspiel 7 *Ui! Ich hab' schon wieder was gelernt!*
Ui!
● Das hab' ich heute gekauft.
■ Ui! Das ist ja toll!

▼ Wollen wir ins Schwimmbad gehen?
◆ Ui! Ja!

Brr!
▼ Brr! ... Ist das kalt!

■ Brr! ... Das ist aber kalt heute!

Oje!
● Ich habe heute den ganzen Tag noch nichts gegessen.
■ Oje! Ich mach' dir gleich ein Brot!

▼ Du, ich kann heute leider nicht kommen. Ich bin krank.
✱ Oje! Das ist aber schade!

● Ich kann meine Uhr nicht finden.
■ Oje!
● Hast du sie vielleicht gesehen?
■ Nein, tut mir leid!

Oh Gott!
Kellner: Ein Kuchen und eine Tasse Kaffee. Das macht sieben Euro neunzig.
Gast: Sieben-neunzig? Moment! Mein Geld! Oh Gott! Ich habe kein Geld dabei!

Boah!
Kunde: Äh, was kostet denn die Dose Cola?
Kioskbesitzer: Zwei Euro fünfzig!
Kunde: Boah! Ist das teuer!

▼ Guck mal, ich hab' mir 'ne neue Uhr gekauft.
■ Boah! Die sieht ja super aus!

Ach!?
● Du siehst müde aus.
■ Ich kann seit Wochen nicht richtig schlafen.
● Ach!? ... Was ist denn los?

▼ Hast du schon gehört? Meier hat sich 'nen Porsche gekauft.
✱ Ach!?

Hey!
▼ Hey! Hey!! Kann ich vielleicht auch mal was sagen?

Mädchen: Hmm! Lecker!
Junge: Hey! Das ist meine Schokolade!

▼ Und was machen wir jetzt?
■ Hey! Ich weiß was!

Fahrer: Hey! Können Sie nicht aufpassen?

Oh - oh!
Mutter: Hast du heute noch mal Deutsch gelernt?
Kind: Nö, warum?
Mutter: Du schreibst doch morgen einen Test, oder?
Kind: Oh - oh! Nein! Der Test!

▼ Na, hast du heute schon gearbeitet?
■ Nö! Du?
▼ Nö!
■ Vorsicht! Der Chef!
▼ Oh - oh!

Hopp!

Trainer: Na los, schnell, schnell, Leute! Hopp! Hopp! Hopp! Wir haben keine Zeit mehr!

Mutter: Du, es ist schon nach acht Uhr ... !
Kind: Jaaaa ... jaaaa ...
Mutter: Hopp jetzt! Du gehst sofort ins Bett!

Igitt!

▼ Wie findest du den Salat?
■ Igitt! Der schmeckt ja schrecklich!

● Sag mal, wie riecht's denn hier?
✱ Igitt!
● Schnell, wir machen die Fenster auf!

Pfui!

Frauchen: Pfui, Bello! Lass das!

Mutter: Martin! Wie siehst du denn aus!?
Martin: Ich hab' Kartoffelsalat gegessen.
Mutter: Pfui! Geh ins Bad und wasch dir die Hände!
Martin: Okay!

Lektion 1 Guten Tag. Mein Name ist ...

Schritt A Übung 1

Tschüs!
Guten Abend!
Auf Wiedersehen!
Danke!
Morgen!
Guten Tag!
Nacht!

Schritt A Übung 2

vgl. Arbeitsbuch Seite 86

Schritt B Übung 5

vgl. Arbeitsbuch Seite 87

Schritt B Übung 6

vgl. Arbeitsbuch Seite 87

Schritt C Übung 12

A Guten Tag, ich heiße Karim Rochdi. Ich komme aus Teheran. Das ist im Iran. Jetzt bin ich in Deutschland, in Köln. Ich spreche Persisch, Arabisch und Deutsch.

B Ja, hallo, ich bin Heidi aus Berlin, aus Deutschland. Ich komme eigentlich aus Frankfurt. Aber jetzt bin ich schon vier Jahre in Berlin. Ich spreche Deutsch – natürlich – Englisch und ein bisschen Russisch.

C Mein Name ist Jan Novak. Ich bin aus Polen und jetzt schon 10 Jahre in Deutschland. Ich spreche Polnisch, Russisch und gut Deutsch.

Schritt D Übung 18

1 Anna
2 Michaela
3 Sophie
4 Kristina
5 Vanessa
6 Nikolaj
7 Felix
8 Jannick
9 Moritz
10 Simon

Schritt D Übung 19

vgl. Arbeitsbuch Seite 71

Lektion 2 Meine Familie

Schritt A Übung 1

vgl. Arbeitsbuch Seite 96

Schritt B Übung 12

vgl. Arbeitsbuch Seite 98

Schritt D Übung 21

dreizehn – sechs – elf – fünf – vierzehn– siebzehn – acht – neunzehn – drei – zwanzig

Schritt E Übung 30

● Guten Tag, meine Damen und Herren. Ich freue mich, dass Sie alle hier sind, in Berlin. Ich begrüße ganz herzlich Herrn und Frau Maritschek aus Österreich.
▼ Servus, ich bin die Gabi Maritschek aus Wien. Und das ist mein Mann.
◀ Grüß Gott.
● Und hier unsere beiden Kollegen aus der Schweiz – herzlich Willkommen.
◆ Salü, ich bin die Evi, und ich komme aus Bern.
▲ Gruezi miteinand, ich heiße Markus Wiesner. Ich komme aus Basel.
● Aus Süddeutschland kommen Frau Meindl und Frau Pfleiderer.
◗ Grüß Gott. Ich bin Annette Pfleiderer aus Stuttgart .
Ja, und ich bin Uschi Meindl aus München, grüß Gott.
● Und das ist unser Kollege aus dem Norden.
✖ Moin, Moin, ich bin Ulf aus Lübeck.
● So, nun will ich Ihnen erst mal unser Seminarprogramm vorstellen ...

Lektion 3 Einkauf

Schritt A Übung 1

vgl. Arbeitsbuch Seite 108

Schritt B Übung 10

vgl. Arbeitsbuch Seite 111

Schritt D Übung 18

vgl. Arbeitsbuch Seite 114

Schritt D Übung 19

- vier – neun – sechs – fünf
- neunundreißig – dreiundsechzig – dreizehn
- fünf – zweiunddreißig – dreiundzwanzig
- null – sieben – sechs – drei – drei – acht – siebzehn – neunundzwanzig

Schritt D Übung 20

21, 45, 84, 63, 72, 67, 83, 36, 48, 75, 70, 54, 38, 20, 30, 42, 33, 48

Schritt D Übung 22

In unserer Sendung „Essen und Trinken“ geht es heute um ein kleines Ding, das uns vom Frühstück bis zum Abendessen begleitet: das Brötchen. Ein Brötchen heißt aber nicht einfach nur Brötchen, in manchen Regionen Deutschlands nennt man es Semmel, Wecken, Rundstück oder Schrippe.

▼ Ein Rundstück mit Hering, bitte.
● Entschuldigung, was kaufen Sie da?
▼ Ein Rundstück mit ...
● Kein Brötchen?
▼ Nee, wir sind hier in Hamburg, und da heißt das Rundstück.

Hören wir doch weiter nach Süddeutschland, nach Stuttgart.

◆ Ich kauf mir zum Vesper immer zwei Wecken und manchmal auch noch eine Brezel.

Und etwas weiter in München, da heißt das Brötchen Semmel.

■ Ja, meine Brotzeit, das sind zwei-drei Semmeln mit Leberkäs.

Und jetzt gehen wir wieder nach Norden in die Hauptstadt, nach Berlin. Dort esse ich jetzt dann 2 Schrippen, eine mit Wurst und eine mit Käse.

Das war unsere Rundreise durch Deutschland zum Thema Brötchen. Wir hören uns wieder ...

Lektion 4 Meine Wohnung

Schritt C Übung 11

vgl. Arbeitsbuch Seite 122

Schritt D Übung 18

943, 187, 76, 934, 67, 27; das Lösungswort lautet: ZAHLEN

Schritt E Übung 20

vgl. Arbeitsbuch Seite 126

Schritt E Übung 21

vgl. Arbeitsbuch Seite 126

Lektion 5 Mein Tag

Schritt D Übung 22

vgl. Arbeitsbuch Seite 135

Schritt D Übung 23

vgl. Arbeitsbuch Seite 135

Schritt D Übung 24

vgl. Arbeitsbuch Seite 135

Schritt E Übung 26

1 Frau Rhode: Rhode.
Timo: Tag, Frau Rhode, hier ist Timo. Ist Jasmin da?
Frau Rhode: Hallo, Timo. Nein, tut mir leid.
Timo: Wann kommt sie denn?
Frau Rhode: Am Montag hat sie nachmittags Schule und dann Tanzkurs. Da kommt sie sehr spät nach Hause. Was gibt's denn?
Timo: Ich habe am Donnerstag Geburtstag und am Freitag mache ich eine Party. Kommt Jasmin?
Frau Rhode: Sicher sehr gerne. Wann denn?
Timo: So um acht.
Frau Rhode: Ich sage es Jasmin. Sie ruft dich noch an. Also tschüs, Timo.
Timo: Tschüs, Frau Rhode.

2 Andrea: Hallo, Christina, wie geht's?
Tina: Danke, es geht.
Andrea: Kommst du mit einkaufen? Ich fahre in den Supermarkt.
Tina: Nein, tut mir leid, ich koche gerade das Mittagessen. Jasmin kommt um ein Uhr aus der Schule. Aber um drei Uhr habe ich Zeit, bis sechs Uhr, da gehe ich dann zu Stefan in den Laden.
Andrea: Also gut, bis drei.

3 Frau Männlin: Männlin.
Stefan: Stefan Rhode. Sie verkaufen einen Schrank. Ich möchte den gerne kaufen. Ist der noch da?
Frau Männlin: Ja, kommen Sie doch vorbei. Wir wohnen in der Mühlenstraße zehn.
Stefan: Entschuldigung, Müllerstraße?
Frau Männlin: Nein, Mühlenstraße. Ich buchstabiere: M Ü H L E N Straße.
Stefan: Danke, alles klar.

Schritt E Übung 27

a vgl. Arbeitsbuch Seite 137

d
1 Möchten Sie Tee? – Ja, gern.
2 Wie ist Ihre Adresse? – Ludwigstraße zehn.
3 Tina macht jeden Tag das Frühstück und kocht das Mittagessen.
4 Fünf Kilo Kartoffeln kosten vier Euro sechzig.
5 500 Gramm Käse, bitte.
6 Meine Familie ist sehr groß. Ich habe sieben Kinder.

Lektion 6 Freizeit

Schritt B Übung 10

a vgl. Arbeitsbuch 143

b
■ Hast du das Brot?
● Nein, das Brot habe ich nicht, aber die Brötchen.

■ Hast du den Saft?
● Nein, den Saft habe ich nicht, aber den Wein.

■ Hast du das Obst?
● Nein, das Obst habe ich nicht, aber den Kuchen.

■ Hast du den Tee?
● Nein, den Tee habe ich nicht, aber den Kaffee.

■ Hast du die Milch?
● Nein, die Milch habe ich nicht, aber den Zucker.

■ Hast du die Wurst?
● Nein, die Wurst habe ich nicht, aber den Käse.

Schritt D Übung 21

vgl. Arbeitsbuch Seite 147

Lektion 7 Kinder und Schule

Schritt A Übung 6
vgl. Arbeitsbuch Seite 153

Schritt A Übung 7
a Gehen wir spazieren?
b Wie spät ist es?
c Das stimmt nicht.
d Buchstabieren Sie bitte das Wort.
e Das schmeckt gut.
f Er ist ein Sportler.
g Ich brauche eine Waschmaschine und einen Kühlschrank.

Fokus 2 *Du oder Sie*

Übung 2
Gespräch 1

Beamter:	Wie heißen Sie?
Nurhan:	Ich heiße Nurhan Ayatekın. Nurhan Ayatekın, verstehen Sie?
Beamter:	Nurhan ... okay ... und wie ist der Familienname?
Nurhan:	Ayatekın, verstehen Sie? Ayatekın.
Beamter:	Tut mir leid. Buchstabieren Sie bitte.
Nurhan:	A ... Ypsilon ... A ... T ... E ... K ... I ohne Punkt ... N.

Gespräch 2

Kassiererin:	Hallo!
Nurhan:	Hallo!
Kassiererin:	Na, wie geht's?
Nurhan:	Gut. Und wie geht's Ihnen?
Kassiererin:	Na ja, es geht. Danke! Schönen Tag noch!
Nurhan:	Ja. Ihnen auch. Tschüs!

Gespräch 3

Elke:	Und wie heißt du?
Nurhan:	Entschuldigung?
Elke:	Wer bist du?
Nurhan:	Ich bin Nurhan. Und du?
Elke:	Hallo Nurhan! Ich bin Elke.
Nurhan:	Hallo Elke! Und? Wie geht es dir?
Elke:	Sehr gut! Und dir?
Nurhan:	Auch sehr gut.

Gespräch 4

Nurhan:	Guten Morgen, Herr Grüner!
Herr Grüner:	'n Morgen, Schwester!
Nurhan:	Naa? Wie geht es Ihnen denn, Herr Grüner?
Herr Grüner:	Ach, nicht so gut.
Nurhan:	So? Das tut mir aber leid, Herr Grüner. Was ist denn?
Herr Grüner:	Na ja, ich hab' ziemliche Schmerzen.
Nurhan:	Oje!

Fokus 4 *Rund ums Wohnen*

Übung 2
Hausverwaltung Gewofag. Guten Morgen, Herr Saidi. Ihre Heizung in der Küche ist ja kaputt. Da möchten wir kurz in Ihre Wohnung. Vielleicht gleich heute Abend? Sind Sie zu Hause? Bitte rufen Sie mich unter 0177 / 214 82 2 zurück.

Fokus 5 *Informationen zum Sprachkurs verstehen*

Übung 3

a	Herr Koffi:	Frau Urban?
	Frau Urban:	Ja, Herr Koffi?
	Herr Koffi:	Ich gehe heute schon um 15 Uhr. Ich gehe noch zur Fahrschule. Tut mir leid.
	Frau Urban:	Das ist schon in Ordnung.
b	Herr Melnik:	Frau Urban, ich gehe heute auch schon um 15 Uhr. Ich gehe noch zur Arbeitsagentur.
	Frau Urban:	Gut, Herr Melnik, alles klar!
c	Frau Rydland:	Und ich komme morgen erst um 14 Uhr. Ich gehe zum Arzt. Ist das in Ordnung?
	Frau Urban:	Kein Problem, Frau Rydland.

Fokus 6 *Schriftliche Arbeitsaufträge verstehen*

Übung 2
Anja: Was mache ich heute? Mal sehen, hm, also: die Papierkörbe leeren, dann: die Waschbecken in den Klassenzimmern putzen, ja, und in den Toiletten auch die Waschbecken, und natürlich die Toiletten, ach ja: und staubsaugen, im Büro des Direktors, sonst noch etwas? Nein, das ist alles.

Fokus 7 *Sich telefonisch krankmelden*

Übung 1

Herr Amann:	Telmitecs GmbH. Amann. Guten Morgen.
Frau Olbrich:	Guten Morgen, Herr Amann. Hier ist Annette Olbrich.
Herr Amann:	Guten Morgen, Frau Olbrich.
Frau Olbrich:	Ich kann heute leider nicht zur Arbeit kommen. Ich bin krank.
Herr Amann:	Oje. Sind Sie schon zum Arzt gegangen?
Frau Olbrich:	Nein, aber ich gehe jetzt gleich.
Herr Amann:	Na dann: Gute Besserung, Frau Olbrich!
Frau Olbrich:	Vielen Dank, Herr Amann, tschüs.

Übung 2

Gespräch 1

Herr Brummer:	Brummer. Hallo?
Jonas Schwalb:	Hallo, Herr Brummer, hier ist Jonas Schwalb. Ich komme heute nicht zur Arbeit.
Herr Brummer:	So? Warum denn nicht?
Jonas Schwalb:	Ich bin krank.
Herr Brummer:	So? Aha. Und wann kommen Sie wieder?
Jonas Schwalb:	Das weiß ich noch nicht. Ich melde mich wieder.

Gespräch 2

Frau Schön:	Guten Tag. Hier spricht Adelheid Schön.
Lilli Meier:	Hallo, Frau Schön. Hier ist Lilli, Lilli Meier. Ich kann heute leider nicht zur Arbeit kommen.
Frau Schön:	Oh, was ist denn?
Lilli Meier:	Ich bin krank.
Frau Schön:	Oh, das tut mir leid. Wann können Sie denn wieder kommen?
Lilli Meier:	Ich denke bald. Vielleicht nächsten Montag.
Frau Schön:	Also dann, gute Besserung!

Lektion 1

A

1 Guten Abend! Auf Wiedersehen! Danke! Morgen! Guten Tag! Nacht!

3 06.00 Guten Morgen
09.00 Guten Morgen
13.00 Guten Tag
15.30 Guten Tag
19.00 Guten Abend
23.45 Guten Abend
} Hallo

06.00
09.00
13.00
15.30
19.00
23.45
} Auf Wiedersehen, Tschüs, Gute Nacht

4 *Musterlösung:* a Hallo! b Guten Morgen! – Guten Morgen. c Jetzt aber gute Nacht. – Nacht, Papa. d Guten Abend, (Michaela). – Guten Abend, (Alexander). e Tschüs, (Felix). – Auf Wiedersehen.

B

6 ● Guten Tág. Ich bin Marietta. ↘
■ Entschúldigung, ↘ wíe heißen Sie? ↗
● Marietta Ádler. ↘
■ Hérzlich willkómmen, Mariétta. ↘

7 a ◆ Und wie heißen Sie? ■ Ich heiße Petra Kaiser.
b ● Entschuldigung, wie heißen Sie?
c ■ Herr Wiese, das ist meine Kollegin Frau Weiß. ▼ Guten Abend, Frau Weiß.

8 b Wie heißen Sie? c Ich heiße Lukas. d Das ist Frau Hummel. e Wie heißen Sie? f Wer ist das?

9 a ... wie ...? – ... ist ... . b ... ist ...? – Das ist Felix. c ... heiße ... . – ... heißen ...? – ... heiße ... . d ... Herr ... . – ... wer ...? – Frau Kunz. e Und wer ist das?

10 a Und wie heißen Sie? b Wer ist Frau Bauer? c Herzlich willkommen, Frau Frei. d Das ist Frau Kaufmann. e Und wer ist das?

11 a ... wer ist das? b Entschuldigung, wie heißen Sie? – Ich heiße/Mein Name ist ... c Wer ... – (Das ist) Frau Karadeniz. d Ich weiß (es) nicht.

C

12 *Karim*: Teheran, Iran, Deutschland, Köln, Persisch, Arabisch, Deutsch. *Heidi*: Berlin, Frankfurt, Deutsch, Englisch, Russisch. *Jan*: Polen, Deutschland, Polnisch, Russisch, Deutsch.

13 a Wie heißen Sie? Woher kommen Sie? Was sprechen Sie? b Und wer bist du? c Ich heiße ... – Ich bin ... . Woher kommst du? – Ich komme ... . Was sprichst du?

14 komm**e** – komm**st** – komm**en**; sprech**e** – sprich**st** – sprech**en**; heiß**e** – heiß**t** – heiß**en**; bin – **bist** – **sind**

15 a heiße b komme c sprechen d heißt e sind f spreche g kommen h bin i sprichst

16 b ... komme ... c ... sprechen ... d ... sprichst ... e ... kommen ... f ... heißen ... g ... kommst ... h ... heißt ... i ... sprechen ...

17 B Kind ➜ Frau: *Sie* C Kind ➜ Kind: *du* D Frau ➜ Mann: *Sie* E Mann ➜ Frau: *Sie*; Mann ➜ Kind: *du*; Kind ➜ Mann: *Sie* F Frau ➜ Frau: *Sie*; Frau ➜ Frau: *Sie*

D

18 **2** Michaela **3** Sophie **4** Kristina **5** Vanessa **6** Nikolaj **7** Felix **8** Jannick **9** Moritz **10** Simon

20 a Tut mir leid. b Tut mir leid. c Entschuldigung. d Tut mir leid. e Entschuldigung.

21 ● Mein Name ist Anita. Und wie heißt du? ■ Ich heiße Andreas ● Woher kommst du? ■ Aus Österreich.
● Guten Tag. Wie ist Ihr Name, bitte? ■ Mein Name ist Lukas Bürgelin. ● Woher kommen Sie? ■ Ich komme aus der Schweiz.

22 Ich heiße Sara und ich spreche Deutsch. Das ist Schnuffi und das ist Poppel. Und das ist Nikolaj aus der Ukraine. Ich bin Bruno, ich komme aus Deutschland.

23 Entschuldigung, wie ist Ihr Name? Ist Herr Schneider da? Ich buchstabiere: Zilinski. Tut mir leid, Herr Schneider ist nicht da. Danke. Auf Wiederhöen.
Musterlösung: ● Guten Tag. Mein Name ist Zilinski.
■ Entschuldigung, wie ist Ihr Name? ● Ich buchstabiere: Zilinski.
● Ist Herr Schneider da? ■ Tut mir leid, Herr Schneider ist nicht da. ● Danke. Auf Wiederhören.

24 *Musterlösung:* Ich heiße Kimiko Michiba. Ich komme aus Kyoto. Das ist in Japan. Jetzt bin ich in Deutschland, in Dresden. Ich spreche Japanisch, Deutsch und ein bisschen Englisch.

E

26 a *Familienname*: Krowalski; *Straße*: Karl-Friedrich-Straße; *Hausnummer*: 5; *Postleitzahl*: 79423; *Wohnort*: Heitersheim
b Herrn
Max Obermeier
Wilhelmstr. 5
13595 Berlin

27 10719 Berlin - 60437 Frankfurt a. Main - 81669 München - 01067 Dresden

Lektion 2

A

1 Wie geht es Ihnen? Danke, gut. Und Ihnen?
Wie geht es Dir? Gut, danke. Und dir?
Hallo, Tina. Wie geht's? Ach, es geht! Und dir?

2 Danke, sehr gut. – Gut, danke. – Na ja, es geht. – Ach, nicht so gut.

3 a Und Ihnen? – Auch gut, danke. b Wie geht es dir? – Und dir? – Es geht.

4 *Musterlösung:*
a ... geht es dir? – Super, danke. Und wie geht es dir? – Auch gut. b ... Herr Schneider. Wie geht es Ihnen? – Naja, es geht. Und Ihnen? – Danke, sehr gut.

B

5 Eltern
Mutter Vater
Kinder Bruder
Tochter Sohn

6 Großvater/Opa, Vater, Sohn, Bruder. - Großmutter/Oma, Mutter, Tochter, Schwester. - Großeltern, Eltern, Geschwister, Kinder

7 b ... Kinder: ... Sohn ... Tochter ... c ... Kinder: ... Sohn ... Sohn ... Tochter ... d ... Eltern: ... Mutter ... Vater.
e ... Großeltern: ... Großmutter/Oma ... Großvater/Opa.

8 *rot:* Tochter, Mutter, Großmutter/Oma; *grün:* Vater, Großvater/Opa; *gelb:* Eltern, Großeltern

9 b ... Frau ... - ... Frau c ... Mann - ... Herr. - ... Frau ...

10 Das *ist* ...
Das *sind* ...
b Das sind meine Kinder. c Das sind meine Eltern. d Das sind Frau Altmann und Herr König. e Das ist meine Tochter.

11 a Das ist meine Tochter und das ist mein Sohn. b Das sind mein Bruder und meine Schwester. c Das sind meine Kinder: Mein Sohn heißt Lukas und meine Tochter heißt Stefanie. d Das bin ich und das sind meine Eltern.

C

13 Brunos Mutter ➜ sie
Sara ➜ sie
zwei Hasen ➜ sie
Niko ➜ er
Mutter und Bruder ➜ sie

14 ich ... ich ... er ... er ... sie ... sie ... sie ... sie ...

15 Das ist Semra. *Sie* kommt aus der Türkei. Und das ist Markus. *Er* kommt aus Österreich. Semra und Markus leben in Deutschland. *Sie* wohnen jetzt in Berlin. Semras Eltern leben auch in Deutschland. *Sie* wohnen in Frankfurt.

16 a ... heißt du ... - ... Ich komme ... - ... ich lebe ... ich wohne ... b Du bist ... - ... er ist ... c ... heißt ihr ... - ... - ... kommt ihr? - ... wir leben ... wir wohnen ... d ... heißen Sie? - ... - kommen Sie? - ... e ... seid ihr ... f ... heißt er ... - ... - ... kommt er ...

17 komm**e**, komm**st**, komm**t**, komm**t**, komm**en**; wohn**e**, wohn**en**; leb**e**, leb**en**; heiß**e**, heiß**t**, heiß**en**, heiß**t**, heiß**en**; **bin**, **bist**, **ist**, **seid**

18 a ... komme ... lebe ... sind ... heißen ... sind ... wohnen ...bist ... kommst ... wohnst ... b ... heißt ... kommt ... wohnt ... c ... heißen ... kommen ... wohnen ...

19 b wohnt c ist d lebe e studiert f sind

20 *Musterlösung:*
1 Ich komme aus Polen und lebe jetzt in Deutschland, in Ulm. **2** Steffi wohnt auch in Ulm, sie kommt aus Hamburg. **3** Er kommt aus Tunesien und wohnt jetzt in Stuttgart. **4** Das sind Lisa und Enrique. Lisa kommt aus Deutschland, Enrique kommt aus Spanien. Sie leben jetzt in Leipzig.

D

21 6, 11, 5, 14, 17, 8, 19, 3, 20

22 zwei, drei, vier, fünf, sechs, sieben, acht, neun, zehn, elf, zwölf, dreizehn, vierzehn, fünfzehn, sechzehn, siebzehn, achtzehn, neunzehn, zwanzig

23 *Woher?* aus; *Wo?* in

24 b Woher kommen Sie? Aus der Türkei. c Wo sind Sie geboren? In Ankara. d Wo wohnen Sie? In München. In der Hansastraße 10. e Wie heißen Ihre Kinder? Erdal und Bilge. f Was sprechen Sie? Türkisch und Deutsch.

25 b Woher ... c Wo ... d Wie ... e Wo ... f Wer ... g Wie ... h Wie ...

26 Wie ist Ihr Familienname? Wie ist Ihr Vorname? Wo sind Sie geboren? Wo wohnen Sie? Wie ist Ihre Telefonnummer? Haben Sie Kinder? Wie alt sind Ihre Kinder?

27 ... sind ... – ... haben ... – ... habe ... ist ... hat ... ist ... hat ...

28 ... kommst ... bist ... lebst ... wohnst ... Bist ... Hast ...

29 *Musterlösung:*
Manuela ist meine Freundin. Sie kommt aus Portugal, sie ist in Porto geboren. Jetzt wohnt sie in Deutschland, in Hamburg. Manuela ist geschieden und sie hat ein Kind.

E

30 *Musterlösung:*
Hamburg, Hannover, Heidelberg; München, Magdeburg; Rhein; Bodensee
Österreich: Servus! Grüß Gott! *Schweiz*: Salü! Grüezi!
Süddeutschland: Grüß Gott! *Norddeutschland*: Moin, Moin!

Lektion 3

A

1 a Brauchen wir Obst? (↗) Ja. (↘) Wo ist denn das Obst? (↘) Das Obst ist hier. (↘)
b Haben wir noch Wasser? (↗) Nein. (↘) Kaufst du das Wasser? (↗)
c Kennst du Katharina? (↗) Nein. (↘) Wer ist das? (↘) Meine Freundin. (↘) Und wer ist Anna? (↗) Auch meine Freundin. (↘)
d Kennst du Bremen? (↗) Nein. (↘) Wo liegt das? (↘) In Norddeutschland. (↘) Und wo liegt Heidelberg? (↗) In Süddeutschland. (↘)
e Wie heißen Sie? (↘) Antonia? (↗) Nein. (↘) Ja, wie heißen Sie dann? (↗)

2 b Haben wir noch Obst? c Wer kennt *fan-fit*? d Was braucht Niko? e Wo ist das Mineralwasser? f Hast du Milch, bitte?

3 a Brauchen wir Mineralwasser? Nein. b Was brauchen wir? Brot und Milch. c Hast du Obst? Nein, tut mir leid. d *fan-fit* – ist das Milch? Nein, das ist Saft. e Wie heißt du? Eva. f Kennen Sie Frau Kurowski? Nein, wer ist das? g Heißt du Nikolaj? Nein, Markus. h Herrmann. Ist das Ihr Vorname? Nein, mein Familienname. i Kommst du aus Österreich? Ja, aus Graz.

4

Wie	ist	Ihr Name?
Mein Bruder	heißt	Max.
Ich	heiße	Adem.
Wie viele Kinder	haben	Sie?
Wir	haben	drei Kinder.

Heißt	du Julia?
Wohnst	du in Leipzig?
Ist	Adem Ihr Vorname?
Kommen	Sie aus der Türkei?
Sind	Sie Herr Brummer?

5 a Woher kommst du? b Kommen Sie aus Italien? c Wohnen Sie in Deutschland? d Ist das Reis? e Hast du Tee? f Kennst du Rotbusch-Tee? g Kennen Sie meine Schwester? h Wo wohnen Sie?

6 a Wie heißen Sie? Ist das Ihr Vorname? b Wer ist das? c Kennen Sie Micki? d Heißen Sie Kunzmann? e Haben Sie Kinder? f Wie geht es Ihnen? g Kommen Sie aus Österreich? h Wohnen Sie in Frankfurt?

B

7 a eine Frau, ein Kind b eine Telefonnummer, ein Buchstabe c ein Ei, eine Banane, ein Brötchen, ein Kuchen d eine Orange, eine Tomate, ein Apfel, eine Kartoffel e eine Stadt, ein Land, eine Zahl, ein Foto f eine Frage, eine Antwort

8

ein	eine
Kind	Antwort
Buchstabe	Telefonnummer
Ei	Banane
Brötchen	Orange
Kuchen	Tomate
Apfel	Kartoffel
Land	Stadt
Foto	Zahl
Name	Frage

9 a ... eine ... ein ... eine ... ein ... – meine ... mein Apfel ... meine Tomate ... mein Ei b ... meine ... meine ...

10 Sahne • Mann • Banane • Stadt • Tomate • Apfel • Name • danke • Frage • Foto • Kartoffel • Brot • Obst • Joghurt

11 a ... ein ... – ... kein ... eine ... b ... ein ... – ... kein ... eine ... c ... eine – ... keine ... ein ...

12 *ein/kein*: Ei, Kuchen, Kind, Mann, Name, Buchstabe, Land, Foto
eine/keine: Tomate, Banane, Frau, Frage, Antwort, Zahl, Telefonnummer, Stadt

13 a ... ein ... - ... kein ... ein ... - ... eine ... - ... keine ... ein ... b ... kein ... ein ... c ... ein ... - ... kein ... eine ...

C

14

Ist das ...?	*Sind das ...?*
eine Banane	Bananen
eine Kartoffel	Kartoffeln
ein Brötchen	Brötchen
ein Kuchen	Kuchen
ein Ei	Eier
eine Flasche	Flaschen
eine Tomate	Tomaten
ein Buchstabe	Buchstaben
ein Mann	Männer
eine Frau	Frauen
ein Foto	Fotos
eine Zahl	Zahlen
eine Frage	Fragen
ein Name	Namen
eine Stadt	Städte
ein Kind	Kinder
ein Land	Länder

15 ... keine ... keine ..., ... keine ... keine ..., ... keine ..., ... kein ... eine ..., ... keine ..., ... keine ...

16 a ... Äpfel ... Tomaten – ... Brötchen ... b ... Städte ... c ... Kinder ... d ... Fotos ... e ... Buchstaben ...

17 1 -; ¨

Brötchen – Brötchen
Apfel – Äpfel
Kuchen – Kuchen
Bruder – Brüder
Mutter – Mütter
Vater – Väter

2 -e; ¨e

Brot – Brote
Stadt – Städte
Saft – Säfte
Sohn – Söhne

3 -er; ¨er

Kind – Kinder
Mann – Männer
Ei – Eier
Land – Länder

4 -n; -en

Name – Namen
Frau – Frauen
Adresse – Adressen
Banane – Bananen
Buchstabe – Buchstaben
Flasche – Flaschen
Kartoffel – Kartoffeln
Schwester – Schwestern
Tomate – Tomaten
Zahl – Zahlen

5 -s

Foto – Fotos
Joghurt – Joghurts

D

18 30, 33, 45, 50, 58, 60, 64, 70, 75, 80, 83, 90, 99

19 49 65; 39 63 13; 5 32 23; 07633 – 81729

20 21, 45, 84, 63, 72, 67, 83, 36, 48, 75, 70, 54, 38, 20, 30, 42, 33, 48

21 Wasser, Butter, Fisch, Fleisch, Käse, Wein, Milch, Kaffee, Brot, Salz, Obst

22 Semmel, Rundstück, Wecken, Schrippe
Wecken: Süddeutschland / Stuttgart
Schrippe: Berlin
Rundstück: Hamburg

Lektion 4

A

1

ein/der	*ein/das*	*eine/die*
Flur	Bad	Wohnung
Balkon	Zimmer	Küche
	Wohnzimmer	Toilette
	Schlafzimmer	
	Kinderzimmer	

2 ... ein ... – ... ein ... ein ... ein ... ein; ... das ...; ... das ...; ... das ... – ... das ...; ... eine ... – ... die ...

3 Ist Lara schon da? – Ja, *hier* bin ich und *dort* kommt Mama. – Und *dort* ist der Garten. – Super! Ist Miriam auch da? – Ja, *dort* ist sie und *dort* ist auch Manuel.

4 **a** ... die Hauptstadt ... **b** ... eine Stadt ... Die Stadt ... **c** ... ein Foto ... Das Foto ... **d** ... ein Hase ... der Hase ... **e** ... ein Supermarkt – Der Supermarkt ... – ... eine Bäckerei ... – die Bäckerei ...

5 **a** /, die, das, das ... das, eine, Das **b** ein, das **c** der **d** /, der **e** eine **f** die, ein, das **g** ein, ein, Der, der

B

6 **a** ... sie ... **b** Sie ... **c** Es ... **d** Es ..., Er ... **e** Es ...

8 **a** Das Zimmer ist nicht klein. **b** Die Wohnung ist nicht billig und sie ist nicht groß. **c** Die Musik ist nicht schön. **d** Das Getränk *fan-fit* schmeckt nicht gut. **e** Das ist nicht die Rosenheimer Straße. **f** Das ist nicht meine Schwester.

9 **b** Er ist nicht breit, er ist schmal. **c** Es ist nicht hell, es ist dunkel. **d** Sie ist nicht neu, sie ist alt. **e** Es ist nicht sehr teuer, es ist billig.

10 Ich bin nicht Fernando Alvarez und ich komme nicht aus Mexiko. Ich bin nicht 35. Meine Frau heißt nicht Maria Alvarez. Ich wohne nicht in Nürnberg. Ich spreche nicht Englisch. Ich spreche schon gut Deutsch!

C

11 das Wóhnzimmer – das Schláfzimmer – das Kínderzimmer – die Kǘche – der Schránk – der Kǘchenschrank – der Kǘhlschrank • wáschen – die Maschíne – die Wáschmaschine • der Wéin – die Flásche – die Wéinflasche • das Lánd – die Kárte – die Lándkarte

12 **a** das Sofa **b** die Lampe, der Tisch, der Stuhl **c** der Herd, der Kühlschrank **d** das Bett, der Schrank **e** die Waschmaschine

13 das Regal, die Regale

14 der Stuhl – die Stühle; der Tisch – die Tische; die Lampe – die Lampen; das Sofa – die Sofas; das Bett – die Betten; die Dusche – die Duschen; die Waschmaschine – die Waschmaschinen; das Bad – die Bäder; das Haus – die Häuser; die Wohnung – die Wohnungen; das Zimmer – die Zimmer; der Schrank – die Schränke; der Fernseher – die Fernseher; die Küche – die Küchen; die Terrasse – die Terrassen; die Toilette – die Toiletten

15 *Musterlösung*:
Wie gefällt Ihnen der Tisch? - Gar nicht. Er ist sehr groß und alt.
Wie gefallen Ihnen die Lampen? - Nicht so gut. Sie sind hässlich.
Wie gefallen Ihnen die Betten? - Es geht. Sie sind nicht teuer.
Wie gefällt Ihnen die Badewanne? - Sehr gut. Sie ist sehr schön.
Wie gefällt Ihnen das Regal? - Ganz gut. Es ist modern.
Wie gefallen Ihnen die Sofas? - Gut. Sie sind billig.

16 Die ... die ... die ..., ... der ... – ... er ..., ... er – ... ein ... er ... – ... das ... – ... es ... – ... die ... – Die ..., ... eine ... die ..., Sie ...

D

18 943, 187, 76, 934, 67, 27 – Lösung: ZAHLEN

E

20 Gute Idee • die Adresse • zehn Meter • sechzig Zentimeter • die Miete • der Tisch • das Zimmer • die Musik • die Familie

22 a *links*: Sofa, Regal, Tisch; *rechts*: Bett, Schrank
b *links*: 3, 4, 7, 8; *rechts*: 2, 8

23 Hallo Julia, vielen Dank für Deine SMS! Der Esstisch ist prima und das Sofa ist auch ganz neu. Alles passt prima in meine Wohnung. Meine Wohnung ist jetzt sehr schön. Viele Grüße Maria

Lektion 5

A

1 Zehn nach eins. Viertel nach eins. Zwanzig nach eins. Fünf vor halb zwei. Fünf nach halb zwei. Zehn nach halb zwei. Zwanzig vor zwei. Viertel vor zwei. Zehn vor zwei.

2 *10:20* = 3 / *19:35* = 4 / *15:30* = 1 / *02:40* = 15 / *07:55* = 13 / *11:58* = 6 / *16:20* = 7 / *03:05* = 10 / *14:15* = 5 / *17:10* = 9 / *15:25* = 12 / *09:45* = 2 / *08:50* = 11 / *01:02* = 14

3 b 9:45, 21:45 c 6:15, 18:15 d 7:20, 19:20 e 9:10, 21:10 f 7:40, 19:40 g 11:15, 23:15 h 12:05, 00:05 i 4:25, 16:25 j 12:20, 00:20 k 3:25, 15:25 l 9:40, 21:40

4 a ... schon ... – ... erst fünf vor zwölf. b ... schon ... – ... erst zehn vor neun.

B

5 b machen c arbeiten d einkaufen e kochen f aufräumen g anrufen h fernsehen

6 a Markus sieht jeden Abend um acht Uhr fern. b Ich räume jetzt auf. Ich räume jetzt mein Zimmer auf. c Ich rufe meine Eltern an. Ich rufe meine Eltern in Hamburg an.

8 Ich kaufe Brot und Butter ein. Ich mache auch Hausaufgaben. Ich rufe Papa an. Ich sehe nicht vor 18 Uhr fern. Ich gehe um 9 Uhr ins Bett.

9

1	2	3	4	5	6	7	8
B	C	G	E	A	D	H	F

10 a Ich markiere Wörter. b Er ergänzt Wörter. c Wir füllen eine Tabelle aus. d Sie ordnen Fotos und Wörter zu.

11 *Musterlösung:*

gern	*nicht gern*
frühstücken	aufräumen
ein Buch lesen	Fußball spielen
Möbel kaufen	Bier trinken

Ich frühstücke gern. Ich räume nicht gern auf.
Ich lese gern ein Buch. Ich spiele nicht gern Fußball.
Ich kaufe gern Möbel. Ich trinke nicht gern Bier.

C

12 Dienstag, Mittwoch, Donnerstag, Freitag, Samstag, Sonntag

13 a ... am ... – Um ... – Am ... um ... b ... von ... bis ... – Um ...

14 ... has**t** ... am ...? Um ... komm**en** ... . Komm**st** ...? ... am ... spiel**en** ... um ... . am ... hab**e** ... . Am ... mach**e** ... von ... bis ... von ... bis ..., ...am ... komm**t** ...

15 a ■ Spielen wir am Donnerstag Fußball? ▾ Wann? ■ Von 17 bis 18 Uhr. ▾ Ja, gut. ■ Bis Donnerstag!
b ▾ Tag, Frau Klein. Haben Sie am Freitag Zeit? ■ Warum? ▾ Mein Mann hat Geburtstag. Wir machen eine Party. Kommen Sie auch? ■ Sehr gerne. Wann? ▾ Um 18 Uhr.

D

16 am Abend; am Mittag; in der Nacht; am Morgen; am Nachmittag; am Vormittag

17 ... macht sie das Frühstück. ... räumt sie die Wohnung auf. ... kauft sie im Supermarkt ein. ... kocht sie das Mittagessen. ... arbeitet sie im Laden. ... ist sie sehr müde.

18 **Sie** [macht] *am Nachmittag* Hausaufgaben. **Sie** [spielt] *dann* ein bisschen. **Sie** [geht] *um vier* zum Tanzkurs. **Sie** [geht] *um neun* ins Bett.

19 a Am Morgen frühstücke ich. b Am Mittag gehe ich mit Klaus essen. c Von 15 Uhr bis 17 Uhr spiele ich Fußball. d Um 19 Uhr gehe ich mit Larissa ins Kino. e Am Abend gehe ich früh ins Bett.

20 a Bruno steht um fünf Uhr auf. b Von 7 bis 19 Uhr arbeitet er im Laden. c Dann räumt er den Laden auf.
d Dann macht er die Kasse. e Zu Hause sieht er noch ein bisschen fern. f Am Abend ist er sehr müde.

22 die Bücher • meine Brüder • das Frühstück • die Küche • das Gemüse • die Männer • die Äpfel • der Käse • das Getränk • das Gespräch • hässlich • meine Söhne • drei Töchter • die Brötchen • die Wörter • schön

24 meine Schwester, sechzig Personen, Sie sprechen gut Englisch, Das Bett ist gelb, Essen wir jetzt etwas? Kennst du meine Adresse?

E

25 ... zwanzig vor elf ..., ... Viertel nach acht, ... Viertel vor zehn ... zehn ...; Um zweiundzwanzig Uhr vierzig ..., ... zwanzig Uhr fünfzehn ..., ... einundzwanzig Uhr fünfundvierzig ... zweiundzwanzig Uhr ...

26 *1*: c; *2*: b; *3*: b

27 **a** das Kind • das Kino • billig • am Mittwoch • am Dienstag • das Zimmer • sie sieht fern und er isst • die Eltern • ein Meter zehn • das Bett • der Tee • schmecken • essen • kennen • die Nacht • der Name • die Kasse • die Straße • der Mann • zwanzig Gramm • das Wort • das Brot • am Donnerstag • ich komme • der Sohn • die Kartoffeln sind groß • der Kurs • das Buch • die Nummer • der Stuhl • die Mutter • der Fußball • der Fluss

b i: Kino, billig, Dienstag, sieht
e: Meter, zehn, Tee
a: Name, Straße
o: Brot, Sohn, groß
u: Buch, Stuhl, Fußball
ị: Kind, billig, Mittwoch, Zimmer, isst
ẹ: Eltern, Bett, schmecken, essen, kennen
ạ: Nacht, Kasse, Mann, zwanzig, Gramm
ọ: Wort, Donnerstag, komme, Kartoffeln
ụ: Kurs, Nummer, Mutter, Fluss

c i, ị, e, ẹ, a, ạ, o, ọ, u, ụ

d **1** Möchten Sie Tee? – Ja, gern. **2** Wie ist Ihre Adresse? – Ludwigstraße zehn. **3** Tina macht jeden Tag das Frühstück und kocht das Mittagessen. **4** Fünf Kilo Kartoffeln kosten vier Euro sechzig. **5** 500 Gramm Käse, bitte. **6** Meine Familie ist sehr groß. Ich habe sieben Kinder.

Lektion 6

A

1 *München*: D; *Köln*: A; *Dresden*: B

2 *Musterlösung*:
Hallo Ivana, wir sind zwei Wochen in Griechenland. Das Wetter ist schön! Die Sonne scheint. Es sind 35 Grad. Alles ist sehr schön! Liebe Grüße, Dorothea.

3 **b** Im Süden. **c** Im Westen. **d** Im Osten. **e** In Köln und Düsseldorf. **f** In Hamburg. **g** In München **h** In Dresden.

4 im Sommer, im Winter; am Montag, am Vormittag, am Abend; um 3 Uhr, um kurz vor sieben; in Deutschland, in München, in der Nacht, in der Türkei

5 Nein, es ist nicht kalt, es ist warm. Nein, es regnet nicht. Und es ist auch nicht windig.

6 **a** ... nicht ..., ... kein ... **b** ... kein ..., ... nicht ... **c** ... nicht ... – ... nicht ... **d** ... nicht ... **e** ... nicht ..., ... keine ...

7 *Bruno:* Heute fahre ich nicht zum Großmarkt. Heute arbeite ich nicht im Laden. – *Tina:* Heute räume ich die Wohnung nicht auf. Ich gehe nicht einkaufen. Heute koche ich kein Mittagessen. – *Sara:* Heute gehe ich nicht in die Schule. Ich mache keine Hausaufgaben. Heute gehe ich nicht zum Tanzkurs.

8 **a** *Musterlösung*:
Hallo Neven, tut mir leid, ich komme heute nicht. Ich habe keine Zeit. Ich komme am Samstag um 15 Uhr. Andrea

b *Musterlösung*:
Heute kaufe ich nicht ein. Ich koche kein Abendessen. Ich sehe nicht fern. Heute gehe ich nicht spazieren.

B

9 **b** Wir brauchen noch Saft. Den Saft kaufe ich. **c** Wer kauft den Wein? Hanna kauft den Wein und das Wasser. **d** Kennst du den Bruder von Kim? Nein, ich kenne nur die Schwester. **e** Wie schmeckt der Kuchen? Der Schokoladenkuchen schmeckt sehr gut. **f** Verstehst du den Text? Nein, der Text ist sehr schwer. **g** Guten Abend. Ich möchte gern den Computertisch. Tut mir leid, der Computertisch ist nicht mehr da.

10 **b** ◆ Hast du das Brot? ▲ Nein, das Brot habe ich nicht, aber die Brötchen. ◆ Hast du den Saft? ▲ Nein, den Saft habe ich nicht, aber den Wein. ◆ Hast du das Obst? ▲ Nein, das Obst habe ich nicht, aber den Kuchen. ◆ Hast du den Tee? ▲ Nein, den Tee habe ich nicht, aber den Kaffee. ◆ Hast du die Milch? ▲ Nein, die Milch habe ich nicht, aber den Zucker. ◆ Hast du die Wurst? ▲ Nein, die Wurst habe ich nicht, aber den Käse.

c Was hat Nina im Einkaufswagen: den Wein, den Kuchen, den Kaffee, den Zucker, den Käse
Was hat sie nicht: das Brot, den Saft, das Obst, den Tee, die Milch, die Wurst

11 *Getränke und Lebensmittel*: eine Flasche Mineralwasser, ein Brötchen, einen Apfel, eine Coca-Cola, einen Orangensaft, eine Banane.
das Handy, die Sportschuhe, einen Badeanzug, einen Fußball, ein Radio

12 Robert kauft den Kaffee, die Milch, das Obst. Ich kaufe den Wein, den Apfelsaft. Das Mineralwasser ist schon da, meine Mutter macht den Nudelsalat. Kaufst du das Brot, die Wurst und den Käse?

13 **b** ... das Wort. **c** ... das Gespräch ... **d** ... das Wort / die Übung ... **e** ... den Satz **f** ... das Wort **g** ... die Übung ... **h** ... den Text / den Satz ...

14 der Apfelsaft, der Orangensaft; der Obstsalat, der Tomatensalat, der Kartoffelsalat; der Obstkuchen, der Apfelkuchen, der Schokoladenkuchen

C

15 a Doch! b ... kein ... – Doch!
16 Doch – , Nein – Ja –, Nein
17 ... einen ... eine ... – ... ein ... eine ...
18 ... einen ... ein ... einen (ein) ... – ... einen ... – ... keinen ... – ... keinen ... – ... keinen ...
19 a ... einen ... - ... einen ... - ... keinen ... b ... haben Sie auch einen ... - ... habe ich einen Fernseher. - ... keinen Fernseher. - Doch! Ich haben einen Fernseher. c ... auch einen ... - ..., sicher habe ich einen Computer. - ..., Sie haben keinen Computer. - Doch! Ich habe einen Computer.
20 ... eine ... ein ... ein ... eine ... ein ... Die ... einen ... ein ... einen ... ein ... Das ... den ... das ... eine ... einen ... einen ...

D

22 a *fernsehen*: 7; *kochen*: 4; *Sport machen*: 10; *spazieren gehen*: 6; *tanzen*: 1; *ins Kino gehen*: 9; *Fahrrad fahren*: 2; *Briefe schreiben*: 5; *Freunde treffen*: 8; *spielen*: 11
b *Musterlösung:*
1) Schwimmen: ..., ein Handtuch, Badeschuhe ...
2) im Internet surfen: Man braucht einen Computer, Strom, ...
3) Wandern: Man braucht Wanderschuhe, Essen, Trinken, eine Karte, ...
4) Fußball spielen: Man braucht einen Fußball, Fußballschuhe, einen Platz, ein Tor, ...
5) Musik hören: Man braucht ein Radio, einen CD-Player, einen MP3-Player, eine CD, ...
6) Tanzen: Man braucht Musik, ...
23 a kocht, isst b tanzen, tanzt c habe, arbeite, ist, fährt d sehe, gehe, ist e mache, gehe, fahre – macht – sieht, liest, trifft, spiele, gehen
24 *Musterlösung*:
Ich gehe gern ins Kino und ich lese sehr viel. Ich koche gerne (aber nicht so gut) und ich treffe sehr gerne meine Freunde. Ich mache nicht so viel Sport. Ich fahre ein bisschen Fahrrad.
26 a ... sieht .. fern. b Sprichst ... c Isst ... - ... esse ... d Fährst ... e ... fahre ... - ... triffst ...
27 **1**: falsch; **2**: richtig; **3**: richtig; **4**: falsch; **5**: richtig

Lektion 7

A

1 Kann ich den Text noch einmal hören? Können Sie bitte um drei Uhr anrufen? Könnt ihr bitte das Frühstück machen? Können wir Ihnen helfen? Kann Selma schon gut Deutsch?
2 Am Freitag **möchten** wir eine Grillparty **machen**. **Können** Sie auch **kommen**? Wir **möchten** auch Musik **machen**. Sergej **kann** sehr gut Gitarre **spielen**. **Können** Sie auch ein Instrument **spielen**?
3 b Kann ich bitte das Wörterbuch haben? c Guten Tag. Kann ich bitte Herrn Löffler sprechen? d Kann ich Ihnen helfen? e Kann ich bitte ein Brötchen haben? f Können Sie auch Englisch? g Kann ich bitte Zucker und Milch haben? h Kannst du das bitte noch einmal sagen?
4 a Ich kann nicht gut Englisch, aber mein Freund Udo kann sehr gut Englisch. b Ich kann auch nicht so gut Deutsch, aber Udo kann alles verstehen. c Ich kann gar nicht tanzen, aber Udo kann sehr gut tanzen. d Ich kann ein bisschen kochen, aber Udo kann super kochen.
5 a Können Sie bitte langsam sprechen? b Können wir am Samstag Fahrrad fahren? – Ich kann am Samstag nicht. Kannst du am Sonntag? c Am Freitag mache ich eine Party. Könnt ihr einen Salat mitbringen? –Können wir auch einen Kuchen machen? d Können Sie bitte das Wort erklären? e Manuel kann heute nicht in die Schule gehen.
6 die **Sch**ule • das **Sp**iel • die **St**adt • die **Sch**weiz • die **St**raße • Wie **sch**reibt man das? • Meine **Sch**wester **sp**richt **Sp**anisch. • **Sp**ielen wir? • **Sp**rechen Sie bitte langsam! • Ent**sch**uldigung. Ich ver**st**ehe das nicht.
7 a ... spazieren? b ... spät ... c ... stimmt ... d Buch**st**abieren ... e ... **sch**meckt ... f ... **Sp**ortler. g ... Wa**sch**ma**sch**ine ... Kühl**sch**rank.

B

8 a ... sie will ... - ... willst du ... - Ich will ... b ... Wollt ihr ... c ... Wollen Sie ...
wollen: ich will, du willst, er/sie will, wir wollen, ihr wollt, sie/Sie wollen
9 a Willst ... b ... will ... c Wollen ... – ... will ... d ... wollen ... – ... wollt ...
10 a Ich will aber nichts essen. b Jetzt nicht. Ich möchte gern fernsehen. Nein! Ich will jetzt fernsehen! c Möchtest/Willst du nicht mitmachen? – Ich will im Sommer einen Französischkurs machen. d Möchtest du auch einen Kuchen? e Ich möchte so gern mit Sandra ins Kino gehen. – Wie viel möchtest/willst du denn?
möchten: ich möchte, du möchtest, er/sie möchte, wir möchten, ihr möchtet, sie/Sie möchten

11 *Musterlösung*:
a Guten Tag. Was möchten Sie? – Ich möchte bitte einen Kaffee und einen Kuchen. b Ich möchte bezahlen.
c Ich will bezahlen!!

C

12

lernen	... hast ... gelernt?
essen	... hat ... gegessen.
hören	... hat ... gehört.
lesen	... haben ... gelesen.
machen	Habt ... gemacht?
schlafen	... haben ... geschlafen.
schreiben	... haben ... geschrieben.
spielen	Haben ... gespielt?

13 fragen – gefragt, essen – gegessen, arbeiten – gearbeitet, hören – gehört, kaufen – gekauft, kochen – gekocht, kosten – gekostet, leben – gelebt, lernen – gelernt, lesen – gelesen, machen – gemacht, sagen – gesagt, schlafen – geschlafen, schreiben – geschrieben, spielen – gespielt, treffen – getroffen, wohnen – gewohnt, suchen – gesucht, finden – gefunden

15 b ... hast ... gekocht? c ... habe ... gelernt. d ... habe ... gelesen. e ... habe ... getroffen. f ... hat ... geschrieben. g ... habe ... geschlafen. h ... habe ... gegessen. i ... hat ... gesagt.

16 Dann habe ich Zeitung gelesen und ich habe ein bisschen Deutsch gelernt. Jens hat Musik gehört und das Mittagessen gekocht. Am Nachmittag haben wir Sport gemacht. Am Abend haben wir mit Freunden Karten gespielt.

17 *Musterlösung*:
Am Sonntag habe ich mit Cem lange gefrühstückt. Dann haben wir Musik gehört. Wir haben gekocht und gegessen. Nach dem Essen sind wir lange spazieren gegangen. Am Abend sind wir dann ins Kino gegangen.

18 *Musterlösung*:
... Ich habe viel gearbeitet und eine neue Wohnung gesucht. Ich habe auch eine schöne Wohnung gefunden und viele Möbel gekauft. Ich habe einen Kurs gemacht und (habe) Spanisch gelernt. Im Sommer will ich nach Spanien fahren!
...

D/E

19

gehen	... bin ... gegangen.
	Bist ... gegangen?
fahren	... ist ... gefahren.
	... sind ... gefahren.
kommen	... seid ... gekommen?
	... sind ... gekommen.

21 ... ist ... sind ..., ... haben ... sind ..., ... haben ..., ... ist ... habe ... – ... bist ...

22 a Sara will heute nicht in die Schule gehen. b Sie will kein Diktat schreiben. c Sie hat gestern nichts gelernt. d Am Mittag ist sie mit Mama in den Supermarkt gefahren.
e Dann ist Katja gekommen. f Sara ist mit Niko spazieren gegangen. g Am Abend hat Sara mit Schnuffi und Poppel gespielt. h Sie hat keine Hausaufgaben gemacht.

23 Er **hat** vier Jahre in Frankreich **gearbeitet**. Jetzt **möchte** er wieder in Deutschland **leben**. Er **hat** eine Wohnung in Köln **gefunden**. Stephan **spielt** sehr gut Fußball. Er **will** in einem Club **spielen**.

25 a *Musterlösung*:
Fernanda Bueno
Kastanienstraße 7
85341 Ingolstadt 1.3.20..

Liebe Frau Lorenz,
am Montag kann ich nicht zum Unterricht kommen. Ich habe einen Termin beim Arzt.
Viele Grüße
Fernanda Bueno

b *Musterlösung:*
Lieber Frau ... / Lieber Herr ...,
am Dienstag kann mein Kind nicht zum Unterricht kommen. Es ist krank. Wir haben einen Termin beim Arzt.
...

Lösungen zu den Tests

Test zu Lektion 1

1 a Guten Tag. – Hallo. b Guten Morgen. c Gute Nacht. d Guten Abend. e Auf Wiedersehen. – Tschüs.

2 a Ich bin Lara. b Wie heißt du? c Was sprichst du? d Ich spreche Spanisch. e Du kommst aus Kroatien. f Woher kommen Sie? g Mein Name ist Frank. h Wer bist du?

3 b Wer ist das? Das ist Sara. c Wie heißen Sie? Ich heiße Martin Müller. d Wer bist du? Ich bin Klaus. e Woher kommen Sie? Ich komme aus der Schweiz. f Was sprichst du? Ich spreche Polnisch.

4 ■ Firma CompuDesign, Annette Huber, guten Tag.
▲ Mein Name ist Marteleira. Ist Herr Hofer da?
■ Entschuldigung, Frau ... Wie ist Ihr Name?
▲ Marteleira. Ich buchstabiere: M-A-R-T-E-L-E-I-R-A
■ Ach ja. Ja, Frau Marteleira. Es tut mir leid, Herr Hofer ist nicht da.
▲ Ja, gut. Danke. Auf Wiederhören.
■ Auf Wiederhören.

5 linke Seite: Vorname, Straße, Postleitzahl; rechte Seite: Nachname, Hausnummer, Stadt

Test zu Lektion 2

1 a Wie ... b ... kommt ... c ... ist ... d Wo ... e Wie ... f ... sind ...

2 a Er b Sie c Sie d Sie e Er

3 a ... meine ... b Mein ... c ... Meine ... d Meine ... e ... meine ... f Mein ...

4 *Musterlösung:*
a Er wohnt in Berlin. b Wir haben drei Kinder. c Du sprichst Türkisch. d Sie kommt aus Frankreich. e Ihr seid geschieden.

5 a wohnt/lebt – hat – sind – leben/wohnen – kommt b sind/heißen – kommen – wohnen/leben – haben c seid – heißt d kommt – wohnt/lebt – hat

Test zu Lektion 3

1 a Kartoffel b Salz c Bier d Kaffee e Wein f Dose

2 2 Becher Joghurt; 200 Gramm Käse; 1 Packung Salz; 3 Flaschen Mineralwasser; 1 Liter/Flasche Öl

3 a ... Äpfel; b ... Säfte; c ... Eier; d ... Brötchen; e ... Fotos; f ... Fragen; g ... Männer; h ... Schwestern; i ... Kinder; j ... Großmütter

4 a Bist du Hans? b Und wie heißt du? c Was ist das? d Wie geht es Ihnen? e Sprechen Sie Englisch?

5 ■ Kann ich Ihnen helfen?
● Ich brauche Bananen. Haben Sie Bananen?
■ Ja, natürlich. Wie viel möchten Sie?
● Ein Kilo, bitte.
■ Gern. Sonst noch was?
● Ja, ich brauche auch Orangen. Was kostet ein Kilo?
■ Ein Kilo kostet 1, 99 Euro.
● Gut. Ich möchte zwei Kilo, bitte.
■ Ja, gern. Sonst noch was?
● Nein, danke. Das ist alles.

Test zu Lektion 4

1 a das Schlafzimmer b das Bad c der Balkon d die Küche e die Toilette f das Wohnzimmer

2 a teuer b klein c hässlich d dunkel e schmal

3 a ... sind (zwei) Betten. Sie sind ... b ist ein Sofa. Es ist ... c ... ist eine Lampe. Sie ist ... d ... sind (zwei) Tische. Sie sind ... e ... ist eine Waschmaschine. Sie ist ... f ... ist ein Schrank. Er ist ... g ... ist ein Stuhl. Er ist ...

4 a Wie groß ist der Schrank? b Was kostet er? / Er kostet 60 Euro, richtig? c Wie alt ist er? d Wo wohnen Sie? e Sind Sie heute zu Hause?

Test zu Lektion 5

1 a Viertel nach sechs b halb eins c zwanzig nach fünf d fünf nach halb zehn e Viertel vor elf f kurz nach zwei

2 a ... ruft an b ... sieht fern c ... kauft ein d ... gehen spazieren e ... räumt auf f ... hört Musik

3 a Am ... b Am ... um ... c ... von ... bis ... d Um ... e ... am ... f ... um ... g In der ...

4 a Daniel frühstückt jeden Morgen um 7 Uhr. b Um 13:30 Uhr isst Daniel oft Spaghetti. c Jeden Nachmittag macht Daniel Sport. d Daniel sieht am Abend viel fern. e Jeden Tag lernt Daniel Englisch.

Test zu Lektion 6

1 a Nein, es ist nicht bewölkt. Die Sonne scheint. b Nein, es schneit nicht. Es ist windig. c Nein, es ist nicht kalt. Es ist warm. d Nein, die Sonne scheint nicht. Es regnet. e Nein, es ist nicht warm. Es ist kalt.

2 a den – Der – Das – der - Den
b den – Der – das – Das – die

3 B – f; C – h; D – e; E – b; F – g; G – a; H – d

4 a liest; b macht; c grillt; d tanzen

Test zu Lektion 7

1 a ... kann ... b ... will ... c ... wollen ... d ... kann ... e ... kannst ... f Wollen ... g Kannst ... h ... willst ... i ... können ... j ... wollen ...

2 habe ... gemacht; bin ... gegangen; haben ... geschrieben – gelesen; bin ... gefahren; ist ... gekommen; sind ... spazieren gegangen; haben ... getroffen; haben ... gegessen – gehört – getanzt; hat ... gemacht; habe ... geschlafen

3 b falsch c richtig d richtig e richtig f richtig g falsch h falsch